《红十字运动研究》2021年卷

红十字运动研究中心
上海嘉定区红十字会
陕西延安市红十字会
江苏盐都区红十字会　编

池子华　王正春　宋双印　陈海高　主编

合肥工业大学出版社

《红十字文化丛书》编辑委员会

卷　首　语

有人说，世界上有三大国际性组织，即联合国、奥委会和红十字会。对联合国、奥委会，可谓妇孺皆知，而对红十字会，知其详者，恐怕百无一二成。这与研究状况的滞后不无关系。有鉴于此，我们编辑出版《红十字运动研究》（年刊），为有志于研究红十字运动的海内外学者、业余爱好者以及各级红会组织、红十字志愿者提供一个相互沟通、交流的平台，并希望通过这一载体推动中国乃至国际红十字运动研究的深入，为弘扬人道主义、构建和谐社会尽绵薄之力。

《红十字运动研究》（年刊）的栏目主要包括：

理论园地：重在探索红十字运动发展规律、红十字会如何参与社会保障事业以及红十字事业自身发展等重大理论问题。

历史研究：力求再现不同时期中国红十字运动和国际红十字运动的历史场景，各国红十字运动的历史及其比较研究，为红十字事业的可持续发展提供有益借鉴。

百家争鸣：不同观点、不同学术流派相互切磋，百花齐放，百家争鸣，有助于学术研究的繁荣。

工作交流：各级红十字组织交流工作经验，使研究工作与现实需要真正对接起来。红十字运动与红十字运动研究相互促进，相得益彰。

观察思考：介绍国际及各国红十字运动的最新动态，以广见闻。

图书评论：展示红十字运动研究的最新成果，使读者能够及时了解学术研究动态。对“过期”书刊，也将择要介绍。

文献资料：选登具有重要参考价值的文献资料、各级红十字会的珍藏史料，为研究提供便利条件，以期资源“共享”。

杂文随笔：与红十字运动有关的杂文、随笔。

他山之石：有关研究红十字运动的专题论文，论域相近或对红十字运动研究有所启发的论文。

竭诚欢迎海内外专家学者、各级红会组织、红十字志愿者踊跃赐稿，我们会根据投稿情况，随时增设新栏目。

池子华

《红十字文化丛书》总序

150 年前，高举人道主义旗帜，旨在促进人类持久和平的红十字运动在欧洲兴起并迅速走向世界。100 多年来，红十字会为世界和平与发展做出的巨大贡献有目共睹，因而日益受到世界各国、各地区的欢迎，已发展为与联合国、奥委会并称的世界三大国际组织之一。究其原因，乃其所奉行的七项基本原则——也是红十字文化的内核——涵盖了世界上各种不同文化的共同点，能为文化和制度不同的国家所接受，故而具有强大的生命力。

100 年前，红十字运动东渐登陆中国。在其中国化的发展过程中，红十字会不断吸取中国传统文化的精髓，茁壮成长，逐步形成了“人道、博爱、奉献”的文化内涵，并成为中华文化的瑰宝之一。

百余年来，红十字运动在波澜壮阔的实践中积累了丰富的经验，也留下了许多教训。经验与教训需要上升为理论，也只有理论才能更好地指导红十字事业持续、健康发展。学界、业界对此都进行了持续的关注。

2005 年 12 月 7 日，苏州大学社会学院与苏州市红十字会携手合作，成立全国首家红十字运动研究中心，旨在通过学界和业界的联合，推动和加强红十字运动的理论研究，探究红十字运动中国化的过程与特色，凝练红十字文化价值，探求红十字运动在构建国家软实力和促进中华民族伟大复兴中的地位与作用。同年 12 月 9 日，中国红十字会总会也提出：“确定一批研究课题，组织专家学者开展对国际红十字运动及中国红十字运动的深入研究。”① 由此，学界、业界共同开展了对红十字运动

① 中国红十字会总会：《关于加强和改进宣传工作的意见》，红总字〔2005〕19 号。

的学术研究与理论探讨。

多年来，红十字运动研究中心除通过专业网站（http://www.hszyj.net）发布和交流学界、业界动态外，已出版研究成果数十部；帮助一些地方红十字会建立与高校的合作，搭建平台，共同开展研究；举办了首届红十字运动与慈善文化国际学术研讨会；培养了一批专门研究红十字运动的生力军；积累了大量的学术资料。中心主要研究人员还借助在各地讲学的机会，传播重视红十字运动研究的理念。正是在红十字运动研究中心的引领之下，红十字运动研究在中华大地上呈现出生机勃勃的发展态势，并取得了丰硕的成果，“新红学”① 呼之欲出。仅以2011 年为例，各地以纪念辛亥革命100 周年为契机，纷纷整理、编辑出版了地方红会百年史；有的红会还与高校合作组建相关研究中心；等等。② 这些方式有力地推动了红十字运动研究向更深更广的方向发展。

当今世界正处于大发展大变革大调整时期，多极化、经济全球化深入发展，科学技术日新月异，各种思想文化交流交融交锋更加频繁，文化在综合国力竞争中的地位和作用更加凸显。2011 年10 月18 日，党的十七届六中全会通过的《中共中央关于深化文化体制改革　推动社会主义文化大发展大繁荣若干重大问题的决定》，提出要推动社会主义文化大发展大繁荣。2011 年11 月7 日，教育部发布了《高等学校哲学社会科学繁荣计划（2011—2020 年）》，强调要大力提升高等学校人才培养、科学研究、社会服务、文化传承创新的能力和水平。2011 年12 月7 日，全国人大常委会副委员长、中国红十字会会长华建敏在中国红十字会九届三次理事会上提出：“要深化理论研究，充分挖掘红十字文化内涵，推进红十字文化中国化，广泛传播人道理念，在全社会推动形成良好的道德风尚。”③ 红十字“文化工程”已然成为红十字会总体建设目标之

① 在2009 年4 月于苏州大学召开的“红十字运动与慈善文化”国际学术研讨会上，红十字运动研究中心主任、江苏红十字运动研究基地负责人、苏州大学教授池子华指出，经过100 多年波澜壮阔的实践发展和学术界呕心沥血的开拓性研究，在人文社科领域构建一门“新红学”——红十字学，条件已经具备，时机已经成熟。见池子华：《创建“红十字学”刍议》，《中国红十字报》2009 年4 月17 日。

② 池子华、郝如一：《2011 年红十字理论研究之回顾》，《中国红十字报》2012 年1 月3 日。

③ 《中国红十字会九届三次理事会召开》，《中国红十字报》2011 年12 月9 日。

一。[1] 进一步加强与拓展红十字运动理论研究，尤其是对红十字文化中国化的研究，已成为历史与现实的呼唤。

有鉴于此，红十字运动研究中心继续发挥高等学校与业界合作的优势，汇聚研究队伍，科学选题，出版一套“红十字文化丛书”，弘扬有利于国家富强、民族振兴、人民幸福、社会和谐的思想和精神，凸显红十字文化在中国文化园地中的地位，使红十字文化在神州大地上更加枝繁叶茂，促进中国红十字事业可持续发展，推动红十字文化的国际交流。

“红十字文化丛书”的出版，得到了中国红十字基金会、江苏省红十字会、苏州大学社会学院、上海市嘉定区红十字会、浙江省嘉兴市红十字会、江苏省盐城市盐都区红十字会等单位的鼎力支持，也得到红十字国际委员会东亚地区代表处及中国红十字会总会的关心和指导，在此谨致衷心感谢。

池子华

2012 年 6 月于苏州大学

① 池子华：《“文化工程”应成为红十字会总体建设目标之一》，《中国红十字报》2009 年 12 月 11 日。

目　录

【特　　稿】

【理论园地】

【“疫情下的红十字”征文选登】

【观察思考】

【历史研究】

【珍稀史料】

特　稿

上下求索　砥砺前行

——纪念红十字运动研究中心成立15周年

池子华

时光荏苒，光阴飞逝，红十字运动研究中心（以下简称“红研中心”）转眼间走过了15年的风雨历程。作为全国第一家红十字运动研究机构，其从小到大，由弱变强，取得了令人瞩目的业绩，并成就了全球首家红十字国际学院的辉煌，而红研中心也因此面临新的转折。本文尽可能全面总结，以为纪念。

一、红研中心的成立及发展历程

（一）设想的由来

任何研究机构的设立，都不是凭空而来的，都需要一定的研究基础。红研中心的设立也是如此，其奠基于3本书的创造性研究。笔者在《国内高校红十字运动研究概况》一文中，对此有如下追溯：

研究中心成立之前，实际上我们已经取得了一些成果，其中最主要的是我组织的《百年红十字》课题的研究。我是学历史出身，最初的研究方向是近代政治史，出版过一些著作。与红十字结缘，纯属偶然。1991年，我考入南京大学历史系攻读博士学位，研究重心转移到社会史领域，并以近代流民问题作为博士学位论文的选题。流民是弱势群体，兵灾匪祸，自然灾害，迫使他们背井离乡，居无定所，命运多舛，经常陷于无以为生的尴尬境地。在搜集整理流民资料的过程中，“红十字”进入我的视野。作为社会救助团体，红十字会向流民伸出援手，给予他们生的希望。我觉得很新奇，对红十字会就有一种探究的冲动，萌发撰写一部《红十字与近代中国》的学术著作的“奇想”，加之1991年长江大洪水，红十字会员活跃的身影给人留下深刻而美好的记忆，更激发了我的研究兴趣。只是因为撰写《中国近代流民》学位论文，这一愿望埋在心底。1994 年博士研究生毕业后，我回到安徽师范大学执教，两年后调河北大学。工作变动以及教学、科研任务沉重，研究红十字运动的计划一直无暇兼顾，直到 1999 年，才把这一研究计划提上日程。这年金秋，我贸然致函中国红十字会总会，建议强化会史的研究，并提出写作《红十字与近代中国》的构想，希望能够得到总会的支持。这样的信很容易石沉大海，所以不敢心存奢望。但令我感动不已的是，这封原本无足轻重的小信，却引起总会领导的高度重视，复函表示支持，并寄来《中国红十字会历史资料选编，1904—1949》等书。我由此与红十字"结缘"。

2000 年 1 月，总会孙柏秋副会长、安徽人民出版社汪鹏生社长与我首次相聚北京，共商红会史研究事宜，提出长远规划和近期目标。长远规划即编辑出版"中国红十字书系"系列丛书，其中也包括《红十字与近代中国》。鉴于 2004 年中国红十字会迎来百年华诞，商定"近期目标"先行推出《百年红十字》一书，以再现中国红十字会百年风雨的曲折历程，作为"中国红十字书系"之铺垫。之后，我带领研究生，广泛搜求红会史料。经过三年多的苦战，书稿终于杀青。在此期间，2002 年 5 月 30 日，我与孙副会长一道，拜访了原卫生部部长、中国红十字会会长钱信忠先生。钱老对书稿赞不绝口，欣然同意为本书作序，并出任名誉主编。

《百年红十字》原本打算在 2004 年中国红十字会百年华诞的时候作为"献礼"书出版的，但 2003 年 1 月我的台湾之行，改变了这一计划。访台期间，我拜会了原台湾红十字组织会长徐亨先生，他告知台湾红十字组织委托张玉法院士组织实施《百年红十字》的研究计划。我想，我们的计划一定要抢在台湾之前出版。所以 2003 年 9 月，我们的 60 万言的《百年红十字》，由安徽人民出版社隆重推出，精装出版。这是第一部全面再现中国红十字会百年史事的学术著作，被学界誉为"为中国慈善界放一异彩"。钱老先生为"序"给予高度评价，强调"这是第一部系统研究中国红十字会百年史的力作，值得广大读者尤其是红十字工作者认真研读"。他并指出："1993 年 10 月 31 日，《中华人民共和国红十字会法》颁布实施，这是中国红十字运动史上新的里程碑。中国红十字事业蓬勃发展，前景广阔，作为一位老红十字会员，我感到由衷的高兴。'前事不忘，后世之师'，只有认真总结、吸取历史经验教训，才能推动中国红十字事业的可持续发展。希望红会同仁以《百年红十字》的出版为契机，强化对会史的研究，以史为鉴，与时俱进，开拓进取，不断创造新的辉煌！"

《百年红十字》出版时，我已调入苏州大学工作。《百年红十字》出版后，我便带着书拜会时任苏州市红十字会副会长的郝如一，受到热情接待，商谈合作事宜，一拍即合。我提议联手编一部能够全面反映中国红十字会自成立以来重大活动的“编年史”——《中国红十字历史编年，1904—2004》，郝会长极表赞成，愿鼎力襄助。我的40万字的《红十字与近代中国》交付出版后，在苏州市红十字会臂助下，我带领弟子们潜心攻关，几乎全身心投入红十字运动研究。正是在前期研究成果的基础上，红十字运动研究中心的成立，可谓水到渠成。①

《百年红十字》《红十字与近代中国》《中国红十字历史编年(1904—2004)》3部书的出版，在开辟红十字运动研究新领域的同时，也奠定了成立专门学术机构的成果基础。红十字运动研究中心的成立，可谓水到渠成。

（二）申请得到批准

鉴于成立专门研究机构的条件已经具备，经协商，由苏州市红十字会与苏州大学社会学院联手发起，合作共建。2005年10月，池子华向社会学院党委、行政正式提交《关于成立“红十字运动研究中心”申请报告》：

院党委、行政：

自1999年以来，本人在中国红十字会总会支持下，率先对中国红十字运动进行研究，取得一定成绩，先后出版《百年红十字》（60万字，为第一部系统研究中国红十字运动百年历程的学术著作）、《红十字与近代中国》（近40万字，为第一部系统研究中国红十字会近代历史的学术论著，获江苏省第九届哲学社会科学优秀成果二等奖、苏州市第八次哲学社会科学优秀成果二等奖），并在《江海学刊》《清史研究》《史林》《社会科学战线》等刊物发表相关论文数十篇，受到学术界广泛关注，在红十字会系统产生重大影响。同时在苏州市红十字会鼎力资助下，与该会联手，完成“中国红十字历史编年（1904—2004）”课题研究（其成果《中国红十字历史编年（1904—2004）》，50万字，由安徽人民出版社于2005年出版发行），“江苏红十字运动历史研究（1904—2004）”也获得该会立项，5年内将陆续推出3卷本近百万言的学术论

---

① 池子华：《国内高校红十字运动研究概况》，载池子华著《红十字运动：历史与发展研究》，合肥工业大学出版社2013年版。

著。为保持本领域在国内的强势地位，聚集研究力量，构筑学术交流平台，拓宽与海内外对口合作渠道，为此提出申请，建议与苏州市红十字会联合发起成立“红十字运动研究中心”。这对弘扬人道主义精神，构建和谐社会，意义重大。我们相信，在院党委、行政领导下，在苏州市红十字会的支持下，该中心一定能够不断取得学术研究的新进展，使之成为国内乃至国际红十字运动研究的基地。请核准。是盼。

此致

敬礼

池子华

2005 年 10 月 1 日

申请报告得到苏州大学社会学院的批准。20 天后的 10 月 21 日，苏州大学社会学院、苏州市红十字会签署《关于苏州大学社会学院、苏州市红十字会成立红十字运动研究中心的决定》。《决定》指出：“中国红十字会作为人道主义社会救助团体，100 多年来始终发扬‘人道、博爱、奉献’的红十字精神，在人道主义援助和促进经济社会发展等方面发挥了重要作用。为更好地开展健康和素质教育，更广泛地宣传和动员更多的力量支持和参与红十字事业，进一步弘扬红十字精神，促进我国红十字事业不断发展，决定成立红十字运动研究中心。”

成立全国首家红十字运动专门研究机构的设想，于是成为现实。

（三）隆重的成立大会

2005 年 12 月 7 日下午两点，苏州大学校本部大礼堂中洋溢着温馨的博爱气息。由苏州市红十字会和苏州大学社会学院携手共建的国内第一个“红十字运动研究中心”正式成立。同时，社会学院红十字会、红十字青年志愿者服务队也正式诞生。

在成立大会上，苏州大学副校长葛建一教授、苏州市红十字会副会长郝如一、社会学院党政领导班子以及苏州籍名医、抗日战争时期荣任中国红十字会总会秘书长的庞京周先生的亲属刘伟女士在主席台就座。

社会学院院长王卫平教授首先宣读了成立红十字运动研究中心的决定，在全场热烈的掌声中，葛建一副校长和郝如一副会长共同为研究中心正式揭牌。红十字运动研究中心主任由社会学院博士生导师池子华教授担任。

郝如一副会长宣读苏州市红十字会同意成立苏州大学社会学院红十

字会的批复，向社会学院红十字会授旗以后做了讲话。他说："红十字运动在我国已有百年历史，在苏州开展也有81周年。在红十字救助帮扶的活动中，深感理论指导的缺乏，国内也一直没有正规的、高水平的研究机构。苏州大学社会学院与我们携手共建，填补了空白，给中国的红十字运动添上了浓墨重彩的一笔！"

苏州大学副校长葛建一教授在讲话中指出：《中华人民共和国红十字会法》颁布10多年来，苏州市红十字会围绕生命工程、救援工程和爱心工程，开展了丰富多彩的人道主义活动。今天，我们成立了全国第一个红十字运动研究中心，她必将有利于更广泛地宣传和动员更多的力量支持和参与红十字事业、弘扬红十字精神、促进我国红十字事业不断发展。我们对研究中心寄予厚望！

社会学院青年团员获悉江西九江地震受灾消息后，自发组织起来，踊跃向灾区捐款。在大会上，社会学院学生代表将凝聚了全院团员爱心的钱款交给郝如一副会长，通过苏州市红十字会向灾区人民转达社会学院学子深切的关爱之情。苏州市红十字会在社会学院设立了帮困助学基金，以资助贫困学生完成学业，在大会上，与会领导向首批获得红十字帮困助学基金的10位学生发放了助学金。①

学界、业界携手合作，开创了红十字理论研究的"苏州模式"②。

（四）平台建设

红研中心要取得长远发展，必须搭建学术交流的平台。

2006年5月8日，世界红十字日当天，红研中心网站（http://www.hszyj.net）上线，这是全国首家学术性、公益性红十字研究网站。网站由同程网络科技股份有限公司（简称同程旅游）提供技术支持和日常维护。网站除及时发布红十字会重要活动新闻外，还定期刊出《红十字运动研究》电子期刊，目前已出60期，发表各类文章千余篇。

2007年，全国第一份红十字理论学术杂志《红十字运动研究》（年刊）正式出版，每年1卷，目前已出版14卷，以展示红十字运动研究的最新成果。《〈红十字运动研究〉2007年卷》的"发刊词"写道：

有人说，世界上有三大国际性组织，即联合国、奥委会和红十字

① 《苏州市红十字会与社会学院共建红十字运动研究中心》，《苏大简报》2005年12月。

② 池子华：《红十字会"理论研究能力"建设路在何方?》，《中国红十字报》2010年12月3日。

会。对联合国、奥委会，可谓妇孺皆知，而对红十字会，知其详者，恐怕百无一二成。这与研究状况的滞后不无关系。有鉴于此，我们创办《红十字运动研究》（年刊），为有志于研究红十字运动的海内外学者、业余爱好者以及各级红会组织、红十字志愿者提供一个相互沟通、交流的平台，并希望通过这一载体推动中国及国际红十字运动研究的深入，为弘扬人道主义、构建和谐社会尽绵薄之力。

《红十字运动研究》（年刊）立足苏州，面向海内外。常设栏目主要包括：

理论园地：重在探索红十字运动发展规律、红十字会如何参与社会保障事业以及红十字事业自身发展等重大理论问题。

历史研究：力求再现不同时期中国红十字运动和国际红十字运动的历史场景，为红十字事业的可持续发展提供有益借鉴。对各国红十字运动的历史以及比较研究，也为本栏目所欢迎。

百家争鸣：不同观点、不同学术流派，相互切磋，百花齐放，百家争鸣，有助于学术研究的繁荣。

工作交流：为各级红十字组织交流工作经验提供平台，也使研究工作与现实需要真正对接起来。红十字运动与红十字运动研究相互促进，相得益彰。

观察思考：介绍国际及各国红十字运动的最新动态，以广见闻。

图书评论：展示红十字运动研究的最新成果，使读者能够及时了解学术研究动态。对“过期”书刊，也将择要介绍。

文献资料：选登具有重要参考价值的文献资料，为研究提供便利条件。希望各级红十字会奉献珍藏史料，以期资源“共享”。

杂文随笔：凡与红十字运动有关的杂文、随笔，均表欢迎。

他山之石：虽非研究红十字运动的专论，但论域相近或对红十字运动研究有所启发的论文，亦表欢迎。

竭诚欢迎海内外专家学者、各级红会组织、红十字志愿者踊跃赐稿，我们会根据投稿情况，随时增设新栏目。①

“发刊词”表明了《红十字运动研究》（年刊）的开放性，既有理论探讨，又有经验分享，使历史与现实相结合，为学界和业界“跨界”交流架起一座桥梁。

2015 年，红研中心微信公众号（Red Cross Society）开通。公众号主要

① 《〈红十字运动研究〉2007 年卷》，安徽人民出版社 2007 年版。

向学界、业界传递红研中心取得的最新科研成果，有助于展示学术动态。

（五）基地建设

取得初步发展后，红研中心积极争取纵向研究基地建设。2009 年 4 月，红研中心被江苏省红十字会冠名为“江苏红十字运动研究基地”；2009 年，又被江苏省教育厅批准为“江苏省人文社会科学重点研究基地培育点”，这为红研中心的发展注入新的活力。

与此同时，红研中心横向拓展，建立自己的研究基地，取得了突破。

第一个研究基地为昆山研究基地。

2009 年 6 月 25 日，“苏州大学红十字运动研究中心昆山研究基地”在昆山市红十字会正式挂牌成立。县级市红十字组织与高校合作开展红十字运动理论研究，这在全国尚属首次。昆山市副市长、市红十字会会长金乃冰希望昆山市红十字会借助“昆山研究基地”平台建设，认真参与红十字理论研究，用理论来指导红十字工作，创新工作理念，规范制度管理，探索工作经验；为红十字运动理论研究提供丰富的基层工作素材，成为合格的红十字运动理论研究与研究生教研基地；编辑出版昆山红十字运动书籍，加强与苏州大学红十字运动研究中心及国内其他研究机构的沟通与交流，促进昆山市红十字运动的长远发展。[①] 经过两年建设，昆山基地取得良好业绩，为研究生工作站的设立创造了条件。

2011 年 9 月 5 日，苏州大学社会学院昆山研究生工作站启动仪式在昆山市红十字会举行。昆山市红十字会常务副会长刘超英、苏州大学社会学院副院长周毅教授、苏州大学社会学院高峰教授、红十字运动研究中心主任池子华教授及驻站研究生出席了启动仪式。启动仪式上，双方共同探讨了当前红十字工作的热点问题，并就工作内容、研究课题进行了讨论。

研究生工作站的成立是为了借助双方各自的优势，充分发挥理论对实践的指导作用和实践对理论发展的推动作用，积极探索与深化“产学研合作”新途径。昆山市红十字会将作为社会工作专业硕士研究生工作站点，为学生提供挂职工作岗位，向其提供调研、评估、专业研讨等方面的基础资料。学校则在人才培养、咨询服务、信息交流等方面给予支持和协助。

① 《红十字运动研究中心昆山研究基地成立》，《苏大简报》2009 年 6 月 30 日。

红研中心昆山研究基地成为首批苏州大学研究生工作站中的社会学社会工作学科的研究生工作站，这在全国红十字会系统中具有首创意义。昆山研究生工作站的建立，对开启红十字会与学校合作，推进红十字运动理论研究，储备红十字理论人才，具有积极的现实意义。①

第二个研究基地为上海嘉定研究基地。

2013 年 1 月 24 日，上海市嘉定区红十字会第四届理事会第五次会议在区政府综合大楼召开，中共嘉定区委副书记刘海涛，嘉定区副区长、区红十字会会长李原等出席。会上，嘉定区红十字会常务副会长张丽萍与红研中心主任池子华教授共同为“红十字运动研究中心嘉定研究基地”揭牌。嘉定研究基地的建立，有助于加强合作，互利共赢，也为苏州大学相关专业研究生实习，提供了新的平台。②

第三个研究基地为浙江嘉兴研究基地。

为繁荣红十字事业，推进红十字文化的大发展，经嘉兴市红十字会与苏州大学红十字运动研究中心多次磋商，密切合作，决定正式成立“红十字运动研究中心嘉兴研究基地”。2013 年 7 月 24 日，“红十字运动研究中心嘉兴研究基地”揭牌仪式在嘉兴市红十字会举行。红研中心主任池子华教授与嘉兴市副市长、市红十字会会长柴永强共同为基地揭牌。基地成立后，双方将发挥各自的优势与特长，相互配合，通力协作，通过理论联系实践，大力开展红十字运动理论研究，力争取得一批富有嘉兴特色的红十字理论研究成果。揭牌仪式结束后，池子华还做了《中国红十字运动的历史、现状与未来发展》专题讲座。嘉兴市副市长、市红十字会会长柴永强，市红十字会常务副会长王国芬、专职副会长傅琦红，市红十字会副会长、市政府副秘书长王一伟等全程参加了本次活动。③

第四个研究基地为江苏盐都研究基地。

2014 年 12 月 12 日，红研中心主任、博士生导师池子华教授与盐城市盐都区红十字会负责人在苏州大学签署协议，合作成立“红十字运动研究中心盐都研究基地”。苏州大学社会学院院长王卫平教授与盐都区红十字会会长武进甲共同为该研究基地揭牌。

盐都区红十字会成立于 1915 年。至 2014 年 10 月底，全区拥有镇

---

① 《发挥社会工作优势　构筑红十字理论平台》，搜狐网，2011 年 9 月 27 日。

② 《红十字运动研究中心嘉定研究基地揭牌》，苏州大学社会学院网，2013 年 2 月 20 日。

③ 《“红十字运动研究中心嘉兴研究基地”正式揭牌》，苏州大学社会学院网，2013 年 8 月 25 日。

（区、街道）、村居和系统、行业红十字会 340 个，专业工作委员会 22 个，志愿服务基地 16 个；共有成人会员 15932 人，青少年会员 45496 人，志愿者 5866 人，在组织建设、备灾救灾、救护培训、帮困救助、志愿服务、生命工程、红十字博爱文化传播等方面成绩突出。

通过成立盐都研究基地，设置在苏州大学社会学院的红十字运动研究中心将对该区红十字会工作给予协助和指导；区红十字会借助研究基地平台，认真参与理论研究，创新工作理念，规范制度管理，探索工作经验，为红十字运动理论研究提供丰富的基层工作素材。①

第五个研究基地为贵州分中心。

2015 年 9 月 25 日，“红十字运动研究中心贵州分中心”在贵阳挂牌成立，中心主任池子华教授与贵州省红十字会党组书记、常务副会长罗治雄，共同为贵州分中心揭牌，并举行合作共建签字仪式。

池子华在讲话中指出，红研中心虽然取得了不少成绩，形成全国公认的学术“品牌”，但红十字运动研究毕竟是一个新的学术领域，还有许多空白亟待填补，新情况、新问题层出不穷，也需要理论研究的及时跟进。因此，红研中心的同人将继续奋进，不断取得新的成绩，力争把红研中心打造成理论研究的新高地。作为中国红十字基金会支持下的红十字文化研究基地，红研中心目前有上海嘉定、浙江嘉兴、江苏盐都 3 个研究基地（昆山研究基地 3 年期满后没有续约），如今贵州分中心挂牌成立，如虎添翼，为红十字运动研究注入了新鲜血液，激发了新的活力。相信在贵州分中心的有力配合与支持下，红研中心必将焕然一新，在红十字软实力建设方面发挥更大作用。

池子华强调，贵州是红十字运动的一片热土，蕴藏着丰富的红十字文化资源，尤其是作为中国红十字会救护总队部的大本营，贵州有着得天独厚的优势。希望贵州分中心，一是继续凸显特色，整理出版《救护总队档案资料丛书》，扩大图云关文化品牌的辐射力、影响力，为贵州省红十字事业国际化战略提供强有力的支撑，为“一带一路”倡议贡献力量。二是结合贵州红十字运动的历史与实践，推出“贵州红十字运动研究丛书”，把历史研究与现实需要、未来发展对接起来，为贵州红十字事业提供理论指导和智力支持。三是积极动员相关方面的人力资源，筹备“人道需求与能力建设”国际学术研讨会。

罗治雄常务副会长对红十字运动研究中心的宝贵支持表示感谢。他

① 《红十字运动研究中心盐都研究基地成立》，江苏文明网，2014 年 12 月 29 日。

表示，在贵州省红十字会和有关部门的呵护、支持下，在贵州分中心研究团队的精诚合作、共同努力下，一定会开创贵州红十字运动研究的新局面，为繁荣红十字文化、促进红十字事业发展做出自己独特的贡献①。

第六个研究基地为江苏常州研究基地。

2017 年 4 月 11 日，“红十字运动研究中心常州研究基地”揭牌仪式在常州市委党校举行。红研中心主任池子华教授与常州市红十字会党组书记、常务副会长钱斌共同为基地揭牌。

常州红十字会于 1914 年 10 月筹建，1921 年 2 月正式成立。百年来，常州红十字会践行“人道、博爱、奉献”的红十字精神，在大力实施紧急救援、应急救护、人道救助三大工程，全力推动无偿献血和造血干细胞捐献、人体器官（组织）及遗体捐献，致力于改善最易受损害群体生存境况等方面，做了大量实事善举，创造性地开展了“红十字博爱送万家”“大病救助”“蓝天助学”等品牌活动，并在成立旅游景区红十字会、设立红十字人道救助基金、开展红十字文化理论研究等方面走在了全国前列。常州研究基地通过理论联系实践，大力开展红十字理论研究，促进了红十字事业的健康持续发展。

揭牌仪式后，池子华在钱斌副会长陪同下，实地考察了盛宣怀故居。盛宣怀是中国红十字会首任会长，在中国红十字运动史上具有重要影响。依托盛宣怀故居，创建红十字文化传播基地，具有一定的可行性。对此，双方达成共识，希望能够争取中国红十字会总会、江苏省红十字会以及常州市委市政府的支持。②

第七个研究基地为安徽合肥研究基地。

2017 年 10 月 20 日，“红十字运动研究中心合肥研究基地”揭牌仪式在合肥市政务中心举行。合肥市副市长、市红十字会会长吴春梅，红研中心主任池子华，市红十字会专职副会长刘波出席揭牌仪式并讲话，仪式由市政府副秘书长谢军主持，来自全市各县（市）区红十字会专兼职副会长、工作人员及部分乡镇基层红十字会负责人参加了活动。

仪式上，市红十字会专职副会长刘波介绍了设立红十字运动研究中心合肥研究基地的情况。她指出，苏州大学红十字运动研究中心是全国首家以红十字运动为专门研究对象的学术研究机构，在历史研究、理论研究方面取得了丰硕的成果，已成为全国红十字运动的重要研究基地，

---

① 《红十字运动研究中心贵州分中心揭牌》，苏州大学社会学院网，2015 年 9 月 29 日。

② 《红十字运动研究中心常州研究基地揭牌》，苏州大学社会学院网，2017 年 4 月 13 日。

是红十字运动研究的先锋，为助力中国红十字事业的发展做出了重要贡献，为推动地方红十字会的发展提供了资源和契机，也为我们提供了成功的经验；合肥研究基地必将成为推动我市红十字运动理论研究发展、提升我市红十字文化品质和发展红十字事业的新动力和新引擎。池子华介绍了红十字运动研究中心和各个基地建立以来的情况，并对合肥研究基地寄予厚望。

副市长、市红十字会会长吴春梅发表讲话，她对池子华教授为合肥研究基地的设立所付出的努力表示衷心的感谢，并对近年来市红十字会取得的成绩给予充分肯定。她指出，在市委市政府的领导下，市红十字会秉承“人道、博爱、奉献”的红十字精神，开展了“博爱送万家”“红十字天使计划”“博爱在江淮”“博爱庐州”等品牌救助活动，获得了社会各界广泛的赞誉。希望市红十字会依托合肥研究基地这个平台，通过多样化的学习方式，提升能力与水平，在传承和繁荣红十字文化，推动红十字事业创新发展方面取得更多的丰硕成果。

最后，吴春梅副市长和池子华教授共同为“红十字运动研究中心合肥研究基地”揭牌。①

基地的设立，有助于红十字会把握红十字运动的发展规律和新时期发展方向，以理论研究促进工作实践，推动红十字事业的创新发展。同时也为红研中心的理论研究提供实践园地，为理论研究与现实需要的无缝对接提供了崭新的平台。

二、辛勤耕耘结出累累硕果

15 年来，红研中心同人辛勤耕耘，锐意进取，取得了一系列科研成果，出版相关著作百余种，填补了许多空白，赢得学界、业界的一致好评。

（一）红十字书系

“红十字书系”是红研中心与安徽人民出版社合作推出的大型系列丛书，出版图书 18 种，即：

孙柏秋主编，池子华、杨国堂等合著：《百年红十字》（精装）；

池子华著：《红十字与近代中国》；

池子华、郝如一主编：《中国红十字历史编年（1904—2004）》；

① 《红十字运动研究中心合肥研究基地揭牌》，苏州大学社会学院网，2017 年 10 月 23 日。

郝如一、池子华主编：《苏州红十字会志》；

严晓凤、池子华、郝如一主编：《苏州红十字会志资料长编》（上下册）；

池子华、严晓凤、郝如一主编：《〈申报〉上的红十字（1897—1949）》（4卷）；

池子华著：《中国红十字运动史散论》；

刘超英主编：《昆山红十字运动发展史》（精装）；

池子华、郝如一主编，池子华、曹金国、薛丽蓉、吕志茹合著：《江苏红十字运动研究》第1卷《近代江苏红十字运动（1904—1949）》；

池子华、郝如一主编，徐国普著：《江苏红十字运动研究》第2卷《辉煌十五年（1950—1965）》；

池子华、郝如一主编，杨红星著：《江苏红十字运动研究》第3卷《挫折后的振起（1966—2004）》；

池子华、郝如一主编：《〈红十字运动研究〉2007年卷》；

郝如一、池子华主编：《〈红十字运动研究〉2008年卷》；

郝如一、池子华主编：《〈红十字运动研究〉2009年卷》；

郝如一、池子华主编：《〈红十字运动研究〉2010年卷》；

郝如一、池子华主编：《〈红十字运动研究〉2011年卷》；

严晓凤、池子华、郝如一主编：《〈红十字运动研究〉2012年卷》；

严晓凤、池子华、郝如一主编：《苏州红十字会百年纪事（1911—2011）》。

特别值得指出的是，“红十字书系”的出版，得到了中国红十字会总会（联系深圳巾帼药业给予资助）、苏州市红十字会（年度项目纳入预算）以及江苏省红十字会、苏州大学社会学院中国史重点学科经费支持。

（二）红十字文化丛书

“红十字文化丛书”是红研中心与合肥工业大学出版社合作推出的又一大型系列丛书，由池子华总主编，已出版图书70余种，即：

池子华、郝如一主编：《中国红十字会百年往事》；

严晓凤、池子华、郝如一主编：《〈红十字运动研究〉2013年卷》；

池子华、傅亮、张丽萍、汪丽萍主编：《〈大公报〉上的红十字》；

池子华、张丽萍、汪丽萍主编：《中国红十字历史编年（2005—2009）》；

池子华、张丽萍、汪丽萍主编:《中国红十字运动的区域研究》;

池子华著:《红十字运动:历史与发展研究》;

吴佩华著:《中国红十字外交(1949—2009)》;

郝如一著:《红十字文化传播:实务与理论》;

张立明著:《红十字人道事业:改革与发展管见》;

戴斌武著:《中国红十字会救护总队与抗战救护研究》;

孙语圣著:《中国红十字会灾害救助机制研究》;

方娅、池子华主编:《江西红十字运动百年回眸》;

池子华、丁泽丽、傅亮主编:《〈新闻报〉上的红十字》;

池子华、曹金国、薛丽蓉、阎智海合著:《红十字:近代战争灾难中的人道主义》;

池子华、张丽萍、汪丽萍主编:《〈红十字运动研究〉2014年卷》;

上海市嘉定区红十字会编:《嘉定红十字历史编年实录(1918—2013)》(上下卷);

池子华、郭进萍、邓通、李攀合著:《红十字:文化传播、危机管理与能力建设》;

简海燕、池子华主编:《〈红十字会救伤第一法〉——孙中山唯一译著的整理与研究》;

池子华、崔龙健主编:《中国红十字运动史料选编(第一辑)》;

丁超英、池子华主编:《峥嵘岁月歌 奋进的20年——浦东新区红十字会大事记》;

上海市浦东新区红十字会主编:《峥嵘岁月歌 奋进的20年——浦东新区红十字会工作实践与探索》;

上海市浦东新区红十字会主编:《峥嵘岁月歌 奋进的20年——浦东新区基层红十字会优秀案例大盘点》;

池子华、张丽萍、吴玉林主编:《〈红十字运动研究〉2015年卷》;

高鹏程著:《近代红十字会与红卍字会比较研究》;

池子华著:《红十字运动:历史回顾与现实关怀》;

罗治雄、戴斌武著:《贵州红十字运动研究(1916—2013)》;

池子华、丁泽丽主编:《中国红十字运动史料选编(第二辑)》;

代华著:《民族主义与人道主义——1923年日本关东大地震的中国响应》;

池子华、郭进萍校订:《日本红十字运动史(1877—1916)》;

袁灿兴著:《国际人道法在华传播与实践研究(1874—1949)》;

池子华、王国忠、吴玉林主编:《〈红十字运动研究〉2016 年卷》;

池子华、邓通主编:《中国红十字历史编年(2010—2014)》;

池子华著:《红十字运动:历史审视与现实思考》;

顾丽华、池子华主编:《弥足珍贵的红十字文化遗产——〈中国红十字会常熟分会民国廿一年纪念册〉整理与研究》;

梁旻著:《人道的力量:中国红十字会救援江浙战争研究》;

吴玉林主编:《盐都红十字事业》;

王国忠、池子华主编:《红十字青少年理论与实践》;

池子华、欧贺然主编:《中国红十字运动史料选编(第三辑)》;

池子华、阎智海主编:《中国红十字运动史料选编(第四辑)》;

池子华、丁泽丽主编:《中国红十字运动史料选编(第五辑)》;

池子华、李欣栩主编:《中国红十字运动史料选编(第六辑)》;

张孚传著:《微言浅语:红十字会工作笔谈》;

池子华、王国忠、陈海高、傅琦红主编:《〈红十字运动研究〉2017 年卷》;

池子华、崔龙健主编:《中国红十字运动史料选编(第七辑)》;

吴康丽、池子华主编:《陆树藩:中国红十字运动的先驱》;

李欣栩著:《民国时期中国红十字会制度建设》;

崔龙健著:《抗战时期中国红十字会上海国际委员会研究》;

袁灿兴著:《无锡华氏义庄:中国传统慈善事业的个案研究》;

池子华、李欣栩主编:《中国红十字运动史料选编(第八辑)》;

涂文涛著:《但闻人道絮语声——红十字人道工作笔记》;

池子华、王国忠、陈海高、吴海松主编:《〈红十字运动研究〉2018 年卷》;

池子华主编:《红十字运动研究评论集》;

池子华著:《红十字运动:历史传承与当代发展》;

池子华、刘思瀚主编:《中国红十字运动史料选编(第九辑)》;

曾桂林、池子华主编:《中国红十字运动史料选编·湖南专辑(第十辑)》;

傅亮著:《近代江西红十字运动研究(1911—1949)》;

池子华总主编:《中国红十字运动通史(1904—2014)》(6 卷 8 册);

池子华、王国忠、宋双印、陈海高主编:《〈红十字运动研究〉2019 年卷》;

池子华著：《中国红十字运动史散论（修订本）》；

宋悦明、池子华主编：《中国红十字运动史料选编·湖北专辑（第十一辑）》；

池子华、刘思瀚主编：《中国红十字运动史料选编（第十二辑）》；

江华、张涛主编：《中国红十字运动史料选编·常州专辑（第十三辑）》；

池子华、王国忠主编：《中国红十字运动的"万国"视界》；

宋双印、池子华主编：《延安时期红十字运动研究》；

卞允斗编著：《仁者之爱》；

池子华、邓通主编：《中国红十字历史编年（2015—2019）》；

池子华、王正春、宋双印、陈海高主编：《〈红十字运动研究〉2020年卷》；

池子华、刘思瀚主编：《中国红十字运动史料选编（第十四辑）》；

池子华、郎元智主编：《中国红十字运动史料选编（第十五辑）》；

吕进福著：《新媒体环境下红十字舆论传播研究》；

湖北省红十字会主编：《爱的灯火——湖北"最美红十字人"报告文学集》；

江华、张涛主编：《中国红十字运动史料选编·常州专辑二（第十六辑）》；

池子华著：《红十字运动：穿越历史与回归现实》。

"红十字文化丛书"的出版，得到了中国红十字基金会的有力支持。2013年11月10日，中国红十字基金会常务副理事长兼秘书长孙硕鹏、宣传部部长牛晓波、宣传部主管王硕一行3人，访问红十字运动研究中心，受到红研中心主任池子华教授的热情接待。双方围绕原全国人大常委会副委员长、原中国红十字会会长华建敏提出的"两论一动"（舆论、理论、行动）建设路径和"红十字文化与价值体系"论题举行座谈，并就红十字文化建设、理论研究基地培育、红十字会系统干部培训与人才培养等方面的合作进行了探讨，达成初步意向。原苏州市红十字会专职副会长郝如一、红研中心部分研究人员出席座谈会。①

座谈会上，双方商定红研中心作为红十字文化研究基地，由中国红十字基金会支持建设，每年提供20万元的建设经费。经过6年两个周期的建设，中国红十字基金会已投入120万元。加上几个研究基地和苏州

① 《孙硕鹏一行访问红十字运动研究中心》，苏州大学社会学院网，2013年11月11日。

大学社会学院中国史重点学科支持，经费有保障。在红研中心团队成员的共同努力下，红十字文化丛书蔚为大观。

（三）中国红十字运动知识丛书

尽管红研中心出版了许多很有分量的著作，取得了可观的研究成果，但是这些成果专业性、学术性强，受众面窄，基本上局限于学界、业界，无法实现“大众化”目标。如何使学术成果面向大众，实现“社会化普及”，值得探索。

红十字文化的“社会化普及”，路径有不少，连环画、音像制品、通俗读物都是可选路径，历来深受大众喜爱。2018 年，在中国红十字基金会、“六个核桃·读书慧”公益基金支持下，红研中心联手山东画报出版社推出的“中国红十字运动知识丛书”，就是传播方式上的一种新尝试。丛书第一辑一经面世，就受到读者欢迎。这套丛书好在哪里？

一是目的明确，“告诉你一个真实的红十字会”。由于“郭美美事件”和别有用心的人歪曲历史、误导公众，红十字会遭受前所未有的信任危机。追根溯源，真正的红十字会是什么？公众大多不甚了解，产生误解在所难免。要扭转这种局面，正本清源至为关键。丛书以事实为依据，用流淌的文字呈现红十字运动波澜壮阔的历史场景，真实可信，感染力强。

二是以“关键性”人物和以重大人道行动为中心，书写红十字运动的历史。丛书第一辑包括 5 本书：

池子华著:《无私奉献的精神——中国红十字会创建的故事》;

池子华著:《中国红十字会首任会长——盛宣怀的故事》;

池子华著:《中国的南丁格尔——张竹君的故事》;

池子华著:《救死扶伤的圣歌——林可胜与中国红十字会救护总队的故事》;

崔龙健著:《人道主义的赞歌——上海国际红十字会的故事》。

这 5 本书都是围绕中国红十字运动史上具有决定性影响的“红人”和以重大历史事件为脉络展开叙述，结构纵横交错，内容鲜活饱满。

三是故事性强。讲好红十字故事，传播好红十字声音，就要讲好红十字运动历史，这是本套丛书撰写的立足点。但要讲好故事并不容易，不仅要深挖资料，丰富素材，而且要转换写作方式，以“讲”代“论”，对学者而言是一种考验。同时，许多重要问题也要通过故事讲出来。如《无私奉献的精神——中国红十字会创建的故事》，就要回答读者所关心的一系列问题：中国红十字会为什么在1904年诞生？之前红十字如何走进中国并被国人所接纳？建会为什么是五国合办而不是中国“独立自主”？创建过程经历了什么？哪些人参与了中国红十字会的组建？中国红十字会又是怎样从“合办”中脱颖而出？为什么是盛宣怀出任首任会长？关于这么多的“为什么”，本套丛书都是用故事来讲述的。更重要的是，讲故事绝不容许编故事。无中生有，胡编乱造，虚构情节，是对历史的亵渎，与“告诉你一个真实的红十字会”的宗旨背道而驰，本丛书坚决杜绝。讲故事以真实为前提，信“史”旦旦，这是原则性问题，本丛书恪守原则，绝不逾矩。

四是写得比较好看。故事讲得如何，关键在于如何“讲”。真实、感人、生动，几大要素熔于一炉，才能引人入胜。因此，写法上尽可能新颖别致，文字清新活泼，谋篇布局也要有故事性，如《中国的南丁格尔——张竹君的故事》子目有：引子、一场怪病成就了她、“穗城奇女”、“女界梁启超”、上海滩“另创基业”、“贵人”相助、“女中豪杰”、创办女子中西医学院、出任上海医院“监院”、创建中国赤十字会、一石激起千层浪、“炮轰”沈敦和、两位特殊的救护“队员”、武汉前线的日日夜夜、凯旋、功成身退、梅开二度、独木难支、热心公益、砥砺前行、再度出山、尾声。全书一共22目，虽然不能说构思奇妙，但也令人耳目一新，再配上珍贵图片，图文并茂，的确写得比较好看。还应该强调的是，丛书虽然是“通俗读物”，但“通而不俗”，没有哗众取宠的故弄玄虚，更没有迎合低级趣味的搔首弄姿，而是娓娓道来，让读者能够听下去、读下去，不感觉枯燥乏味。

五是小而精，定价低，受众面广。丛书中的每本书都不是大部头的学术著作，包括图片在内，版面字数也只有10万字左右，做到“小而精”。因系小册子，主要面向学校红十字青少年、普通民众以及红十字工作者、志愿者，受众面广。希望用通俗易懂、清新可读这种“小清新”的传播方式，使丛书畅销起来，达成广泛普及红十字文化的目标，让红十字真正走向社会。[①]

在第一辑广受好评的激励下，我们又策划了第二辑、第三辑。其中第二辑5本包括：

刘思瀚著：《中国的亨利·杜南——陆树藩的故事》；

① 池子华：《红十字文化传播的新尝试——写在“中国红十字运动知识丛书”出版之际》，《中国红十字报》2018年10月16日。

池子华著:《中国红十字事业奠基人——沈敦和的故事》;

崔龙健著:《中国难民之友——饶家驹的故事》;

阎智海著:《中国伤兵之母——史沫特莱的故事》;

池子华著:《永不割舍的博爱——孙中山、宋庆龄与中国红十字会的故事》。

第二辑的5本书已由合肥工业大学出版社出版发行。第三辑也已进入编辑加工流程，不日面世。第二辑、第三辑保持了与第一辑同样的风格。希望这套丛书能够持续出版下去，成为红研中心又一“品牌”。

（四）标志性成果《中国红十字运动通史》

2018年，在纪念改革开放40周年之际，在《中国红十字会总会改革方案》实施之时，6卷8册300多万言的皇皇巨著《中国红十字运动通史（1904—2014）》（以下简称《通史》）由合肥工业大学出版社出版发行，这是中国红十字运动研究的标志性成果、集大成之作。

《通史》编写计划酝酿于2014年，其时《国务院关于促进红十字事业发展的意见》已经颁布实施，《红十字会法》修订也在紧锣密鼓进行中，中国红十字会在良好的发展机遇中迎来建会110周年华诞，这使红研中心同人备受鼓舞。加之红研中心自成立以来取得一系列研究成果，有了较深厚的学术积淀，编撰出版一套全面反映中国红十字运动110年历程的通史性著作，条件具备，时机成熟。

2015年春，《通史》研究计划正式启动。当年底，红研中心抱着“碰运气”的心态申报国家“十三五”重点图书规划。2016年6月17日，国家新闻出版广电总局官网发布消息，《中国红十字运动通史（1904—2014）》正式入选国家“十三五”社会科学与人文科学出版规划重点图书。

2017年，研究团队联手合肥工业大学出版社申报2018年度国家出版基金资助项目，顺利获批立项。这份沉甸甸的信任，承载着国家的殷切期待。国家“十三五”重点图书、国家出版基金，都是冠以“国家”的名义，也就意味着研究成果必须达到国家要求的水平，成为传世精品。

《通史》由池子华担任总主编，分为第1卷《近代的红十字运动历史变迁》（上下册，池子华著）、第2卷《新中国成立初期的红十字运动》（徐国普著）、第3卷《改革开放以来的红十字运动》（上下册，杨红星著）、第4卷《中国红十字外交（1949—2014）》（吴佩华著）、第5

卷《中国红十字文化》（郭进萍著）、第6卷《中国红十字运动大事编年》（池子华主编），全面再现了中国红十字会110年的风雨历程。

2015年5月5日，习近平总书记在接见出席中国红十字会第十次全国会员代表大会代表时指出："中国红十字会是国内历史最悠久的人道组织，成立110多年以来不断发展。近年来，中国红十字会在重大灾害救援、保护生命健康、促进人类和平进步等方面发挥了重要作用，涌现出郭明义等一批优秀红十字志愿者，为党、为国家、为人民做了很多好事、善事。"《通史》对此做了全方位解读，通过对红十字会从事的战地救护、赈济灾民、公益事业、国际援助、社会服务等人道活动的缕析，揭示了"红十字"精神的深刻内涵。

中国红十字会从无到有，从弱到强，并非一帆风顺，而是历经坎坷甚至磨难。红十字会之所以能够攻坚克难，不断创造一个又一个辉煌，关键在于改革创新。《通史》向人们展示了不同历史时期红十字会开拓进取、在改革创新中砥砺前行的多彩画面，表达了"一部红会史就是一部改革史"的深层意蕴。[①]

《通史》的出版，得到学界好评，被誉为"中国红十字运动研究的标志性成果和集大成之作"[②]，"是迄今为止规模最大、系统性最强、内容最丰富的中国红十字运动通史性著作"[③]。毫无疑问，《通史》是红研中心成立15年来最具有代表性、标志性的成果。

（五）其他

除上述之外，红研中心团队成员在其他出版社也出版了相关学术著作，包括：

池子华、郝如一主编：《红十字运动与慈善文化》，广西师范大学出版社；

戴斌武著：《抗战时期中国红十字会救护总队研究》，天津古籍出版社；

马强、池子华主编：《红十字在上海（1904—1949）》，东方出版

---

① 池子华：《以史为鉴推进红十字会改革创新——写在〈中国红十字运动通史（1904—2014）〉出版之际》，《中国红十字报》2018年12月25日。

② 王卫平、郎元智：《系统梳理中国红十字运动发展历程——〈中国红十字运动通史〉简评》，《光明日报》2020年8月14日。

③ 孙语圣：《〈中国红十字运动通史〉的学术特色》，《民国研究》2019年秋季号，社会科学文献出版社2020年版。

中心；

马强、池子华主编：《红十字在上海资料长编（1904—1949）》（3卷本），东方出版中心；

池子华著：《晚清时期中国红十字运动研究》，科学出版社。

其中，《红十字在上海（1904—1949）》及《红十字在上海资料长编（1904—1949）》是红研中心与上海市红十字会精诚合作的结晶。

上海是中国红十字运动的发祥地。自1904年3月10日上海万国红十字会（中国红十字会的前身）诞生以来，上海以其独特的区位优势，成为红十字文化中国化的试验场、传播红十字文化的集散地、全国红十字运动的中心。而1911年诞生的沪城分会（上海市红十字会的前身）作为中国红十字会直接领导下的地方分会，给予中国红十字会及驻沪总办事处以有力的配合、支持，逐渐成为上海区域红十字事业发展的“领头羊”。不言而喻，中国红十字运动的发生、发展，是与“上海”紧密联系在一起的。鉴于长期以来上海红十字运动研究成果寥寥，与上海在中国红十字运动史上的独特地位极不相称，上海市红十字会与红研中心携手合作，共同开展“红十字在上海（1904—1949）”课题研究。其成果的出版，不仅填补了学术空白，而且为进一步深入研究提供了基本资料。

《晚清时期中国红十字运动研究》是国家社科基金后期资助项目。它“是一部系统研究晚清时期中国红十字运动的精品力作，其所具有的学术创新性和现实指导性值得瞩目。该书凝聚了作者20年来在红十字运动研究领域的思考，体现了作者近年来红十字运动研究的总结，不管是在红十字运动研究还是在新时期中国红十字会的发展迈进方面都具有非常重要的意义。该书的出版不仅正本清源，廓清历史，弥补了相关研究领域的不足，推进了中国近代社会史研究的深入发展，更为当今中国红十字运动发展提供了深刻的反思与体悟”①。

除此之外，红研中心同人还在《光明日报》《中国红十字报》《中国社会科学报》《社会科学战线》《江海学刊》《史学月刊》等报刊上发表大量学术论文，不少论文被《新华文摘》《人大复印报刊资料》全文转载。

鉴于以上学术成果，红研中心被誉为红十字运动研究的“一面旗

① 郎元智：《一部探求红十字运动本源的力作——简评〈晚清时期中国红十字运动研究〉》，《〈红十字运动研究〉2020年卷》，合肥工业大学出版社2020年版。

帜”，当之无愧，也为红十字国际学院的创建奠定了扎实的基础。

三、学术交流助力理论研究向纵深和宽广拓展

红研中心自成立以来，多次举办会议，推动理论研究的开展。其中如下学术活动在学界、业界产生了较大影响。

（一）首届“红十字运动与慈善文化”国际学术研讨会

2009 年 4 月 10 日，由红十字国际委员会东亚地区代表处、中国红十字会总会报刊社、江苏省红十字会主办，苏州市红十字会、苏州大学社会学院红研中心承办的首届“红十字运动与慈善文化”国际学术研讨会在苏州大学隆重召开。

此次会议主题富有创新性和时代性，吸引了国内外的广泛关注。参加会议的有来自南京大学、苏州大学、中国海洋大学、华中师范大学、湖南师范大学、安徽大学、河北大学、杭州师范大学、宁波大学、苏州科技学院、天津社会科学院历史所、《史学月刊》杂志社、《近代史研究》杂志社、《江海学刊》杂志社、《新华文摘》杂志社、《学习与探索》杂志社、《学术月刊》杂志社、河北大学学报社、安徽人民出版社、天津古籍出版社、东方出版中心等全国数十所高校和研究机构以及部分学术期刊、出版社的代表；来自红十字国际委员会东亚地区代表处、中国红十字会总会、中国红十字会报刊社、中国红十字基金会以及江苏省红十字会、上海市红十字会、山东省红十字会、四川绵阳红十字会等省、市、县级红十字会的代表，共计 120 余人出席盛会。

在会议开幕前，在苏州大学图书馆举行了《从索尔费里诺到关塔那摩——红十字国际委员会珍藏图片世界巡展》中国首展剪彩仪式。中国红十字会总会江亦曼常务副会长、红十字国际委员会东亚地区代表处马文德代表、江苏省红十字会吴瑞林会长、苏州市红十字会谭颖会长、苏州大学党委书记王卓君教授共同为展览剪彩。

随后会议正式开幕，苏州大学党委书记王卓君教授、红十字国际委员会东亚地区代表处马文德代表、江苏省红十字会吴瑞林会长、中国红十字会总会江亦曼常务副会长分别致辞。

王卓君书记在讲话中指出：“本次盛会选择在苏州召开，与红十字运动研究中心有关。2005 年，我校与苏州市红十字会联合成立了全国、也是全世界首家红十字运动研究中心，其目的在于聚集海内外学界、业

界的研究力量，积极推动中国及国际红十字运动研究的深入，为弘扬人道主义、构建和谐社会尽绵薄之力。中国红十字会会长彭珮云女士非常关心红十字运动研究中心的成长，多次同研究中心的池子华教授、郝如一会长商谈，并亲笔题写了'红十字运动研究中心'的匾额；红十字国际委员会东亚地区代表处马文德（Martin Unternaehrer）先生、江苏省红十字会张立明会长也多次来该中心访问。多年来，该中心在中国红十字会总会、江苏省红十字会、苏州市红十字会等业界与学界的关照与支持下，紧紧依托我校科研力量，已取得了一批丰硕的研究成果，并培养了一批优秀的红十字运动研究的后备力量。本次盛会在苏州大学召开是我校的荣幸，也是对红十字运动研究中心工作的肯定，更是我们中心不断前进的强大动力和有力支持。以此次会议为契机，海内外专家学者就红十字运动和慈善文化的理论问题展开深入的研讨和对话，一定能够对红十字运动和慈善文化的研究产生积极而深远的影响，也必将为我校红十字运动研究中心的成长与壮大汇聚更为强大的力量。在此，我也代表学校表示，将一如既往地关心和支持该中心的各项工作，希望该中心能够抓住各种机遇，进一步扩大与社会各界的联系与沟通，加强合作，多出研究成果，在和谐社会的建构中做出更大贡献。"

吴瑞林会长在讲话中对红研中心的工作表达了殷切希望："非常期望我们的会议所在地——苏州大学的红十字运动研究中心能兼收并蓄，博采众长，携手各方的人才和智慧，为红十字事业做出新的贡献，为红十字运动提供动力。"

中国红十字会总会江亦曼常务副会长就红十字理论研究发表重要讲话。她首先强调了红十字理论研究的重要意义，对苏州大学红十字运动研究中心的工作给予了高度的赞扬并寄予厚望："2005 年，苏州市红十字会和苏州大学社会学院联合创办了红十字运动研究中心，作为国内第一家以红十字运动为专门研究对象的机构，在全体研究人员的不懈努力下，形成了一批比较具有影响的红十字运动学术研究成果，对于全国红十字会系统广泛开展理论研究发挥了积极的引领作用。在此，向江苏省红十字会、苏州市红十字会，特别是苏州大学、苏州大学社会学院所做出的努力表示衷心的感谢！"她指出，开展红十字理论研究要把握好"坚持用科学发展观作为指导思想，坚持用科学发展观统领红十字理论研究工作""致力于理论创新，理论创新是最重要的、决定性的创新，是其他一切创新的基础""坚持理论联系实际"的 3 个重要原则。

江亦曼常务副会长授彭珮云会长题字的"红十字运动研究中心"牌

匾、省红十字会吴瑞林会长授“江苏红十字运动研究基地”牌匾，红十字运动研究中心主任池子华、副主任郝如一接受牌匾。

开幕式后，红研中心主任池子华教授、江苏省红十字会张立明常务副会长、华中师范大学历史文化学院博导吴琦教授（由其学生代为发言），分别做大会报告。其中，池子华倡导创建“新红学”——红十字学——引起与会者的极大关注，他从“深厚的历史底蕴”“初步的理论支撑”“迫切的时代呼唤”3个方面论述了红十字学建立的必要性，并指出“只要世界还存在战火的硝烟，只要社会还存在苦难的人群”，“那么红十字学就有广阔的发展空间”。

10日下午和11日上午，学界精英和红十字一线工作人员分为两组，围绕“红十字运动与慈善文化”两大主题，展开热烈而富有建设性的探讨，主要议题涉及红会历史的追根溯源、红十字事业的当代发展、红十字运动的理论思考、慈善事业的历史进程以及国外红十字运动的历史与现状，等等。

11日下午，在苏州大学本部学术报告厅，苏州大学社会学院王卫平教授、南京大学历史系张生教授、福建省红十字会办公室副主任刘世和、中国红十字基金会副理事长王汝鹏分别做大会报告。报告会后，王卫平院长主持了闭幕式。湖南师范大学历史文化学院周秋光教授代表学术界，中国红十字会总会报刊社吴苾雯社长代表红会界分别做总结陈词。

周秋光教授认为：“这是一次在中国境内首次召开的以红十字运动与慈善文化为主题的国际学术研讨会，其意义和价值不言而喻，必将载入学术发展史册。”吴苾雯社长对此次会议给予高度评价：“这次研讨会将是一个具有历史意义的起点，从这个起点出发，我们将收获到理论的硕果。”并建议形成机制，长期召开下去。

江苏省红十字会潘宗白常务副会长致大会闭幕词，他从学术界与红十字会同人首次聚首、本次会议所取得的较为丰硕的研究成果、理论与实践并重达成一致意见，以及通过此次会议有一批青年才俊脱颖而出4个方面谈了自己的切身感受，并代表主办单位和与会代表，对会务组的辛勤劳动表示由衷的感谢！①

① 《“红十字运动与慈善文化”国际学术研讨会隆重举行》，《苏大简报》2009年4月16日。

（二）“‘两论一动’与红十字事业发展”座谈会

为加强红十字工作交流与理论研讨，推动红十字事业创新发展，2014 年 5 月 15 日，由红研中心与中国红十字会总会报刊社共同主办，上海市红十字会协办，上海市嘉定区红十字会（红十字运动研究中心嘉定研究基地）承办的“‘两论一动’与红十字事业发展”座谈会在嘉定举行。中国红十字会副会长郭长江，上海市红十字会常务副会长马强、副会长张钢，嘉定区委副书记周金林，嘉定区副区长、红十字会会长李原，嘉定区政协副主席章宇慧，中国红十字会总会报刊社社长吴苾雯、红研中心主任池子华以及来自北京、上海、山东、江苏、浙江、福建等地业界、学界代表 80 余人出席座谈会。座谈会由吴苾雯主持，池子华做总结报告。

2013 年 7 月 23 日，十一届全国人大常委会副委员长、中国红十字会会长华建敏在中国红十字会九届五次常务理事会会议上提出，要“突出抓好‘两论一动’”。2014 年 1 月 19 日，在九届五次理事会会议上，华会长再次强调抓好“两论一动”，并对其内涵进行了深刻阐述。“两论”，即舆论和理论，就是进一步增强阵地意识，抓好舆论宣传；进一步抓好理论研究工作，为红十字会事业发展提供坚实的理论支撑。“一动”，即行动，就是以服务困难群众的实际行动取信于民、取信于社会。

座谈会上，各地红十字会同人、专家围绕“‘两论一动’与红十字事业发展”这一主题，提交了《软实力·硬实力·巧实力——再论红十字会职能的科学定位与有效履行》《行动是最好的“品牌”》《红十字理论研究：从“心动”到“行动”》等论文，展开了广泛交流，从不同角度阐释了“两论一动”与红十字事业发展的实践探索和重要意义。

会上，还举行了《嘉定红十字历史编年实录（1918—2013）》首发仪式，马强、章宇慧分别为街镇红十字会代表、志愿者代表授书。该书分上、下两卷，作为池子华总主编的“红十字文化丛书”之一种，由合肥工业大学出版社出版，展示了 90 年来红十字精神在嘉定薪火相传的历程。

郭长江副会长发表讲话。他指出，本次座谈会是在全国各地红十字会深入贯彻落实华会长“两论一动”重要指示的背景下召开的，很及时，很重要；参加座谈者畅所欲言，不乏真知灼见，对继续推动红十字理论研究、舆论应对及其他工作的开展意义重大；特别是这种学界与业界齐聚一堂，共同探讨问题的方式，为今后的理论研究工作开了一个好头。他希望各地进一步提高和加强对“两论一动”重要意义的认识和研究，在研究方法上要特别注意理论联系实际，做到学以致用。[①]

（三）“‘依法治会’与红十字事业发展”座谈会

“依法治会”是红十字事业可持续健康发展的“引擎”，也是“依法治国”、促进国家治理体系和治理能力现代化不可或缺的重要方面。为贯彻落实中国红十字会第十次全国会员代表大会精神，探索“依法治会”方略，推动红十字事业创新发展暨纪念红研中心成立10周年、嘉兴市红十字会复会30周年，由红研中心与中国红十字会总会报刊社、中国红十字基金会共同主办，嘉兴市红十字会（红十字运动研究中心嘉兴研究基地）承办的“‘依法治会’与红十字事业发展”座谈会，2015年9月1日在嘉兴市召开。

中国红十字会副会长郭长江出席会议并讲话。中国红十字会总会报刊社副社长金宝杰，中国红十字基金会副理事长刘选国，浙江省红十字会常务副会长王冬梅、秘书长何乐琴，嘉兴市人民政府副秘书长、市红十字会副会长王一伟，嘉兴市红十字会常务副会长吴月荣，红研中心及其嘉兴、嘉定、盐都3个研究基地研究人员，北京、上海、浙江、江苏、山东等地红十字会代表和嘉兴市红十字会及所属各县市区红十字会负责人共50余人出席会议。嘉兴市人民政府副市长、市红十字会会长柴永强在座谈会上致辞，中国红十字会总会报刊社副总编吕进福主持会议。

与会代表就中国红十字会依法治会的成就与缺失、如何推进依法治会、依法治会的“法”与“治”、对“网络事件”的法律思考、探索构建红十字事业“互联网+”模式等做了专题发言，多侧面、多角度探讨了依法治会的思想内涵、方法和路径等。

郭长江副会长对座谈会取得的成果表示赞赏。他指出，中国红十字会总会报刊社和苏州大学红十字运动研究中心、中国红十字基金会连续两次举办此类研讨会，是对红十字理论研究工作的积极实践，值得肯定。对未来的红十字理论研究，他提出了“两个转变”的希望：一是由偏重历史的研究向历史与现实并重转变，希望在厘清“家谱家史”的基础上向历史、现实并重的方向转变；二是由偏重国内的研究向中外比较的方向转变，把国内、国际研究结合起来。

红研中心主任池子华做了总结发言，认为座谈会体现了3个特点：

① 《“两论一动”与红十字事业发展座谈会在嘉定举行》，苏州大学网，2014年5月21日。

第一，学界和业界同人济济一堂，共谋发展大计，有利于红十字工作和理论研究更好地开展，事实证明，当学界和业界、体制外和体制内携起手来，共同努力，理论研究就会大放异彩，就会有思想火花的迸发；第二，参会者各抒己见，畅所欲言，取得了积极的成果，对“依法治会”的重要性、必要性、紧迫性、可行性，以及“依法治会”对促进红十字事业发展无可替代的理论价值和实践意义，有了更清晰的认识，为更好地坚持“依法治会”“依法强会”明确了方向；第三，对今后的理论研究和事业发展具有一定引领、示范意义。①

（四）“五大发展理念与红十字事业发展”研讨会

2016 年 10 月 26 日，“五大发展理念与红十字事业发展”研讨会在江苏省盐城市召开，与会人员围绕红十字会如何贯彻落实五大发展理念、新形势下如何推进红十字会事业发展等问题，从理论与实践、历史与现实结合层面进行了研讨。

此次研讨会由中国红十字会总会报刊社、中国红十字基金会、苏州大学红十字运动研究中心联合主办，盐城市盐都区红十字会承办。红十字国际委员会东亚地区代表处高级政治顾问郭阳，中国红十字会总会报刊社社长金宝杰、总编辑吕进福，中国红十字基金会副理事长刘选国，苏州大学红十字运动研究中心及贵州分中心以及嘉定、嘉兴、盐都 3 个研究基地研究人员，上海、浙江、山东、贵州、安徽、河南、江苏等地红十字会代表和专家、学者共 50 余人出席会议。盐都区红十字会会长武进甲主持开幕式，盐都区委常委、组织部部长王铁根和郭阳分别代表承办地和红十字国际委员会东亚地区代表处致辞。

研讨会上，中国红十字基金会副理事长刘选国、盐都区红十字会常务副会长陈海高、上海市嘉定区红十字会常务副会长王国忠、浙江省嘉兴市红十字会副会长傅琦红、贵州省红十字会组织宣传部部长匡传益、山东省红十字会办公室主任张春中、江苏省南通市红十字会秘书长孟纬鸿、安徽大学教授孙语圣、浙江科技学院人文社科部副主任徐国普等学界、业界代表，分别做了题为“没有战火的红十字如何续写辉煌”“红十字会如何强基固本精准服务”“互联网时代基层红十字会的信息化建设”“以‘五大发展理念’为指引建设有中国特色的红十字组织”“红十字会‘绿色家园行动’的路径选择与现实维度”“‘四个更加’助推

① 《“‘依法治会’与红十字事业发展”座谈会在嘉兴召开》，苏州大学网，2015 年 9 月 6 日。

红十字事业发展”“《红十字会法》修订中需要厘清的六个基本问题”“红十字会应急能力建设研究”“红十字精神与社会主义核心价值观的内在关联”等专题发言，从多层次、多角度、多侧面探讨了贯彻落实“五大发展理念”的思想内涵、方法路径等。

研讨会还安排与会代表观摩了苏北地区唯一的全国红十字模范小学——盐城市第二小学举行的小会员集体入会仪式，参加了为资助困难学生举行的爱心义卖活动，听取了该校博爱文化建设介绍。

红研中心主任池子华在总结发言中指出，本次研讨会体现了3个特点：一是学界和业界同人齐集一堂，共谋发展大计，推动红十字研究工作由“体内循环”向“体外循环”发展；二是以研讨会替代以往的座谈会，并为参会代表安排了实地调研环节，具有内容与形式上的创新意义；三是研讨会提出的观点、见解，对各级红十字会贯彻落实“五大发展理念”，推进红十字事业发展具有指导意义。①

（五）“红十字会软实力建设”研讨会

为弘扬人道主义精神，传播红十字文化，2017年11月23日，由红研中心与中国红十字会总会报刊社、中国红十字基金会共同主办，上海市嘉定区红十字会（红十字运动研究中心嘉定研究基地）承办的“红十字会软实力建设”研讨会在嘉定隆重举行。

中国红十字会副会长郭长江，中国红十字会总会报刊社总编吕进福，中国红十字基金会副理事长刘选国，上海市红十字会党组书记、常务副会长张浩亮，中共嘉定区委副书记、区长、区红十字会名誉会长章曦等领导莅临研讨会。来自北京、山东、贵州、浙江、安徽、河南、江苏、陕西、湖北、内蒙古等省、自治区、直辖市从事红十字工作的相关领导和专家学者共50余人出席会议。

会议开幕式由嘉定区副区长、区红十字会会长王浩主持。章曦区长、张浩亮常务副会长分别致辞。研讨交流由吕进福总编主持，与会专家学者围绕“红十字会软实力建设”这一主题进行了广泛深入的交流。红研中心主任池子华对本次研讨会取得的学术成果做了全面总结。

中国红十字会副会长郭长江发表讲话。他说，历届理论研讨会从不同的视角对红十字运动进行研究，讨论红十字事业发展中的重大问题。

---

① 陈海高、王金海：《顺应时代潮流　厚植发展优势——“五大发展理念与红十字事业”研讨会在江苏省盐城市召开》，《中国红十字报》2016年10月28日。

近年来，在苏州大学红十字运动研究中心的引领下，红十字理论研究的队伍、规模、影响和成果都在不断扩大、上升，研究越来越接近红十字事业发展中的关键问题、突出问题，甚至是瓶颈问题。他强调，未来红十字理论研究应加强顶层设计，要有组织、有规划、有平台、有方向、有保障、有队伍、有效果。各级红十字组织要尊重知识、尊重人才、尊重和分享研究成果，用理论指导实践，在实践中体现价值。

与会代表还考察了徐行镇小庙村红十字服务站和南翔智地群团服务站红十字生命健康安全体验馆，把实地调研、经验分享与理论探索有机结合起来。①

（六）“红十字基地建设与文化传播”对话会

为了在新时期能够更好地建设红十字研究基地，弘扬传播红十字文化精神，2019 年 5 月 9 日，苏州大学红十字运动研究中心联合山西省红十字会、上海嘉定区红十字会召开“红十字基地建设与文化传播”对话会，会议由红研中心主任池子华教授主持。山西省红十字会党组书记、常务副会长郑红，苏州大学党委书记江涌，上海市嘉定区红十字会常务副会长王国忠，苏州大学社会学院党委书记邓国林、副院长郑庚等十余位专家学者参加对话会。

江涌书记首先向与会来宾介绍了苏州大学办学历史以及近年来的发展成绩。他指出，苏州大学将一如既往地充分发挥学科人才资源优势，高起点、高标准、高质量推进红十字国际学院的建设工作，努力在人才培养、理论研究、文化传播以及国际交流等方面积极为推动国家红十字事业发展做出贡献！

池子华教授向与会来宾介绍了苏州大学红研中心的基本工作情况，提出了红十字会应依托高校建立红十字理论研究中心，以加强红十字理论研究，为红十字文化传播贡献力量。他指出，红研中心将依托红十字国际学院继续为红十字理论研究与文化传播提供智力支持，努力在人才培养、理论研究等方面做出更大的成绩，希望能与地方红十字会建立更为密切的合作，双方共谋发展。

郑红常务副会长首先感谢苏州大学红研中心长久以来对山西省红十字事业的鼎力支持。其次，她对山西省红十字会的历史和工作情况做了简要介绍，并介绍了目前山西省红十字会与大同学院合作筹建山西红十

① 《红十字会软实力建设研讨会在嘉定召开》，苏州大学社会学院网，2017 年 11 月 27 日。

字学院的情况，希望能够与苏州大学红研中心建立更为广泛而密切的联系，从而为山西省红十字会的理论研究、文化传播提供学术支持。

王国忠副会长介绍了嘉定区红十字会的历史情况，肯定了与红研中心合作所取得的成绩，强调只有了解红十字历史，才能让人更加自信，才能更好地传播红十字文化。①

一系列学术活动的举办，扩大了红研中心的学术影响，也推动了红十字理论研究的开展。而学术活动的举办，更得益于红研中心联合发起单位苏州市红十字会和各个研究基地的大力支持，令人难忘。

四、人才培养与社会服务

作为一家科研机构，红研中心理所当然应担负起人才培养和社会服务的职责。在这方面，红研中心有自己的独特之处。

（一）人才培养："导师+研究生"模式

红十字运动研究是一个前景广阔的学术领域，关键在于如何将学术研究与学科建设、研究生培养有机结合起来。对此，红研中心有清醒的认识：虽然有了红十字运动研究这一新的学术领域和前景无限的"学术增长点"，但要做大做强做优，并非易事。单打独斗，很难形成气候。而单枪匹马，孤军奋战，是学界一种普遍现象。如何凝聚力量，形成团队，是无法绕开的难题。要突破这一瓶颈，"导师+研究生"的培养模式，就是一种路径。

作为"核心"，导师谋篇布局，做好课题规划，同时引导、激励研究生参与到学术新领域中来，在充分尊重学生意愿的前提下，实施研究计划。

对博士生而言，他们初步具有独立开展研究工作的能力，应鼓励他们树立勇闯"无人区"的胆识，要有挑战自我、开拓创新的"垦荒"精神。近年来，他们的博士论文都由红研中心资助出版，如《民族主义与人道主义——1923 年日本关东大地震的中国响应》《中国红十字外交研究（1949—2009）》《国际人道法在华传播与实践研究（1874—1949）》《人道的力量：中国红十字会救援江浙战争研究》《抗战时期中国红十字

① 《红研中心举办"红十字基地建设与文化传播"对话会》，苏州大学社会学院网，2019 年 5 月 11 日。

会上海国际委员会研究》等，都是填补空白之作，出版后均产生了不错的反响。

对硕士生而言，他们尚未进入学术研究的殿堂，这就要求导师规划好研究方向，带领他们一起攻关，将他们的最终成果进行整合，形成科研论著，如《中国红十字运动的区域研究》《红十字：近代战争灾难中的人道主义》《红十字：文化传播、危机管理与能力建设》《中国红十字运动的“万国”视界》等，就是硕士论文的结集，同样取得了良好的社会效益。

在攻关过程中，红研中心对参与课题工作的研究生给予科研补助，解除他们生活上的后顾之忧，提高了他们的积极性。

“导师+研究生”的培养模式，彰显了团队的力量。虽然“铁打的营盘流水的兵”，研究生最终要离开导师寻求自我发展的道路，但团队还在，红研中心有做不完的课题，凝聚力不减反增。正因为如此，红研中心才可能拿下《中国红十字运动通史（1904—2014）》这样的国家“十三五”重点图书、国家出版基金资助项目。可喜的是，有的弟子晋升教授、博导，建立起团队，共同参与到红研中心的建设中来，团队规模不断扩大，影响力自然与日俱增。

盘点红研中心 15 年的发展历程，共培养了 50 余名博士后、博士生和硕士生。虽然他们有的因工作原因没有在红十字运动研究的道路上走下去，但也有一批后学已成长起来，薪火相传，使研究团队不断壮大，如孙语圣、徐国普、杨红星、吴佩华、戴斌武、袁灿兴、丁泽丽、郭进萍、傅亮、李欣栩诸博士，都是后起之秀，并已在红十字运动研究领域崭露头角。

（二）暑期社会实践的双重目标

服务社会，对红研中心而言，首选目标为服务红十字事业。为此，红研中心利用暑期社会实践活动，把本科生的积极性调动起来，鼓励他们承担红十字会调研课题。一方面，可以使他们扩大视野，有益于学业发展；另一方面，可以为红十字会系统面临的发展难题提供破解方案，一举两得。调研成果收录于《红十字运动研究（年卷）》，公开出版，扩大了社会服务面。

自 2008 年以来，红研中心依托苏州大学社会学院，组织课题组，开展了一系列调研，形成了一批调研成果，包括《红十字会参与社区服务：实际运作与问题分析——以 A 市红十字会开展“红十字关爱进社区”活动为个案》《苏州市慈善超市发展模式探究》《苏州市红十字会“善”字系列救助计划运作机制研究》《红十字青少年工作现状及发展研究》《苏州市红十字会“明善”救助计划运作机制研究》《苏州市骨髓捐献状况调查研究》《苏州市红十字会“诚善”救助计划运营研究》《苏州地区遗体捐献状况调查》《关于普及应急救护知识的实践与思考——基于苏州的实践》《我国慈善组织“透明之路”探究——以红十字会为例》《中国红十字会官方网站宣传模式的探讨》《“郭美美事件”后高校大学生对红十字会信任度调查》《上海嘉定区红十字会干部队伍建设现状与分析》《上海嘉定区红十字会基层建设现状调查》《上海嘉定区红十字会遗体器官捐献激励机制研究》《苏州市应急救护现状调研报告》《大学生对红十字志愿服务的认知及参与度调查报告》《大学生对于无偿献血的认知和意愿情况的调查》等。有的调研课题，如“积德行善，天地归仁——苏州市红十字会‘德善’专项慈善救助计划运作模式研究”，还被列入国家级课题“大学生创新性实验计划项目”，获得国家资助。

值得注意的是，系列调研课题的实施，都得到了对口单位的积极参与和配合，包括提供必要的经费，帮助进行问卷的设计、入户调查等。可以说，课题调研活动是红研中心与对口单位共同开展的社会服务项目，而调研成果的针对性很强，因而具有一定的社会效益。

（三）培训班：社会服务的新路径

随着红研中心社会影响的不断扩大，红十字会系统需要借助红研中心的力量提高能力素质，红研中心也需要转化科研成果、传播红十字文化，于是面向红十字会系统的干部培训逐渐增多。通过这种方式，红研中心实现了社会服务的目标。有鉴于此，通过红研中心的牵线搭桥，苏州大学社会学院先后开办了吉林省红十字会、山东省红十字会、四川省红十字会、山西省红十字会、青海省红十字会、内蒙古自治区红十字会、江苏省红十字会、江苏徐州市红十字会、江苏宜兴市红十字会、江苏无锡市红十字会、江苏苏州市红十字会、江苏苏州吴江区红十字会、河南濮阳市红十字会、内蒙古乌兰察布市红十字会、内蒙古呼伦贝尔市红十字会、内蒙古阿拉善盟红十字会、内蒙古鄂尔多斯市红十字会、浙江金华市红十字会、浙江绍兴市红十字会等几十期的红十字会干部培训班。

与此同时，红研中心主任池子华“走出去”，多次为中国红十字会总会、中国红十字基金会、江苏省红十字会、江苏常州市红十字会、江苏兴化市红十字会、江苏如东县红十字会（上海交大班）、江苏盐城市盐都区红十字会、上海市红十字会、上海金山区红十字会、上海市嘉定区红十字会、广西南宁市红十字会（复旦大学班、南京大学班）、湖北省红十字会、浙江省红十字会、浙江温州市红十字会、浙江杭州市红十字会、浙江湖州市红十字会、浙江金华市红十字会（浙江省委党校班）、浙江嘉兴市红十字会、浙江舟山市红十字会、江西南昌市红十字会、天津市红十字会、陕西省红十字会、四川省红十字会、山东东营市红十字会、山东临沂市红十字会、安徽合肥市红十字会等培训班授课。授课专题包括“中国红十字运动的历史回眸”“中国红十字运动的历史与发展”“新机遇、新挑战、新思维、新举措——红十字事业的现状与未来发展”“中国红十字事业的现状与未来”“中国红十字运动法制化进程”“中国红十字事业的法制化进程与当代思考”“在新的历史起点上——新版红十字会法解读”“人道文化传播与发展传承”“中国红十字会的历史、现状与未来发展”“以国家的名义——新版红十字会法的时代价值”“中国红十字运动的历史与文化”“中国红十字运动发展史”“中国红十字运动历史回顾与当代发展”等。

红研中心通过“请进来”和“走出去”，转化学术成果，把理论研究与现实需要对接起来，有效发挥了社会服务职能。

五、科研课题

15 年来，红研中心在科研课题的立项方面也取得不少成绩。

（一）纵向科研课题

红研中心先后有多项课题申请国家社科基金项目并得以成功立项，其中“晚清时期中国红十字运动研究”申请国家社科基金后期资助项目获得批准。本成果以社会史为基本切入视角，借鉴文化学、传播学等学科的理论方法，进行跨学科研究。成果在拥有丰富翔实史料的基础上，厘清晚清时期中国红十字运动发展、演进的历史轨迹，红十字事业诸方面的拓展，把“历时性”研究与“共时性”研究结合起来，立体展现了红十字会与晚清社会的互动关系。同时，聚焦考察以上海为龙头的长三角地区，对红十字组织的运作方式、运行机制以及官方与民间、红十字会与其他民间慈善组织的关系进行透视，把整体性宏观研究与区域性微观研究有机结合，力争做到有广度、有深度、有力度地再现红十字运动的波澜壮阔场面和人道主义魅力。成果对晚清时期中国红十字会的历史功绩、存在的问题也给予了客观的评价，总结经验教训，为红十字事业的当代发展提供历史借鉴。作为第一个系统研究该问题的课题，其成果的最终出版，弥补了相关研究之不足。

此外，高鹏程主持的“红卍字会及其社会救助事业研究”、丁泽丽主持的“抗战大后方红十字公共卫生事业”等课题，也获得国家社科基金资助。

与此同时，红研中心人员还承担了与红十字会有关的省部级科研项目，例如：孙语圣主持的“中国红十字会灾害救助机制研究”、徐国普主持的“国家与社会的互动：新中国成立初期中国红十字会研究”等项目，获得教育部立项；池子华主持的“近代江苏红十字运动研究”、崔家田主持的“近代河南红十字运动研究”，分别获批江苏省、河南省社会科学规划项目；池子华领衔投标、吴佩华等参加的江苏省普通高校哲学社会科学重点研究基地重大项目“中国红十字外交研究（1949—2009）”一举中标，获准立项；吕志茹主持的“复员时期的中国红十字会”、崔家田主持的“民国时期河南红十字运动研究”项目，分别获得河北省教育厅、河南省教育厅立项。如此等等。这些科研项目的获准立项，既是对红研中心前期研究成绩的肯定，同时也是对红研中心未来发展的殷殷期盼。

（二）横向科研课题

红研中心自成立以来，加强与业界的交流与合作，承担了大量的横向课题。

如前所述，“红十字书系”的出版，得到苏州市红十字会和江苏省红十字会支持。红研中心每年的科研课题，由苏州市红十字会提供立项支持，并纳入苏州市红十字会年度预算，提供经费保障。“红十字文化丛书”则由中国红十字基金会资助，“中国红十字运动知识丛书”由“六个核桃·读书慧”公益基金通过中国红十字基金会提供经费支持，《红十字运动研究（年卷）》先与苏州市红十字会合办，继与上海嘉定区红十字会、江苏盐都区红十字会、陕西延安市红十字会联办，作为横向课题，费用都由几家红十字会分摊提供。除此之外，红研中心与上海市红十字会、江西省红十字会、湖北省红十字会、江苏省红十字会建立合作关系，受托合作完成相关科研项目。

特别值得一提的是，红研中心承担的江苏南京、广东中山、浙江湖州、江苏常熟、陕西延安等地红十字会委托的横向课题，取得了颇具特色的研究成果。

为厘清“南京市红十字会始创”问题，更好地传承“人道、博爱、奉献”的红十字精神，促进南京市红十字事业健康持续发展，南京市红十字会委托红研中心就“南京市红十字会始创”进行专门课题研究，编写了《南京红十字运动的历史轨迹（1904—1949）》课题报告，并于2012年2月17日组织召开专家论证会。

论证会由南京市红十字会党组书记、副会长刘霞主持，南京市红十字会常务副会长陈礼海出席会议并讲话。南京大学历史系副主任、教授、博士生导师范金民，江苏省社会科学院研究员孙宅巍，苏州大学社会学院教授、博士生导师池子华，江苏省红十字会常务副会长张立明，江苏省信息中心副主任陈玉金，南京市地方志编纂委员会办公室编纂处副处长施国俊，苏州市红十字会前常务副会长郝如一等专家出席会议。专家们一致认为，《南京红十字运动的历史轨迹（1904—1949）》课题报告，系统阐述了南京红十字运动在近代的历史发展状况，颇有价值。尤其是报告提出的南京市红十字会成立于1904年（而非有关著述所说1911年或1913年），论据充分，得到专家们的认可，成为定论，廓清了历史迷雾。

广东省中山市是孙中山的故乡。孙中山英文功底深厚，然而作为革命家的他，一生中仅有一部译著面世且与红十字会相关，这就是《红十字会救伤第一法》，更显弥足珍贵。译著在中国红十字运动史上产生了广泛的社会影响，其价值远远超出“救伤”本身。对本书进行整理、解读，并译成白话文在更广的范围内传播，于弘扬中山先生的“博爱”精神、繁荣红十字文化、推进中国红十字事业发展，都具有十分重要的意义。有鉴于此，2013年，红研中心接受中山市红十字会委托，对孙中山所译《红十字会救伤第一法》进行整理、研究。课题组对译著的整理，以伦敦红十字会初版版本为蓝本，同时参照了1907年《民报》社再版版本以及中华书局1981年出版的《孙中山全集》第1卷整理本，进行了核对，最终形成《〈红十字会救伤第一法〉——孙中山唯一译著的整理与研究》成果，公开出版，产生了良好的社会效益。

浙江省湖州市是陆树藩的故乡，而陆树藩则是被红十字运动研究长期遗忘的先驱者。1900年，旧历庚子年，是中国近代历史上极其惨痛的一年。这一年，八国联军发动了旨在瓜分中国的侵略战争。6月17日，联军攻占大沽炮台，7 月 14 日占领天津。义和团虽浴血鏖战，但无力阻止联军北进，8 月 14 日国都北京沦陷，慈禧太后携光绪皇帝西逃。战火在天子脚下蔓延，生灵涂炭，死伤累累。血雨腥风呼唤人道慈悲，呼唤红十字的关怀。为救死扶伤，江浙著名绅商陆树藩等人在上海发起成立“中国救济善会”，遵照国际红十字会的基本精神，救护伤兵难民。这是国人自办中国红十字会的开端。湖州人陆树藩，毫无疑问，是中国红十字运动的先驱，甚至有人说他是“中国的亨利·杜南”。对其进行系统研究，具有非同一般的意义。经友好协商，2015 年，红研中心接受湖州市红十字会委托，合作开展课题研究，其最终成果《陆树藩：中国红十字运动的先驱》被列入“红十字文化丛书”出版，受到学界、业界关注。

江苏省常熟市红十字会系区县级红十字会，但在历史上，引人瞩目，其中抗战时期的历史文献《中国红十字会常熟分会民国廿一年纪念册》，弥足珍贵。《纪念册》共 20 目，分别为：序、题字、职员照相、摄影、创始红十字会南丁女士传、红十字会十大利益说、红十字会白话浅说、中国红十字会分会通则、取缔违用红十字会旗帜袖章条例、会员录、职员录、工作日记片断、灾区观察记、收支报告、治疗所门诊人数表、难民收容所一览表、施送时疫药水一览表、时疫医院比较表、掩埋队收殓兵民姓名表、注射防疫针人数表。其正文 73 页，插页 28 页，内容丰富，是抗战时期地方红十字会中少见的历史文献。尤其是其中的 19 幅题字，给人以强烈的震撼。因为题字之人，多是非同凡响的政界、军界大员，包括国民党元老于右任、国民政府主席林森、军事委员会委员长蒋介石、行政院院长汪精卫、十九路军总指挥蒋光鼐、第五军军长张治中、十九路军军长蔡廷锴等，这在中国红十字运动史上堪称绝无仅有，不能不让人感到震撼，不能不说是一个传奇。

众多民国军政大员何以乐于为常熟分会《纪念册》题字？原因可能有很多，但有一点是毋庸置疑的，那就是一·二八淞沪抗战中常熟分会救护业绩突出，脱颖而出，为淞沪抗战救护史添上浓墨重彩的一笔，足以彪炳史册，值得“纪念”。常熟分会之所以在战后编印《纪念册》，也是为了“继起”传承“尽力于社会”的红十字精神，并使之“绵延光大”。这是“纪念”的真正意蕴。而军政大员为常熟分会《纪念册》题字，其蕴含的意义，不仅仅是对常熟分会丰功伟绩的褒奖，更重要的是，表明当时官方对红十字事业的重视和肯定，希望通过这种方式，激励更多的人参与红十字事业，也希望红十字会继续发扬“博爱恤兵”宗旨，在抗战救护中做出更加卓越的贡献。这份难得的红十字会抗战救护文献，蕴含着丰富的历史信息，值得珍视。有鉴于此，对其进行系统整理研究，具有重要价值。2015 年，红研中心接受常熟市红十字会委托，合作开展课题研究，并出版了《弥足珍贵的红十字文化遗产——〈中国红十字会常熟分会民国廿一年纪念册〉整理与研究》一书，最终使这份珍贵的史料得以重见天日，为传承红十字文化做出了新贡献。

延安和陕甘宁边区是中国人民抗日战争的领导中心、解放战争的总后方、万众瞩目的革命圣地。抗战期间，中国红十字会救护总队曾派出多支救护医疗队以及国际援华医疗组织前往延安，在陕甘宁边区开展医疗救护工作，留下了闪光的足迹，建立了不朽的历史功勋。对延安时期红十字运动进行系统研究，对提升延安乃至陕西红十字会在中国红十字运动史上的地位，具有重要意义；同时对丰富延安红十字文化展馆内涵，拓展红十字运动研究的领域，也具有不可忽视的价值。为此，红研中心 2017 年接受延安市红十字会委托，合作开展课题研究，最终成果《延安时期红十字运动研究》公开出版，填补了学术研究的空白。

一系列横向课题的开发，不仅解决了红研中心研究经费问题，更重要的是，拓宽了红十字运动研究领域，弥补了相关研究的不足，为后续研究奠定了基础。

六、荣誉与褒奖

红研中心成立 15 年来，获得了一系列荣誉与褒奖。

（一）中国红十字会总会层面的荣誉

2009 年 10 月 27 日，中国红十字会第九次全国会员代表大会在北京人民大会堂隆重开幕。时任中共中央总书记、国家主席、中央军委主席、中国红十字会名誉会长胡锦涛，中共中央政治局常委、国务院总理温家宝，中共中央政治局常委李长春，中共中央政治局常委、中央书记处书记、国家副主席习近平，中共中央政治局常委、国务院副总理李克强出席开幕式。红研中心主任池子华作为特邀代表出席盛会，并积极建言献策，受到前会长彭珮云、现任会长华建敏赞赏。[①]

2015 年 5 月 5 日，中国红十字会第十次全国会员代表大会在北京人

① 《池子华教授出席中国红十字会第九次全国会员代表大会》，《苏大简报》2009 年 11 月 4 日。

民大会堂隆重开幕。时任中共中央总书记、国家主席、中央军委主席习近平会见全体代表。中共中央政治局常委、国务院总理李克强，中共中央政治局常委、中央书记处书记刘云山参加会见。刘延东参加会见并在开幕式上代表党中央、国务院致辞。李源潮、栗战书、杨晶、陈竺、王勇、韩启德等出席上述有关活动。红研中心主任池子华应邀出席大会，并当选为中国红十字会第十届理事会理事。①

2019年9月2日，中国红十字会第十一次全国会员代表大会在北京人民大会堂开幕。中共中央总书记、国家主席、中央军委主席习近平亲切会见全体代表。中共中央政治局常委、国务院总理李克强，中共中央政治局常委、中央书记处书记王沪宁参加会见，国家副主席王岐山参加会见并出席大会开幕式。孙春兰参加会见并在开幕式上代表党中央、国务院致辞。丁薛祥、杨洁篪、黄坤明、肖捷参加会见，陈希、王勇、王毅参加会见并出席开幕式。红研中心主任、中国红十字会第十届理事会理事池子华出席盛会，并当选为中国红十字会十一届理事会理事。②

2015年11月27日，中国红十字基金会在北京举办以“初心·守望”为主题的“红十字天使计划”10周年人道公益纪念活动。全国人大常委会副委员长、中国红十字会会长陈竺，中国红十字会党组书记、常务副会长徐科，中国红十字会副会长郭长江、王汝鹏以及民政部、卫生计生委、财政部、国资委有关领导出席纪念活动并为获奖单位、个人颁奖。红研中心主任池子华应邀出席，红研中心并被授予“人道服务杰出贡献者”荣誉称号。③

此外，池子华相关论文获得中国红十字会总会报刊社褒奖，包括《创建“红十字学”刍议》（2008—2009年度优秀论文奖）、《光荣与使命》（2012—2013年度优秀论文奖）、《〈博爱〉的前世今生》（纪念《博爱》创刊100周年征文二等奖）、《在机遇与挑战中砥砺前行》（2015年度优秀论文奖）、《“中国红十字会”称谓的由来及其演变》（2016年度优秀论文奖、中国红十字会总会报刊社2017年度报刊宣传特别贡献奖）、《中国红十字会史上的“监事会”》（2017年度优秀理论文章奖）、《奋力挖掘不该被遗忘的“角落”》（2017年度优秀新闻故事奖）、《在深化改革中砥砺前行》（2018年度优秀理论文章奖、中国红十

① 《池子华当选为中国红十字会第十届理事会理事》，苏州大学网，2015年5月8日。

② 《我院池子华教授当选为中国红十字会理事》，苏州大学社会学院网，2019年9月5日。

③ 《红十字运动研究中心荣获“人道服务杰出贡献者”》，苏州大学社会学院网，2015年12月2日。

字会总会报刊社2019年度报刊宣传特别贡献奖)、《"疫后"红会工作的"适应性"改变——从政府工作报告看中国特色红十字事业发展》(2020年度优秀理论文章奖)等。

(二)省市红十字会层面的荣誉

2007年12月14日，江苏省红十字志愿服务工作会议在苏州召开，会议旨在表彰先进，交流经验，推进全省红十字志愿服务工作。省红十字会常务副会长周加才主持会议，苏州市政协副主席苏慧心代表市人大、政府、政协致欢迎辞，团省委副书记沈海斌就推进全省志愿工作发表讲话。省红十字会常务副会长刘洪祺宣读表彰全省红十字志愿服务工作先进集体和先进个人名单，省红十字会吴锡军会长等为获奖者颁奖。红十字运动研究中心以学术研究的独特方式参与志愿服务，获得广泛认可与高度评价，红研中心主任池子华教授被授予"红十字志愿服务先进个人"称号①。

2019年12月18日，江苏省红十字会第十次会员代表大会在南京召开。省委书记、省人大常委会主任娄勤俭，省委副书记、省长吴政隆等领导会见全体代表。大会选举产生省红十字会第十届理事会、监事会，聘请省委书记娄勤俭、省长吴政隆担任省红十字会名誉会长，选举副省长陈星莺为省红十字会会长，齐敦品为常务副会长，张亮为监事长。红研中心主任池子华受邀出席盛会，并当选为第十届理事会常务理事。②

2010年6月25日，苏州市红十字会第六次会员代表大会隆重举行。苏州市及所辖各市、区政府分管领导和红十字工作主要负责同志以及来自各行各业的近300名红十字会会员代表和特邀代表参加了大会开幕式。省委常委、市委书记蒋宏坤，省红十字会会长吴瑞林、常务副会长潘宗白，市领导王金华、徐国强、朱玉文、谭颖，市红十字会第五届理事会名誉副会长周大炎、陈炳斯、孙中浩等出席开幕式。苏州市副市长、市红十字会会长谭颖主持开幕式。红研中心主任池子华受邀出席，并荣获苏州市红十字会"博爱之星"先进个人称号。

2016年3月23日，苏州市红十字会第七次会员代表大会隆重召开。市委书记周乃翔出席大会并代表市委、市人大、市政府、市政协向大会

① 《我校池子华教授荣获江苏省红十字志愿服务先进个人》，《苏大简报》2007年12月18日。

② 《我院池子华教授当选为江苏省红十字会常务理事》，苏州大学社会学院网，2019年12月24日。

的召开表示热烈祝贺，市委副书记、市长曲福田出席会议。江苏省红十字会党组书记、常务副会长盛放到会祝贺。市领导陈振一、曹新平、徐明、徐国强、王鸿声出席会议。红研中心主任池子华作为特邀代表出席会议，并被授予“2010—2015 年度苏州市红十字工作先进个人”荣誉称号。

此外，因红研中心历年来积极参与和指导大学生暑期社会实践活动，池子华还荣获中共江苏省委宣传部、江苏省精神文明建设指导委员会、江苏省教育厅、共青团江苏省委、江苏省学联联合颁发的“江苏省大中专学生志愿者暑期文化科技卫生‘三下乡’社会实践活动先进工作者”荣誉称号，同时荣获“苏州大学暑期社会实践活动优秀指导教师”称号。

（三）省市社科奖

红研中心的学术研究成果，获得了一系列奖项，其中：

《红十字与近代中国》《中国红十字运动通史（1904—2014）》分别获江苏省第九届、第十六届哲学社会科学优秀成果二等奖，《红十字文化丛书》（10 本）获江苏省第十三届哲学社会科学优秀成果三等奖。

《中国红十字历史编年（1904—2004）》《红十字运动：历史审视与现实思考》分别荣获苏州市第九次、第十四次哲学社会科学优秀成果一等奖；《中国红十字运动的区域研究》《晚清时期中国红十字运动研究》分别荣获苏州市第十二次、第十五次哲学社会科学优秀成果二等奖，《苏州红十字会志》《〈申报〉上的红十字》分别荣获苏州市第十次、第十一次哲学社会科学优秀成果三等奖。等等。

一系列学术研究成果的获奖，说明红十字运动研究成果得到了学界的认可。

七、关心、支持与鼓励

红研中心能够取得一些成绩，固然是团队成员呕心沥血、共同努力的结晶，但更离不开各方的鼓励与支持，尤其是中国红十字会总会领导集体，关心备至，令人难忘。

（一）钱信忠会长为《百年红十字》作序

2002 年 5 月 30 日，池子华与孙柏秋副会长一道，拜访了原卫生部部长、原中国红十字会会长钱信忠先生。钱老对《百年红十字》部分书稿赞不绝口，欣然同意为本书作序，并出任名誉主编。

2003年9月，60万言的《百年红十字》由安徽人民出版社隆重推出，精装出版。这是第一部全面再现中国红十字会百年史事的学术著作，被学界誉为“为中国慈善界放一异彩”。钱老为“序”给予高度评价，强调“这是第一部系统研究中国红十字会百年史的力作，值得广大读者尤其是红十字工作者认真研读”。他指出：“1993年10月31日，《中华人民共和国红十字会法》颁布实施，这是中国红十字运动史上新的里程碑。中国红十字事业蓬勃发展，前景广阔，作为一位老红十字会员，我感到由衷的高兴。‘前事不忘，后事之师’，只有认真总结、吸取历史经验教训，才能推动中国红十字事业的可持续发展。希望红十字会同人以《百年红十字》的出版为契机，强化对会史的研究，以史为鉴，与时俱进，开拓进取，不断创造新的辉煌!”① 虽然钱老作序在红研中心成立之前，但对中心的成立具有推动作用。

（二）彭珮云会长题字勉励

2006年12月4日，全国人大常委会副委员长、中国红十字会会长彭珮云来苏州视察。

在苏期间，彭会长听取了副市长、市红十字会会长谭颖关于苏州市红十字会工作情况的汇报。汇报中说：“2005年12月，市红十字会和苏州大学合作创办了全国第一个红十字运动研究中心，并编辑出版了第一部50万字中国红十字运动编年体工具书。该中心还开设了专业网站，并在国内率先出版了研究红十字会工作、探索红十字会理论的电子季刊，现已出版3期。从2007年起拟交由省级人民出版社出版上年度电子期刊的纸介汇编本。”红研中心主任池子华出席汇报会，并向彭会长赠送了《百年红十字》《红十字与近代中国》《中国红十字历史编年（1904—2004）》等著作。彭会长对红研中心成立以来所取得的成绩表示肯定，她指出：“发展有中国特色红十字事业，从理论上总结实践经验，提升认识，很有必要。希望（中国红十字会）总会与中心合作，共同推进研究工作的深入。”②

2008年12月28日至30日，江苏省红十字会第八次会员代表大会

① 钱信忠：《〈百年红十字〉序》，安徽人民出版社2003年版。
② 《彭珮云会长会见池子华教授》，《苏大简报》2006年12月8日。

在南京隆重举行。彭珮云会长专程到会并做重要讲话。池子华作为特邀代表出席盛会。会议期间，彭珮云会长就重视和加强理论研究的问题约见了红研中心主任池子华，副主任、苏州市红十字会副会长郝如一，红研中心昆山研究基地（筹）主任、昆山市红十字会副会长刘超英。

彭会长充分肯定了红研中心取得的研究成果，希望继续以邓小平理论、“三个代表”重要思想和科学发展观指导研究，与时俱进，开拓进取，为推动全国红十字运动研究、促进红十字事业发展做出更大贡献。①

令人感动的是，2009 年 2 月，在首届“红十字运动与慈善文化”国际学术研讨会召开前夕，彭会长虽因工作安排无法出席，但还特别为红研中心题字，鼓励红研中心在红十字运动研究方面继续开拓奋进，为中国红十字事业发展做出更大贡献。红研中心主任池子华、副主任郝如一对彭会长能为中心题字深表感谢，并表示要将题字制作为一块“金字招牌”，在 4 月 10 日的“红十字运动与慈善文化”国际学术研讨会上揭牌志庆。②

虽然 2009 年 10 月中国红十字会第九次全国会员代表大会后，彭珮云不再担任中国红十字会会长，但她对红研中心的关心始终如一。

（三）华建敏会长莅临红研中心调研

2010 年 3 月 27 日，全国人大常委会副委员长、中国红十字会会长华建敏在江苏省人大常委会副主任李全林陪同下视察苏州大学。苏州大学党委书记王卓君、红研中心主任池子华分别汇报了相关工作情况。苏州大学党委副书记高祖林、副校长熊思东，社会学院院长王卫平、党委书记孙庆民等参加了汇报会。

华会长对红研中心的开拓性研究表示赞赏。他指出，做好红十字会工作，一要抓好能力建设，二要抓好理论研究，两者不可偏废。

池子华代表红研中心全体同人向华会长赠书，并对他百忙之中前来调研表示衷心感谢。池子华表示，在华会长及中国红十字会总会、江苏省红十字会强有力的支持下，在苏州市红十字会、苏州大学共同努力下，其有信心把红研中心建设为在国内外红十字领域和相关学界具有广泛影响的学术研究基地。③

① 《中国红十字会彭珮云会长约见我校池子华教授》，《苏大简报》2009 年 1 月 4 日。
② 《彭珮云会长为红十字运动研究中心题字》，苏州大学网，2009 年 2 月 25 日。
③ 《华建敏调研视察苏州红十字运动研究中心工作》，苏州市红十字会网，2010 年 4 月 7 日。

2011 年 1 月 19 日，在南京出席中国红十字会九届二次理事会会议的全国人大常委会副委员长、中国红十字会会长华建敏专门会见理论界代表，共商红十字运动研究大计，勉励大家多出研究成果，推进红十字事业发展。受到华会长会见的出席九届二次理事会的理论界特邀代表有：红研中心主任池子华，副主任、苏州市红十字会前专职副会长郝如一，中国社会科学院、北京科技大学的专家等 6 人。中国红十字会常务副会长王伟、副会长郭长江，江苏省红十字会会长吴瑞林会见时在座。

华会长说，开展红十字运动理论研究是 2011 年的一项主要工作，我们特邀大家来听听意见。他对 2010 年 3 月在苏州大学视察调研红十字运动研究中心记忆犹新，并对苏州红十字会与苏大合作在全国率先开展理论研究，以史为鉴，着眼未来，5 年来取得的丰硕成果表示充分肯定。池子华汇报说，红研中心受到华会长及中国红十字会总会、江苏省红十字会、苏州市及苏州大学领导的高度重视和支持，一定不辜负期望，多出成果。池子华还向华会长呈上《红十字运动研究中心关于全国如何开展理论研究的构想》的文字材料。华会长还和理论界的代表们讨论了诸如行政领导兼任会长的优势、救灾捐款的使用及其与政府有关部门的关系、编制机构和人员管理、募捐与实施救助的运作方式等理论与现实问题。①

华建敏会长对红十字理论研究一直重视。2013 年 7 月 23 日，他在中国红十字会九届五次常务理事会会议上特别强调，要“突出抓好‘两论一动’”（即舆论、理论和行动），大力推进理论研究。红研中心为此专门召开“‘两论一动’与红十字事业发展”座谈会，积极响应。红研中心的理论研究由此又迈上一个台阶。

（四）陈竺会长到访促成红十字国际学院成立

红研中心丰硕的研究成果，为红十字国际学院的创建奠定了坚实的基础。在此背景下，陈竺会长亲临苏州大学，推进这项动议的落地。

2018 年 5 月 6 日，全国人大常委会副委员长、中国红十字会会长陈竺莅临苏州大学，就医学教育发展、中国红十字会与苏州大学合作共建红十字国际学院等相关情况开展调研。中国红十字会党组副书记、副会

① 《华建敏会长会见池子华、郝如一等理论界代表勉励多出成果》，苏州大学社会学院网，2011 年 2 月 19 日。

长，中国红十字基金会理事长、红十字国际学院筹委会主任委员郭长江，中国红十字会副会长兼秘书长王平，中国红十字基金会常务副理事长兼秘书长孙硕鹏，中国红十字会基金会副理事长、红十字国际学院筹委会委员兼办公室主任刘选国，江苏省人大常委会副主任曲福田，原江苏省副省长、省红十字会会长何权，江苏省人大常委会副秘书长唐健，江苏省政府副秘书长陈少军，江苏省红十字会党组书记、常务副会长盛放，江苏省委教育工委副书记徐子敏，苏州市人大常委会副主任王鸿声，苏州市副市长、市红十字会会长曹后灵，苏州大学党委书记江涌、校长熊思东等领导陪同调研。

陈竺会长等来到苏州大学社会学院红十字运动研究中心调研，听取了红研中心主任池子华关于中心研究情况的汇报。在随后召开的苏州大学红十字运动发展与研究座谈会上，熊思东校长简要回顾了中国红十字运动与苏州、苏州大学的百年渊源，介绍了苏大红十字运动研究成果、苏大校园浓厚的红十字文化氛围，特别是苏大师生践行红十字精神，积极参与灾害救治、海外人道主义援助等案例。最后，他表示苏州大学将秉承“人道、博爱、奉献”的红十字精神，发挥现有红十字研究及相关学科群的优势，与中国红十字会合作，共同将红十字国际学院打造为高素质红十字人才培养基地、高水平红十字学术研究中心和高层次红十字国际交流节点，服务国家“一带一路”倡议，助力人类命运共同体建设。

郭长江、曹后灵、盛放、何权、徐子敏、陈少军、曲福田等领导先后发言，表示全力支持红十字国际学院的建设。

江涌书记代表学校感谢国家、省市以及相关部门的领导为苏州大学办好红十字国际学院给予的支持和关心。他表示，下一步学校将以习近平新时代中国特色社会主义思想为指引，深入贯彻落实构建人类命运共同体思想，充分发挥苏州大学学科人才资源优势，高起点、高标准、高质量推进红十字国际学院的建设工作，努力在人才培养、理论研究、文化传播以及国际交流等方面凸显红十字国际学院的开放性和引领性，积极为推动国家红十字事业发展做出贡献。

陈竺会长在总结讲话中简要回顾了中国红十字会的历史沿革，红十字运动的发展趋势和红十字事业的前进方向。他指出，自中国红十字会第十次全国会员代表大会举行以来，中国红十字会更加注重协助政府开展国际人道主义工作，面向贫困地区和困难群体开展人道救助，服务“一带一路”沿线国家和地区人道健康事业。建立红十字国际学院，正是以实际行动贯彻落实习近平新时代中国特色社会主义思想和习近平总书记关于红十字事业的重要讲话精神的重要举措。陈竺会长对江苏省、苏州市红十字会以及苏州大学近年来在红十字事业发展中所做出的突出贡献表示感谢，并就红十字国际学院的下一步建设做了重要部署。他希望双方能以此次研讨会为契机，更好地理解红十字国际学院建设的使命和任务，进一步夯实、完善可行性方案，成立专门机构加快推进实质性建设的进程，为保护生命与健康、促进社会进步和国际人道主义事业发展，为建设富强民主文明和谐美丽的社会主义现代化强国做出更多新的贡献①。

陈竺会长到访苏州大学，意味着红十字国际学院的筹建进入倒计时。红研中心的使命即将完成。

（五）中国红十字会总会其他领导的关怀

2015 年 5 月 21 日，中国红十字会副会长郝林娜莅临红研中心调研。红研中心主任池子华介绍了中心成立 10 年来的发展历程，以及红研中心建设的近期目标和长远规划。郝副会长对中心所取得的成绩表示赞赏。她指出，中国红十字会总会对理论研究高度重视，全国红十字理论研究会也在筹备中，希望红研中心再接再厉，取得更为丰硕的研究成果，为发展红十字事业、繁荣红十字文化做出新贡献。苏州大学社会学院刘志明书记、王卫平院长、郑庚副院长陪同调研。②

2015 年 5 月 28 日，中国红十字会副会长、中国红十字基金会理事长郭长江，中国红十字基金会副理事长兼秘书长孙硕鹏，在江苏省红十字会常务副会长盛放、苏州市红十字会常务副会长严晓凤陪同下访问苏州大学。田晓明副校长会见了郭副会长一行。社会学院党委书记刘志明、院长王卫平、红研中心主任池子华参加会见。

田晓明介绍了学校的历史发展和文化传承以及作为国家“211 工程”重点建设高校，近年来在人才培养、学科建设、社会服务等方面取得的成绩。他说，学校在红十字运动研究方面独树一帜，率先成立全国第一家以红十字运动为专门研究对象的学术机构——红十字运动研究中心，引人瞩目。

池子华介绍了红研中心在中国红十字会总会、江苏省及苏州市红十

① 《全国人大常委会副委员长陈竺一行来我校调研》，苏州大学网，2018 年 5 月 8 日。
② 《郝林娜副会长调研红研中心》，苏州大学社会学院网，2015 年 5 月 22 日。

字会、学校各有关方面支持下所取得的进步，表示会再接再厉，为繁荣红十字文化事业做出更大贡献。

郭长江对苏州大学支持红十字运动研究表示感谢。他指出，红研中心在老会长彭珮云、华建敏的关心下，经过10年建设，开辟了红十字运动研究的新领域，取得了丰硕的学术成果，填补了许多空白，赢得了广泛认可。中国红十字会新一届领导集体将更加重视中心建设，努力创造条件，加强与苏州大学的合作，在干部培训、人才培养、科学研究等方面探索合作的新路径。①

2017年3月28日，中国红十字会副会长王汝鹏一行到访苏州大学，熊思东校长热情接待了来访人员并召开座谈会，双方就合作筹建红十字国际学院等相关事宜进行了深入交流与探讨。江苏省红十字会常务副会长盛放、苏州市红十字会常务副会长严晓凤陪同访问，红研中心主任池子华和苏州大学相关职能部门和学院负责人出席了座谈会。

熊思东校长对王汝鹏副会长一行的到来表示欢迎。他指出，苏州大学作为一所综合性大学，学科门类齐全，师资力量雄厚，学校一直以来十分重视红十字运动的研究，研究工作不仅有历史、有队伍、有积淀，也取得了丰硕的研究成果，在国内外产生了一定的影响。红十字国际学院的筹建将有助于推动我国红十字运动的教学、研究与普及，促进红十字运动所倡导的人道主义精神的推广，进一步丰富学校的学科体系；学校将大力支持筹建工作，为我国红十字运动的发展推波助力，将红十字事业发扬光大。

王汝鹏副会长对我校近年来取得的快速发展给予充分肯定。他指出，苏州大学历来重视红十字运动的理论研究，是全国第一所把红十字运动作为研究对象并设立专门研究机构的高校。2005年成立苏州大学红十字运动研究中心以来，得到了学校的大力支持，累计出版专著60余部，成绩斐然，在国内处于领先水平，具有一定的国际影响力。红十字会作为与奥委会、联合国比肩的国际组织，目前在世界上还没有一所专门承担红十字运动教育和培训的大学，因此，着力筹办红十字国际学院是中国红十字会“十三五”期间的一项重点工作。建立一所可持续的、常态化的教育培训机构，对于培养国内外红十字运动专业化人才具有重要意义，也符合国家加强对外开放和推进“一带一路”倡议的需求，希

① 《中国红十字会副会长郭长江一行访问我校》，苏州大学网，2015年6月2日。

望学校能积极推进、形成合力，集中力量推动红十字国际学院筹建工作顺利开展。[①]

（六）省红十字会及东亚地区代表处官员的激励

2007年4月13日，苏州大学党委副书记、副校长夏东民教授亲切会见了到访的江苏省红十字会党组书记、副会长张立明，省红十字会事业发展部副部长郝宁，苏州市红十字会副会长郝如一一行，双方围绕在苏州大学社会学院红十字运动研究中心的基础上建立省红十字会重点研究基地等议题达成了初步协议。苏州大学校长助理、人文社科处处长任平教授，社会学院院长王卫平教授、党委书记江作军教授等参加了会见。

夏东民副书记对省、市红十字会领导的来访表示热烈欢迎，并高度评价了红十字会在社会慈善事业和促进社会和谐等方面所发挥的积极作用。他说，红十字运动既要普及，又要提高，需要在宣传普及的基础上，推进学术理论研究的创新。我校始终围绕服务地方经济社会发展和共谋人类福祉这一目标开展研究工作，将以和苏州市红十字会的合作为起点，努力把目前全国唯一的红十字运动研究中心建设为全省乃至全国的红十字运动研究基地，并进一步扩大影响，与国际接轨。

省红十字会党组书记、副会长张立明首先感谢苏州大学对红十字会工作的大力支持。他说，红十字运动诞生100多年来，一直是具体工作做得比较多，系统的理论研究工作做得比较少，苏大与苏州市红十字会的合作增强了这方面的力量，如果要进一步弘扬和普及红十字运动精神，相关的理论研究必不可少，因此希望省、市红十字会与苏州大学继续加大红十字运动研究领域的合作，相互支持，进一步提升实践与研究的结合度，以促进红十字运动的发展。

市红十字会副会长郝如一介绍了苏州市红十字会与苏州大学社会学院合作的基本情况，红研中心主任池子华汇报了红十字运动研究中心成立一年多来的工作情况，并提出了今后的工作设想和中长期发展规划。[②]

2007年7月5日，红十字国际委员会东亚地区代表处新闻官员胡向群女士到红研中心考察，听取了中心主任池子华关于红十字运动研究中心工作情况的汇报。胡向群女士对红研中心的开拓性研究表示赞赏，并

① 《中国红十字会副会长王汝鹏一行访问我校》，苏州大学网，2017年3月29日。

② 《夏东民副书记会见江苏省红十字会党组书记张立明一行》，《苏大简报》2007年4月20日。

对红研中心的建设提出不少建设性意见。苏州大学党委副书记、副校长夏东民会见了胡向群女士，对红十字国际委员会东亚地区代表处对红研中心的关注关心表示感谢。苏州市红十字会郝如一副会长，苏州大学社会学院王卫平院长、孙庆民书记等会见时在座。①

2008年9月6日，红十字国际委员会东亚地区代表处官员、国际人道法传播交流代表马文德和新闻官员胡向群女士一行考察红研中心。苏州大学张学光副校长亲切会见了马文德一行。江苏省红十字会党组书记、副会长张立明，苏州市红十字会专职副会长郝如一，苏州大学国际合作交流处副处长茹翔，社会学院党委书记孙庆民，红研中心主任池子华等陪同会见。

张学光副校长首先代表苏州大学对代表团的来访表示欢迎，并且简要介绍了苏州大学的历史和发展现状，特别是与红十字会的历史渊源。马文德对苏州大学领导的热情接待表示衷心感谢，他表示国际红十字会作为世界三大组织之一，向来注重同学术机构的交流与合作，并肯定了红研中心在红十字历史和现实方面的研究成果，还对红研中心加强与国际红十字会的联系、增强国际影响力提出了一些建设性意见，期待今后能在更广泛的领域展开合作。红研中心主任池子华介绍了红研中心在科学研究方面所取得的成就和存在的不足，也对今后合作的方向表达了自己的意见。最后，省红十字会张立明副会长强调了红研中心在填补红十字运动研究领域的空白方面的重要作用，同时勉励中心工作人员继续为红十字事业的发展以及为构建和谐社会做出积极贡献。②

2008年11月13日，原中国红十字会总会国际联络部负责人、原红十字会与红新月会国际联合会官员、原红十字国际委员会顾问曹嵩生先生，在苏州市红十字会副会长郝如一的陪同下考察红研中心，苏州大学社会学院王卫平院长会见了客人。红研中心主任池子华介绍了研究中心自成立以来在中国红十字会总会、红十字国际委员会东亚地区代表处、江苏省红十字会、苏州市红十字会以及苏州大学支持下所取得的成绩以及研究工作的近期目标和长远规划。曹先生对研究中心在科学研究及人才培养等方面所做出的努力给予高度评价，希望研究中心开拓进取，不

① 《红十字国际委员会东亚代表处官员考察社会学院红研中心》，《苏大简报》2007年7月11日。

② 《红十字国际委员会东亚地区代表处官员考察我校“红十字运动研究中心”》，《苏大简报》2008年9月9日。

断创造新的辉煌。①

2009 年 2 月 26 日，江苏省红十字会常务副会长潘宗白、赈济救护部副部长严晓明、江苏弘惠医药有限公司总经理胡传良一行，在苏州市红十字会副会长郝如一的陪同下，考察红研中心。潘宗白副会长对红研中心近年来取得的丰硕成果表示赞赏，表示省红十字会将加大投入，给予重点支持。苏州大学社会学院王卫平院长会见了客人。红研中心主任池子华会见时在座并对江苏省红十字会支持红研中心开展学术理论研究深表感谢。②

来自多方的关心、支持、鼓励，为红研中心的科学研究注入了强大的动力，激励了红研中心不断攀登新的高峰，也为红十字国际学院的诞生奠定了基础。

八、参与筹建红十字国际学院

2019 年 8 月 31 日，红十字国际学院在苏州大学挂牌成立，这是全球第一所真正意义上的红十字高等学府。在此过程中，红研中心扮演了重要角色。

（一）动议的提出

中国红十字会自 1904 年建会以来，改革创新，砥砺前行，事业发展取得长足进步，在国内国际的影响力与日俱增。诚如习近平总书记指出的那样，“中国红十字会是国内历史最悠久的人道组织，成立 110 多年以来不断发展”，“近年来，中国红十字会在重大灾害救援、保护生命健康、促进人类和平进步等方面发挥了重要作用”，“为党、为国家、为人民做了很多好事、善事”。总书记对红十字会工作给予了高度评价，但作为一个庞大的人道救助组织，红十字会没有一个人才培养基地，不免让人感到遗憾。

事实上，昔日的中国红十字会较为重视人才培养。早在 1908 年，中国红十字会就面向社会招考医学生，由中国红十字会总会出资，送入上海同济德文医学堂学习。“委托代培”的同时，中国红十字会还积极

① 《原红十字国际委员会顾问曹嵩生先生考察红研中心》，红十字运动研究中心网，2008 年 11 月 14 日。

② 《江苏省红十字会常务副会长潘宗白先生一行考察红研中心》，苏州大学网，2009 年 3 月 9 日。

筹建自己的人才培养基地。1910 年夏，中国红十字会医学堂建成招生，这是中国红十字运动史上第一所培养红十字人才的专门学校。1912 年 9 月，医学堂“提档升级”为中国红十字会高等医学堂，与美国哈佛大学“联合办学”，开创人才培养新模式。1922 年 6 月，“上海中国红十字会总医院护士学校”开学，聘请中国红十字会总会总医院总护士长伍哲英为校长，培养护理人才。但自新中国成立以来，红十字会长期挂靠卫生部门，没有自己专属的人才“摇篮”，这与中国红十字会理顺管理体制“自立”后的事业发展极不适应，振兴人道教育，可谓时代的呼唤。① 有鉴于此，2009 年 12 月 11 日，红研中心主任池子华在《中国红十字报》上撰文指出：红十字会有过创建“红十字大学”的呼吁，这一美好愿景，完全可以作为“文化工程”的长远规划，不断创造条件，争取早日达成目标的实现。不过，在“红十字大学”开办之前，应积极寻求与教育部门、高等学校的合作，“借鸡下蛋”，建立继续教育基地。目前有一些高校开设了与红十字会工作领域“对口”的专业，如苏州大学社会学院就有“社会工作硕士班”，北京、上海、南京等地的一些高校，也有相关专业，中国红十字会总会如与教育主管部门达成合作意向，可以与高校共建“红十字学院”，作为红十字会继续教育基地，有计划地对红十字会的干部进行更高层次的教育培训，这样既提高了红十字会干部的整体素质，同时透过“红十字学院”，创建了一个传播红十字人道主义的窗口，一举多得，不失为一种策略选择。② 他正式发出了创建“红十字学院”的呼吁。随后，池子华在《让历史启迪未来——论历史文化遗产与中国红十字事业的可持续发展》《红十字运动舆论与理论建设思考》等文章中，建议中国红十字会与“高校合作，开设专门的红十字学院”。③

2014 年 9 月 23 日，华建敏会长、徐科常务副会长莅临苏州，召开调研会，红研中心主任池子华参加会议并特别提出：建议中国红十字会总会与苏州大学协商，在红十字运动研究中心的基础上，更上一层楼，

---

① 池子华：《红十字事业发展史上的一件盛事——写在“红十字国际学院”诞生之际》，《中国红十字报》2019 年 8 月 27 日。

② 池子华：《“文化工程”应成为红十字会总体建设目标之一》，《中国红十字报》2009 年 12 月 11 日。

③ 池子华、邓通：《让历史启迪未来——论历史文化遗产与中国红十字事业的可持续发展》，《中国红十字报》2011 年 11 月 25 日；池子华、郝如一：《红十字运动舆论与理论建设思考》，《中国红十字报》2013 年 10 月 25 日。

组建“红十字学院”，使之成为全国红十字会系统的干部培训基地、继续教育基地和科研创新基地，在红十字文化软实力建设中发挥更大作用。[①] 对此，华建敏会长表示认同和赞赏。

2015 年 4 月 2 日，池子华就组建红十字学院，正式向中国红十字会总会提出建议：

关于组建“红十字学院”的建议

（一）组建“红十字学院”的必要性

中国红十字会自建会以来，较为重视人才培养和自身队伍建设。早在 1908 年，中国红十字会就面向社会招考医学生，与同济德文医学堂联合办学，培养人才，并积极筹建自己的人才培养基地。1910 年夏，中国红十字会医学堂建成招生。1912 年 9 月，中国红十字会高等医学堂开学（1916 年停办），同时与美国哈佛大学合作，依托中国红十字会总会总医院，培养造就医护人才。1922 年 6 月，开办“上海中国红十字会总医院护士学校”，聘请总医院看护长伍哲英为校长，专门招收女看护生。但自解放以来，由于众所周知的原因，红十字会一直没有自己的人才“摇篮”，这是与中国红十字事业发展极不适应的。

从国际上看，无论是红十字国际委员会，还是红十字会与红新月会国际联合会，还是各成员，都没有专设的干部培训学院（曾经在日内瓦设立的“杜南学院”即现在的杜南研究会，是一个民间的研究机构）。据统计，国际委员会在全球 80 多个国家共有大约 1.3 万名员工；国际联合会在全球 189 个组织成员的雇员及志愿者人数，总数超过 1 亿人。中国红十字会专职干部也有万余人。因此，在中国率先组建“红十字学院”，不仅有助于红十字会人才培养，助力中国红十字事业发展，而且具有不可低估的国际意义。

有鉴于此，建议中国红十字会总会与苏州大学合作，组建“红十字学院”。

（二）苏州大学的优势

苏州大学坐落于素有“人间天堂”之称的古城苏州，是国家“211 工程”重点建设高校、“2011 计划”首批认定高校，是江苏省属重点综合性大学，其主要前身为创建于 1900 年的东吴大学。一个多世纪以来，

① 池子华：《加强红十字会软实力建设》，《中国红十字报》2014 年 10 月 14 日。

一代代苏大人始终秉承“养天地正气，法古今完人”的校训精神；坚守“学术至上，学以致用，培养模范公民”的办学理念；传承和弘扬“自由开放，包容并蓄，追求卓越”的优良校风和“博学笃行，止于至善”的优良学风；努力培育兼具“自由之精神、卓越之能力、独立之人格、社会之责任”的拔尖创新人才。目前，苏州大学已发展成为一所拥有哲学、经济学、法学、教育学、文学、历史学、理学、工学、农学、医学、管理学、艺术学等十二大学科门类，具有相当规模，基础较为雄厚，办学效益显著，在国内外具有一定知名度的综合性大学。苏州大学现有29个博士后流动站；24个一级学科博士学位授权点，1个一级学科专业学位博士点，47个一级学科硕士学位授权点，24个专业学位硕士点；127个本科专业；4个国家重点学科，8个江苏高校优势学科，5个江苏省重点序列学科，12个省级一级学科重点学科（含2个培育学科）；1个国家文科基础学科人才培养基地。学科门类齐全。同时，苏州大学是全国第一家红十字运动研究中心所在地，10年来，该中心取得了丰硕的研究成果，得到中国红十字会总会领导集体及学界、业界的一致认可，具备了得天独厚的条件。

（三）红十字学院的定位

（1）人才培养和继续教育。人才培养是指对人才进行教育、培训的过程。红十字事业的发展，需要专门人才的加盟。研究基地可以具备这样的职能。其中继续教育不失为一种有效途径。继续教育是对专业技术人员进行知识更新、补充、拓展和能力提高的一种高层次追加教育，是终身学习体系的重要组成部分，也是构建学习型社会的重要杠杆。对红十字人而言，只有不断“充电”，及时更新知识结构，完善自我，才能适应人道救助事业发展的要求。（2）科学研究。红十字运动研究中心发挥研究专长，更好地凝聚科研力量，产出高质量的科研成果，使学院成为红十字理论创新中心。做到学、研结合，并可通过继续教育，使理论研究成果转换为现实的“执行能力”，推动红十字会工作的开展。（3）红十字文化传播的窗口。通过这一窗口，传播红十字文化。

（四）红十字学院建设

由中国红十字会总会与苏州大学合作办学。中国红十字会总会授权，中国红十字基金会筹资建设学院教学（办公）大楼，苏州大学提供建设用地。办公、教学设施，由双方共同出资。

（五）红十字学院的管理

红十字学院由中国红十字会总会和苏州大学共同管理，双方负责人担任院长。教学管理、科研管理、财务管理等事务，由苏州大学相关部门负责。

以上建议，请中国红十字会总会考虑。

池子华

2015年4月2日

该《建议》受到中国红十字会总会领导集体的重视和认可。

2015年5月5日，中国红十字会第十次全国会员代表大会在北京召开。红研中心主任池子华在会前参与了“十大”报告的修订工作。“十大”报告正式提出，要“加强理论研究队伍和阵地建设”。对于这项建设计划如何“落地”，红研中心主任池子华撰文指出：从中国红十字会总会层面上说，建议上马几项“重点工程”，如组织编写《中国红十字运动通史》、创建红十字学院、创设红十字历史博物馆、摄制纪录片弘扬人道主义精神等，凝聚红十字事业发展的灵魂。文章同时指出：“专业的红十字人道工作者队伍是中国红十字事业持续健康发展的根基。如果能够创建一所红十字大学，对红十字事业发展的推动作用将无可限量。创建大学是长期目标，而在此之前，不妨与研究基础较深厚的高校合作，创建红十字学院，把科学研究与人才培养、继续教育、文化传播有机结合起来。目前，苏州大学与中国红十字基金会合作，依托红十字运动研究中心成立的红十字文化研究基地等，就具备这样的条件。”①

经过多年的呼吁，创建一所红十字学院得到广泛关注。中国红十字会总会高度重视，在2016年中国红十字会十届二次理事会会议上通过的《中国红十字事业发展规划（2016—2020年）》中，明确将“筹建中国红十字人道传播学院”（即红十字国际学院）纳入规划，予以重点建设。

不言而喻，红研中心是红十字国际学院的倡导者、积极推动者，自然也全程参与了学院的筹建工作。

（二）筹建工作的启动

红十字国际学院的筹建工作，实际上在2015年“十大”之后即已开始，并由中国红十字基金会负责落实。2015年7月2日，中国红十字

① 池子华：《文化建设：不能忽视的“软实力”——学习总书记讲话精神与“十大”报告体会之四》，《中国红十字报》2015年5月19日。

基金会向中国红十字会总会上报筹建中国红十字国际学院方案。8 月 16 日，中国红十字基金会副理事长刘选国专程来苏州大学调研，就筹建红十字国际学院之事，与红研中心主任池子华磋商。苏州大学副校长田晓明会见刘选国副理事长，社会学院院长王卫平、副院长郑庚陪同调研。

2016 年 7 月 22 日，中国红十字会总会审议《红十字国际学院筹建方案》，同意开展筹建工作。12 月 27 日，中国红十字基金会副理事长刘选国再次来访，苏州大学党委副书记高祖林会见了刘选国副理事长，社会学院党委书记刘志明、副院长郑庚和红研中心主任池子华等陪同。双方就红十字国际学院筹建问题，展开充分交流，达成许多共识。

2017 年 10 月 31 日，中国红十字会总会成立红十字国际学院筹建工作委员会，郭长江担任主任委员。筹建工作进入实质性阶段。

2017 年 11 月 21 日至 22 日，中国红十字会党组副书记、副会长郭长江一行来苏州大学访问。苏州大学党委书记江涌、校长熊思东分别会见了来访人员并进行了座谈交流。中国红十字基金会常务副理事长兼秘书长孙硕鹏、副理事长刘选国、基础医疗服务项目中心主任贾鑫、人道服务支持项目中心主任苏亚南，江苏省红十字会党组书记盛放、省红十字会组织宣传部部长江建宁，苏州市红十字会党组书记严晓凤等陪同访问。苏州大学副校长杨一心、刘标、张晓宏以及相关部门、学院负责人和红研中心主任池子华参加了会见。双方就关于共同建设红十字国际学院事宜进行探讨、协商并在红十字国际学院的办学理念、聚集资源共同建设等方面达成了共识。①

2018 年 3 月 8 日至 9 日，中国红十字会副会长、中国红十字基金会理事长郭长江一行再次访问苏州大学。中国红十字基金会常务副理事长兼秘书长孙硕鹏，副理事长刘选国，海外与青少年项目部副部长苏亚南、项目专员贾晓菲，苏州市红十字会常务副会长严晓凤等陪同访问。苏州大学党委书记江涌会见了郭长江一行，他代表学校对郭副会长一行的到来表示热烈欢迎并介绍了苏大在筹建红十字国际学院方面的进展。会见中，双方就学院筹建的具体事宜进行了磋商。苏州大学副校长杨一心及相关部门负责人与郭副会长一行进行了会谈，红研中心主任池子华就筹建可行性做了介绍。

郭长江副会长指出，苏州大学红十字运动研究历史悠久，以池子华

① 《中国红十字会党组副书记、副会长郭长江一行访问我校》，苏州大学网，2017 年 11 月 23 日。

教授为首的研究团队，科研成就硕果累累，在国内外产生了深远的影响。苏州大学办学经验丰富，教学和科研成果显著，必定能为红十字国际学院提供强力支撑。他表示，成立红十字国际学院的设想得到上级部门的肯定和支持，相信在双方共同努力下，红十字国际学院必将取得丰硕的成果。

杨一心副校长在会谈时表示，苏州大学作为一所综合性大学，一直以来把社会服务作为重要职能。筹建红十字国际学院是学校 2018 年重点工作之一，相信红十字国际学院的成立能进一步完善我校的学科结构和优化资源配置，也希望能依托红十字国际学院，提升我校国际化办学水平。

会谈中，双方就红十字国际学院筹建方案和具体细节交换了意见，就办学定位、办学设想、办学体制、师资队伍建设、教学科研、人才培养、学科建设、经费保障等问题展开商讨并就战略合作框架协议达成了共识。苏州大学相关职能部门领导以及社会学院党委书记邓国林、院长王卫平、副院长郑庚、红研中心主任池子华出席座谈会。①

2018 年 5 月 6 日，陈竺会长的调研加快了筹建工作的步伐。双方协商并成立了红十字国际学院可行性研究报告的研究与撰写团队：

指导小组

组　长

郭长江：中国红十字会党组副书记、副会长，中国红十字基金会理事长，红十字国际学院筹建工作委员会主任委员

副组长

杨一心：苏州大学副校长

孙硕鹏：中国红十字基金会常务副理事长兼秘书长，红十字国际学院筹建工作委员会副主任委员

刘选国：中国红十字基金会副理事长，红十字国际学院筹建工作委员会办公室主任

撰写小组

苏州大学团队

池子华：社会学院教授，博士生导师

许庆豫：博士生导师，原教育学院院长，香港中文大学博士

① 《郭长江副会长一行访问苏州大学》，苏州大学网，2018 年 3 月 10 日。

吴　鹏：校长办公室副主任
沈明荣：学科办主任，物理能源专业博士生导师
朱巧明：人力资源处处长，计算机专业博士生导师
薛　辉：校长办公室主任
吉　伟：对外合作办主任
郑　庚：社会学院副院长

国际公益学院团队

项目总负责人
王振耀：国际公益学院院长，教授
项目执行负责人
黄浩明：国际公益学院副院长，教授
项目组高级顾问
尤　红：国际公益学院教授
柳永法：中国公益研究院政策研究专员
研究团队成员
程　芬：国际公益学院公益研究中心总监
孙晓舒：公益研究中心公益管理部主任
李　勇：（初稿撰稿）中国国际民间组织促进会项目顾问
项目沟通协调
孙晓舒：公益研究中心公益管理部主任
项目支持
包旭日：国际公益学院行政后勤中心副总监

5 月 15 日，可行性研究报告研究团队在苏州大学举行了红十字国际学院可行性报告的研讨会。杨一心副校长、刘选国副理事长、沈明荣主任、朱巧处长、薛辉主任、吉伟主任、郑庚副院长、吴鹏副主任、黄浩明副院长、李勇、池子华等出席。6 月 14 日、11 月 24 日，红十字国际学院筹建专家委员会先后在北京召开会议，讨论红十字国际学院可行性报告。

11 月 9 日至 10 日，陈竺会长亲自主持的以“构筑人道桥梁”为主题的东吴国际人道交流合作研讨会在苏州大学举行，则使红十字国际学院“挂牌”进入倒计时。

东吴国际人道交流合作研讨会是中国红十字会为加强红十字国际人道交流合作、推动共建共享人道教育体系、促进新时代红十字事业持续健康发展而组织的一次国际交流活动。本次研讨会正值第十届红十字会

与红新月会国际联合会亚太地区大会前期，有助于中国红十字会更好地参与国际人道事务，彰显负责任大国红十字组织形象，推动共建人类命运共同体。全国人大常委会副委员长、中国红十字会会长、红十字会与红新月会国际联合会副主席陈竺主持研讨会并讲话。来自红十字会与红新月会国际联合会、红十字国际委员会以及瑞典、阿富汗、叙利亚、伊拉克、土耳其等国家红十字会代表参加研讨交流。外交部、中联部、国家国际合作发展署、应急管理部、教育部等部委有关人员参加会议。

陈竺在讲话中表示，当今世界互联互通、融合发展，但同时又矛盾交织、经济乏力，人道领域面临巨大挑战。红十字运动成员彼此增强沟通交流、联合行动的必要性和急迫性大大增强。面对复杂严峻的人道主义危机，没有一个国家的红十字会能够独自应对，必须从构建人类命运共同体的高度，重新定义和谋划全球人道事务分工，形成人道资源多方供给、人道行动协同推进的多元治理格局。

陈竺表示，为促进人道事业更专业、更可持续地发展，智力和人才支撑至关重要，需要在共建共享人道教育方面进行深入合作和积极探索。为此，中国红十字会提出了建设红十字国际学院项目动议，希望为推动全球领域的人道教育和传播尽自己的一份力量。

中国红十字会党组书记梁惠玲、江苏省副省长陈星莺、外交部国际司参赞李集涓、红十字会与红新月会国际联合会秘书长哈吉·阿西、红十字国际委员会东亚地区代表处主任裴道博、马海德基金会会长周幼马分别致辞。

在“人道挑战与应对”主题研讨环节，红十字会与红新月会国际联合会副主席、土耳其红新月会会长凯雷姆·基尼克，阿富汗红新月会执行主席米尔瓦伊·阿克拉姆，叙利亚红新月会秘书长哈立德·埃尔克苏西，伊拉克红新月会会长亚辛·艾哈迈德·阿巴斯，分享了为应对复杂严峻的人道需求而开展的工作，为人道领域行动及合作提供了有益经验和启示。在“共建共享人道教育”主题研讨环节，中国红十字基金会理事长、红十字国际学院筹建工作委员会主任委员郭长江介绍了中国红十字会与苏州大学联合筹建红十字国际学院相关情况；瑞典红十字会会长玛格丽特分享了本国人道教育工作经验；苏州大学校长熊思东，北京师范大学中国公益研究院院长、深圳国际公益学院院长王振耀，中国人民大学法学院教授、国际人道法研究所所长朱文奇，苏州大学社会学院教授、红十字运动研究中心主任池子华分别就加强红十字运动理论研究、人才培养、国际交流等做了发言。

根据中国红十字会统一部署，为了支持包括红十字国际学院在内的人道教育事业，中国红十字基金会在会议上宣布成立人道教育基金。中国工程院院士陈赛娟以及上汽通用五菱汽车股份有限公司、江苏恒瑞医药股份有限公司、长春金赛药业股份有限公司、无锡名泽医疗投资管理有限公司等分别为基金捐赠，著名画家陈可之创作并捐献油画《天地之爱》，表达对共建共享人道教育的支持。

研讨会前，陈竺会长等与会代表参观了在苏州大学博物馆举行的由红研中心参与布展的“百年东吴与红十字运动”主题展览。

研讨会由中国红十字会主办，中国红十字基金会、苏州大学、苏州市红十字会承办。中国红十字会副会长兼秘书长王平、苏州市市长李亚平、苏州大学党委书记江涌以及江苏省人大、省政府、省红十字会，苏州市政府、市红十字会等相关负责人参加了研讨交流活动。①

根据陈竺会长的指示精神，筹建工作紧锣密鼓地推进。2019 年 1 月 28 日，中国红十字会成立了由副会长王汝鹏为组长的红十字国际学院筹建工作领导小组，该领导小组负责与苏州大学方面的对接事宜。3 月 26 日，中国红十字会总会王汝鹏副会长、王海涛部长，中国红十字基金会刘选国副理事长、郭阳、张颖颖以及苏州市红十字会严晓凤常务副会长，来苏州大学考察红十字国际学院事宜。苏州大学邓敏副书记、杨一心副校长，校办王季魁副主任，社会学院邓国林书记、郑庚副院长和池子华陪同，双方就签订合作协议事宜进行磋商，并前往吴江，实地考察苏大未来校区规划建设，苏州市副市长、苏州市红十字会会长曹后灵陪同考察。

2019 年 4 月 4 日，陈竺会长一行莅临苏州大学，就筹建红十字国际学院事宜召开座谈会。苏州大学党委书记江涌主持会议，熊思东校长汇报了学校改革发展情况；杨一心副校长介绍了红十字国际学院筹备进展情况。根据陈竺会长指示，会议初步拟定的“时间表”为：4 月 10 日，学院班子成立；5 月，在北京签署战略合作协议；9 月 1 日，正式挂牌成立。

（三）协议签署与正式挂牌

万事俱备。2019 年 6 月 30 日，中国红十字会总会、苏州大学、中

① 《构筑人道桥梁——东吴国际人道交流合作研讨会在苏州举行，人道教育基金同时成立》，中国红十字报刊社网，2018 年 11 月 10 日。

国红十字基金会在北京签署创办红十字国际学院合作协议。全国人大常委会副委员长、中国红十字会会长陈竺出席签字仪式，并与中国红十字会党组书记、常务副会长梁惠玲，中国红十字会副会长兼秘书长王平，苏州大学党委书记江涌、副校长杨一心等一起见证协议签字。中国红十字会副会长王汝鹏、苏州大学校长熊思东、中国红十字基金会理事长郭长江分别代表合作方在协议上签字。梁惠玲主持签字仪式。

陈竺在讲话中指出，中国红十字事业正处在新的历史起点上，红十字国际学院的创办正当其时，它不仅将为中国特色红十字事业的可持续发展注入新的动力，也将为解决国际人道问题、促进国际红十字运动发展贡献中国智慧和中国方案。他希望合作各方加快学院筹建工作，做好顶层设计，调动各方资源和力量，使红十字国际学院早日建成开学、发挥作用。

王汝鹏在致辞中指出，全世界还没有一所真正意义上的红十字院校。有着百年历史的中国红十字会联手有着百年传承的苏州大学，共同创办一所真正意义上的红十字国际学院，是两个“百年老店”在新时代的一个创举，必将在中国红十字运动乃至国际红十字运动发展史上写下光彩的一笔，对中国特色红十字事业的发展将产生积极而深远的影响。

江涌在致辞中指出，与中国红十字会和中国红十字基金会共同创办红十字国际学院，是苏州大学发展史上的一件大事、喜事和幸事，也是苏大人一份沉甸甸的责任。未来，红十字国际学院将在红十字理论研究、人才培养、智库建设、国际传播等方面努力成为基地和高地，为国际红十字运动和中国红十字事业发展贡献一份力量。

红十字国际学院筹建工作领导小组成员、苏州大学有关方面负责人、红研中心主任池子华等参加签字仪式。①

协议签署后，双方筹备挂牌事宜。7 月 27 日，孙硕鹏一行 6 人来苏州大学，就 8 月 31 日红十字国际学院揭牌仪式等问题进行座谈，杨一心副校长，社会学院党委书记邓国林、副院长郑庚，国内合作交流办主任吉伟，红研中心主任池子华以及苏州市红十字会马红英秘书长、孙蒙副部长等出席。

7 月 30 日，中共苏州大学委员会、苏州大学正式发布《关于成立苏州大学红十字国际学院的通知》②，明确：

① 《红十字国际学院创办协议在京签署》，中国红十字会网，2019 年 7 月 1 日。

② 《关于成立苏州大学红十字国际学院的通知》，苏大委〔2019〕74 号。

为进一步推动红十字文化传播交流，高效集聚国内外高端资源，促进相关学科交叉发展和人才培养，打造具有中国特色和全球影响力的高水平、国际化、研究型学院，经学校党委常委会研究决定，成立苏州大学红十字国际学院。现将有关事项通知如下：

一、红十字国际学院为学校直属二级学院。

二、筹建中国共产党苏州大学红十字国际学院委员会，设党委书记1名，为正处职。同时筹建工会、共青团等群团组织。

三、红十字国际学院设名誉院长若干名；设院长、执行院长各1名；设专职副院长1名，为副处职；设副院长若干名。

四、红十字国际学院内设综合办公室和教学科研办公室，各设办公室主任1名，为正科职；人员编制暂定6名。

五、未尽事宜，将视红十字国际学院发展和运行情况，另行研究确定。

2019年8月31日，期盼已久的由中国红十字会和苏州大学联合创办的红十字国际学院在苏州大学天赐庄校区挂牌成立。

全国人大常委会副委员长、中国红十字会会长、红十字会与红新月会国际联合会副主席陈竺，红十字会与红新月会国际联合会主席弗朗西斯科·罗卡，江苏省副省长王江，红十字国际委员会东亚地区代表处主任蒂埃里·梅拉，中国红十字会党组成员、副会长王汝鹏，苏州市委副书记、市长李亚平，苏州大学党委书记江涌、校长熊思东等领导出席了挂牌成立仪式。教育部、财政部、国家卫健委、应急管理部、国家国际发展合作署等有关部委领导，江苏省和苏州市人大、政府领导，中国红十字基金会、省市红十字会以及中国初级卫生保健基金会负责人，深圳亚派投资集团以及苏州大学校友会、长江商学院苏州校友会的企业家代表参加了活动。

陈竺会长在题为“共建共享人道教育，为践行人类命运共同体贡献智慧和力量”的主旨演讲中指出，习近平总书记提出了构建人类命运共同体思想，赢得了国际社会的高度关注和广泛认同，为共同开创人类更加文明的未来指明了方向，凝聚了共识。他希望，红十字国际学院成为红十字运动研究、红十字人才培养、红十字文化传播、国际人道交流合作的基地和平台。他要求学院重视和加强人道问题研究，建立包括应急管理、灾难医学、急救医学、老年医学、社区发展、社会工作等在内的综合性人道学科体系，进一步优化人道服务供给，提供多层次、多样化的人道行动方案；重视和加强法治建设，重视人道工作队伍素质能力的培养，面向广大红十字专兼职工作者制定综合性培养规划，面向会员、志愿者以及社会公众开展人道主义教育和社会工作技能培训，服务“一带一路”倡议，开展国际化人才培养。

王汝鹏副会长、江涌书记分别代表主办方致辞，介绍了中国红十字会与苏州大学联合共建红十字国际学院的背景、意义和未来规划设想，对热情支持学院建设的各有关方面表示衷心感谢。

王汝鹏说，创建红十字国际学院，是中国红十字运动史上的盛事，也是人道教育新的里程碑，希望红十字国际学院努力与社会各方紧密合作，将红十字国际学院打造成红十字理论和实践研究的高地、红十字人才培养的基地、红十字文化传播中心、国际人道交流的平台，为促进中国特色红十字事业和国际红十字运动发展贡献智慧和力量。

江涌表示，红十字国际学院正式揭牌成立是苏州大学建设发展中的一件大事、喜事和盛事，苏州大学将以此为契机，坚持以习近平新时代中国特色社会主义思想为指导，贯彻“共建共享人道教育”的建院宗旨，从国际视野、国家站位、对标一流的高度，科学规划、积极推进、全力保障红十字国际学院的建设和发展，努力将学院建设为高水平的红十字人才培养基地、学术研究中心和国际合作交流点，为中国红十字会更好地参与国际红十字运动、参与国际人道主义合作、助力构建人类命运共同体贡献积极的力量。

教育部体卫艺司副司长万丽君指出，红十字国际学院的创建是高校创新办学模式的有效探索，也是推进红十字专业人才培养的有效探索，希望学院坚持社会主义办学方向，发挥示范、引领和带动作用，把红十字国际学院建成标杆、典范，把开展红十字精神教育和落实立德树人根本任务相结合，把社会主义核心价值观教育和红十字精神教育相结合，贯彻以人为本的教育理念，发挥学科、专业优势，积极支持服务我国学校卫生和健康教育工作的发展。

弗朗西斯科·罗卡在致辞中对红十字国际学院的成立表示祝贺，并感谢学院邀请他担任名誉院长。他说，学院的成立顺应了当前日益增长和日趋复杂的人道需求，是中国红十字会对国际红十字运动的贡献，希望学院能成为专业人道工作者的培训中心、人道理论的研究中心以及国际人道交流与合作的平台。

蒂埃里·梅拉在致辞中指出，中国红十字会成立红十字国际学院是一个创举，对于开展人道教育、理论研究和国际人道合作具有重要意义。红十字国际委员会愿意与中国红十字会一道，将学院建设成推广国际人道法、提升人道工作者专业和领导能力、研究和创新人道政策和人道外交的中心和平台。

江苏省副省长王江、苏州市市长李亚平等领导分别发表致辞，对红十字国际学院的成立表示祝贺和支持。

李亚平说，此次红十字国际学院落户苏州、落地苏州大学，是中国红十字会总会、中国红十字基金会、苏州大学紧密合作、共同努力的成果，也是合作各方对苏州市的充分信任。苏州将不负重托、不负使命，高度重视红十字事业的发展，大力支持国际学院的建设，努力将学院打造为红十字国际交流合作的重要平台和苏州文化交流的闪亮名片，为国际红十字运动贡献更多的苏州力量。

浙江敦和慈善基金会执行理事长陈越光、国际人道法专家李卫海教授、公共医学专家徐勇教授分别围绕“人道公益教育”“国际人道法在中国的传播和教育”“中国灾难医学和急救医学现状和发展”等主题做了分享交流。

仪式结束后，与会领导和嘉宾一同来到红十字国际学院办公楼前，为红十字国际学院挂牌并合影留念。

据媒体报道说，国际上至今还没有一所真正意义上的红十字大学（学院），红十字国际学院的成立填补了这一空白。苏州大学是国内较早从事红十字运动研究的高校。早在 2005 年，国内第一家以红十字运动为专门研究对象的学术研究机构——红十字运动研究中心在苏大成立。中心设立 14 年来已产生了一批在全国有广泛影响力的研究成果，《红十字运动研究》（年刊）、“红十字文化丛书”等相继出版，培养了一批从事红十字运动研究的优秀人才，成为我国红十字运动相关领域研究的一面旗帜。①

红十字国际学院的成立，毫无疑问，“这是红十字运动史上的一件盛事，也是人道教育事业新的里程碑”②。在此过程中，红研中心主任池子华全程参与，成为历史的见证者。

九、而今迈步从头越

红十字国际学院挂牌成立，作为“奠基人”的红研中心，使命完

① 《红十字国际学院在苏州大学挂牌成立》，苏州大学网，2019 年 8 月 31 日。

② 池子华：《红十字事业发展史上的一件盛事——写在“红十字国际学院”诞生之际》，《中国红十字报》2019 年 8 月 27 日。

成。2020 年 6 月，池子华和其领导的红研中心整体并入红十字国际学院，成为旗下 6 大教研中心之一。

2020 年 10 月 17 日下午，红十字国际学院工作汇报会在苏州大学举行。十一届全国人大常委会副委员长、原中国红十字会会长华建敏，中国红十字会党组书记、常务副会长梁惠玲，中国红十字会党组成员、副会长孙硕鹏，苏州大学副校长张晓宏出席会议并听取汇报。①

汇报会上，红研中心主任池子华就中心定位和未来发展规划做了汇报。根据定位，红研中心以红十字历史文化研究为主并承担学院教材编写、教学科研等相关任务。鉴于红十字运动研究中心系全国第一家专门研究红十字运动的学术机构，在学界、业界有着广泛的影响，因而机构名称不变，与红十字运动教研中心并行不悖，池子华同时担任红十字运动研究中心和红十字运动教研中心主任。

而今迈步从头越。一方面，虽然红研中心不再是“一枝独秀”，而只是红十字国际学院下设的 6 个教研中心之一，但历年来结合红十字运动研究，红研中心培养了一批人才，研究团队不断壮大。这是红研中心的优势所在，为红研中心的可持续发展提供了强劲动力。

另一方面，如上所述，经过 15 年的辛勤耕耘，红研中心取得了较为丰硕的研究成果。这些成果，不仅为红十字国际学院的创设提供了有力支撑，而且也奠定了红研中心未来发展的基础，尤其是红十字运动资料的系统挖掘整理，破解了“巧妇难为无米之炊”的困局，有助于研究工作向广度和深度拓展。

当然，在红十字国际学院的统筹之下，红研中心根据新的定位，谋篇布局，未来 5 年中将在如下几个方面做出努力。

一是完成上千万言的大型图书资料《中国红十字运动史料集成》的整理出版工作，这是一项功在当代、造福后人的文化工程，是红十字运动研究的又一项标志性成果。同时，积极创造条件，与中国第二历史档案馆合作，启动红十字会档案资料的整理工作。

二是积极推动红十字历史博物馆的创设。中国红十字会总会在《中国红十字事业发展规划（2016—2020 年）》中有过这样的设想：“启动红十字运动文物、文献普查、认定和登记工作，加强历史文化设施保护，开展史志研究，（中国红十字会）总会及有条件的省份建立红十字文化遗产资料库、博物馆或展示中心。”但创建博物馆的设想没有落地。

① 《红十字国际学院工作汇报会在苏州大学举行》，《中国红十字报》2020 年 10 月 23 日。

民国时期，红十字人就有创建红十字历史博物馆的愿望，而今这一愿景的实现越来越成为红十字人的期待。据报道，截至 2019 年底，全国有各类博物馆 5535 座，唯独没有红十字历史博物馆，这与习近平总书记指出的“中国红十字会是国内历史最悠久的人道组织”的地位极不相称。创建红十字历史博物馆，传播红十字文化，使之成为红十字事业新的公益“品牌”，已成为迫切的现实需要。红研中心有着自身独特的优势，责无旁贷，理应积极推动这一愿望的早日实现。

三是加强对国际红十字运动历史文化的研究。一直以来，红研中心偏重中国红十字运动研究，虽然对国际红十字运动有所涉猎，但没有作为主攻方向。实际上，红十字国际委员会、红十字会与红新月会国际联合会，作为国际红十字运动的“枢纽”，其发生、发展、演进的历史轨迹及其纵向、横向的“多边关系”，都值得深入探讨；至于各国红十字运动的历史发展，同样值得我们关注。比较研究也好，国别研究、专题研究也罢，都有做不完的课题，尽管红研中心科研力量有限，但仍希望在这方面有所开拓。

“路漫漫其修远兮，吾将上下而求索。”在中国红十字会总会、红十字国际学院、苏州大学的有力支持下，相信红研中心能够展现新作为，实现新突破，为繁荣红十字文化、促进红十字事业发展做出新贡献。

（作者系红十字运动研究中心主任，红十字国际学院教授、博士生导师。本文为“名城名校融合发展战略项目”阶段性成果）

理论园地

正确认识国家红会的政治性及其与政府的关系

张孚传

一段时间以来，业界和理论界对国家红会的政治性及其与政府的关系等问题认识不一，众说纷纭，莫衷一是。有的认为，红十字运动秉持“公正”基本原则，不因国籍、种族、宗教信仰、阶级和政治见解而有所歧视，因此国家红会不应该也不具有政治性；有的认为，只有中国红十字会具有政治性而其他国家红会没有政治性，理由是中国红十字会为中国共产党领导下的群团组织；有的认为，只有中国红十字会具有政府背景而其他国家红会是独立于政府的民间组织；还有的把政治性与红十字运动“中立”“独立”等基本原则对立起来。依笔者浅见，这些认识都是错误的，必须及时予以廓清。

一、政治性是国家红会的本质属性

任何国家红会都具有政治性，这是它与生俱来的。因为国家红会的建立，其基础是该国政府承认并加入日内瓦公约，承诺遵守公约的规定。

国家红会对外代表本国政府履行国际承诺，对内得到本国政府支持发展人道事业，所以，只要国家还未消亡，那么任何一个国家红会，自建立之日起，政治性就天然内在地成为其本质属性。

二、坚持党的领导是国家红会政治性本质属性在中国的特殊表现

政治性是国家红会的本质属性，这是普遍的、一般的。国家的政治性是国家红会政治性的成因，这个因果逻辑关系对于正确认识中国红十

字会的政治性问题至关重要。

在我国，坚持党的领导，是中国特色社会主义最本质的特征。国家红会的政治性，决定了中国红十字会必须自觉主动接受党的领导，成为党领导下的群团组织。这是国家红会的政治性本质属性在我国的特殊表现，也是中国红十字会的政治性与坚持党的领导的正确因果逻辑关系。

那种认为“中国红十字会坚持党的领导，是党领导下的群团组织，因此中国红十字会才具有政治性，而别的国家红会不具有政治性”的观点是错误的，错在其颠倒了中国红十字会的政治性属性与坚持党的领导的因果逻辑关系；错在其把国家红会所具有的政治性这一本质属性、普遍特征，当作只是中国红十字会的专有属性、专门特征。

三、坚持党的领导与坚持红十字运动基本原则、依法依章程独立自主开展工作是辩证统一的

长期以来，由于人们对国家红会的政治性属性认识不清，因而把国家红会的政治性与坚持红十字运动“中立”“独立”等基本原则对立起来。在我国，这就表现为把坚持党的领导与坚持红十字运动基本原则、依法依章程独立自主开展工作对立起来。这是非常错误的。

坚持党的领导与坚持红十字运动基本原则、依法依章程独立自主开展工作是辩证统一的。坚持党的领导，是政治高线，强调的是旗帜、道路、方向，是指中国红十字会要高举中国特色社会主义旗帜，坚持中国特色红十字事业发展道路，与其他群团组织一样，始终与党同心、同向，引导所联系和服务的群众更广泛、更紧密地团结在党的周围。坚持“中立”“独立”、依法依章程独立自主开展工作，是工作底线，强调的是方式、方法、策略，是指中国红十字会必须遵循国际红十字运动基本原则，遵守国家法律法规，履行《中华人民共和国红十字会法》所赋予的职责，遵照《中国红十字会章程》的要求，拒绝干预、排除干扰，自主管理、自主决策，推动我国红十字事业取得新成就。坚持党的领导与坚持红十字运动基本原则、依法依章程独立自主开展工作并不矛盾，两者所强调的重点不同，但其旨归是一致的，即确保我国红十字事业沿着科学正确的方向和轨道发展，更好地服务人民群众。

四、任何国家红会都具有政府背景

如前所述，国家红会的建立，其基础是该国政府承认并加入日内瓦公约，承诺遵守公约的规定。所以，任何国家红会都具有政府背景。

2007 年 11 月，在瑞士日内瓦召开的第 30 届红十字与红新月国际大会的决议指出："各国红会是政府在人道领域的助手，各国政府和各国红会在各个层面上享有特殊和显著的合作关系，此种关系具备国际和国家法律基础。"红十字与红新月国际大会是由日内瓦公约各缔约国政府、各缔约国红十字会、红十字国际委员会、红十字会与红新月会国际联合会四方代表参加的国际性会议，因此这一决议充分表明了国家红十字会与一国政府的特殊关系，而这种特殊关系得到各国政府和各国红会的确认。那种认为只有中国红十字会才具有政府背景的认识和论调，是极其错误和荒谬的。

《中华人民共和国红十字会法》第四条明确规定：中国红十字会应当遵守宪法和法律，遵循国际红十字和红新月运动确立的基本原则，依照中国批准或者加入的日内瓦公约及其附加议定书和中国红十字会章程，独立自主地开展工作。这一规定，也深刻而直接地反映了前述红十字与红新月国际大会决议中有关各国政府和各国红会的特殊关系具备国家法律基础的论述。

总而言之，政治性是国家红会的本质属性，任何国家红会都具有政府背景。中国红十字会是党领导下的群团组织，是党和政府人道领域的助手和联系群众的桥梁、纽带。坚持党的领导，是中国特色红十字事业和中国红十字会的根本遵循，也是其本质特征。

（作者系浙江省红十字会人道传播与组织管理部部长）

推进红十字会治理体系和治理能力现代化

——学习贯彻党的十九届四中全会精神有感

张春中

党的十九届四中全会指出，要坚持和完善中国特色社会主义制度、推进国家治理体系和治理能力现代化。对于红十字会而言，要认真学习贯彻党的十九届四中全会精神，以习近平新时代中国特色社会主义思想为指导，按照中国红十字会第十一次全国会员代表大会的要求，着力推进红十字会系统治理体系和治理能力的现代化。

一、完善治理体系，提升治理能力

党的十九届四中全会强调，我国国家治理体系和治理能力是中国特色社会主义制度及其执行能力的集中体现。红十字会系统的治理体系和治理能力建设，同样事关中国特色红十字事业的发展。

一要完善监事会制度。新修订的《中华人民共和国红十字会法》对设立监事会做出了规定，这是构建高效、透明、规范的体制机制的重要体现，是全面深化红十字会改革的重要内容，是认真贯彻落实《中华人民共和国红十字会法》规定的重要举措。从近年来的实践来看，虽然一些省、市、县红十字会按照《中华人民共和国红十字会法》的要求设立了监事会，但在机构规格、人员配备、职能划分等方面各有不同，不一而足。如何设立监事会，设立什么样的监事会才能更加符合红十字工作实际、更好地发挥监督作用依然是各级红十字会需不断探索、研究的迫切课题。为保证监事会日常工作运转，确保监事会真正发挥监督作用，笔者以为，供销社的监事会设置模式值得我们学习借鉴：专职监事长为班子成员，与常务副会长职级相同；副监事长及监事采用专兼职结合模式，专职副监事长兼任监事会办公室主任，兼职监事可以商请有关部门从民政、财政、卫健委等部门的干部中以及具有良好公信力、热心红十字事业的新闻媒体人、律师中推选。究竟如何合理设置监事会，各级红十字会还要在促进红十字工作与更好地发挥监督作用两者之间，通盘考虑、做好结合。

二要完善治理模式。一方面，县级以上红十字会要依法依章程按期换届，建立理事会决策、执委会执行、监事会监督的新型治理结构，推进红十字会治理体系的现代化。另一方面，要紧紧围绕加强内部管理，聚焦抓重点、补短板、强弱项，着力健全依法决策、依法执行、依法监督机制；增强完善专家咨询论证和法律顾问制度，把专家论证、风险评估、合法性审查作为重大决策必经程序，提高决策科学化水平和风险防控能力；积极争取党和政府及有关部门支持，研究制定与《中华人民共和国红十字会法》相配套的有关政策法规，进一步完善治理模式。

三要创新方式方法。着力转职能、转方式、转作风，坚持社会化运行机制，广泛动员社会力量参与，建立健全红十字会与相关部门、其他群团和社会组织之间的协作工作机制，推动区域间红十字会协同发展，凝聚起推动红十字事业发展的强大合力。善于运用群众工作方法，坚持从群众中来、到群众中去，坚持重心下移、工作下沉，强化服务意识，以扎实有效的人道服务工作打动人心、温暖人心、赢得人心，不断增强红十字会的影响力和感召力。着力打造“网上红十字会”，以中国红十字会总会正在建设的信息化平台为依托，在全国红十字会系统推进信息化建设工作，实现县级以上红十字会捐赠款物收支信息统一公示、查询全覆盖，捐赠人可以查看项目执行情况和捐赠款物去向等信息，真正解决公众关注的“钱从哪里来、到哪里去”的问题，努力打造公开透明的红十字会，推进红十字会治理能力的现代化。

二、加强基础建设，理顺管理体制

理顺县级以上红十字会管理体制是《中华人民共和国红十字会法》的基本要求。但遗憾的是，理顺管理体制在有些地方进展还不大，特别是县级红十字会理顺管理体制工作推进困难，甚至在一些地方，县级红十字会又被合并到卫健部门中，“基层无腿、底下无人”成为红十字会最大的“体制性尴尬”。加强基层基础建设、推进理顺管理体制工作，还要继续从以下几点发力。

一要开展人大执法检查。开展人大执法检查是推进《中华人民共和国红十字会法》贯彻落实、加快理顺管理体制的有力举措。实践证明，每一次人大执法检查，都对体制理顺和红十字会工作产生了积极的推动作用。因此，中国红十字会总会可以牵头，借新修订的《中华人民共和国红十字会法》颁布实施两周年之机，邀请全国人大常委会进行联合执法检查。一方面，检查基层《中华人民共和国红十字会法》贯彻落实情况，纠正违法违规行为，特别是纠正理顺体制过程中“开倒车”现象；另一方面，重点推进县级以上红十字会理顺管理体制工作，真正使红十字会从卫健部门中分离出来，依法独立自主开展工作。同时，各省（区、市）和地级市红十字会也要积极邀请地方人大、政协进行联合执法检查和调研，分类推动本地的理顺体制工作。在推进理顺体制工作中，既要发挥各级红十字会主要负责同志的主观能力性，更要发挥各级名誉会长、会长的重要作用。这套“组合拳”如果能够同向发力，肯定会收到事半功倍的效果。

二要加强基层组织建设。要大力加强基层组织建设，充分发挥红十字会密切联系群众的优势，在乡镇、街道、社区、学校、企事业单位积极发展红十字基层组织，推进组织、阵地、工作有效覆盖，发展壮大红十字会员、志愿者队伍，充分发挥会员、志愿者在人道服务工作中的主体作用。鉴于基层人员较少、事务较多的实际，乡镇、街道、社区可以“红十字工作站”的名义开展工作，高校和较大的企事业单位可以设立“红十字会”。通过加强基层组织建设，做到有热心红十字事业的带头人、有稳定的会员和志愿者队伍、有规范的管理制度、有稳固的服务平台、有红十字特色活动，以更广泛地联系和服务基层群众。

三要发挥好志愿者的作用。首先，要充分利用信息化技术和平台，规范做好红十字志愿者登记注册、服务记录、表彰激励等工作，提高志愿者招募、培训、管理、激励的规范化水平，特别要加大对优秀红十字志愿者、志愿服务队伍、志愿服务项目、志愿服务社区等先进典型的表彰力度，使他们有更多的获得感、幸福感、成就感。其次，要加强红十字志愿服务能力建设，按专业领域制定服务标准，提升专业化水平，打造一支素质过硬、服务规范、形象良好、群众满意的志愿者队伍。再次，要将红十字志愿服务工作纳入国家和当地文明办的志愿服务体系之中，使红十字志愿者成为国家和社会志愿服务体系中的重要组成部分，与其他部门志愿者一道，为社会进步和人道事业做贡献。最后，要重视学校红十字工作，联合教育部门恢复开展“全国红十字模范校”评选，以此为抓手，鼓励引导青少年参与红十字运动，为红十字事业可持续发展培育种子、积蓄力量、开启未来。

三、聚焦主责主业，服务民生建设

党的十九届四中全会指出："完善覆盖全民的社会保障体系，统筹完善社会救助、社会福利、慈善事业、优抚安置等制度。""健全社区管理和服务机制，推行网格化管理和服务，发挥群团组织、社会组织作用。"这些都为红十字会围绕中心、服务大局、积极服务民生建设提供了基本遵循。

一要打造统一的红十字品牌。一段时间以来，红十字品牌出现了"过多""过杂"现象。同一项工作品牌，各地"称谓""叫法"不一，可谓"一人一把号、各吹各的调"，红十字会人自己觉得"零乱"，社会公众更是"懵圈"。在中国红十字会第十一次全国会员代表大会上，中国红十字会系统党组书记、常务副会长梁惠玲对红十字品牌进行了高度概括和提炼，提出当前和今后一个时期，全国各级红十字会要着力打造"红十字'救'在身边"应急救援品牌、"红十字天使计划"先心病救助品牌、"红十字爱心相'髓'"造血干细胞捐献品牌、"红十字生命接力"遗体和人体器官捐献品牌等，为全国上下合力打造统一的红十字品牌"举旗定向"。因此，今后各级红十字会应以上述统一、规范的名称去打造、提升红十字品牌，上下一盘棋，同吹一个调，以便形成对外宣传的"集束"效应。

二要积极参与社区治理。党的十九届四中全会强调，社会治理是国家治理的重要方面。必须加强和创新社会治理，建设人人有责、人人尽责、人人享有的社会治理共同体。作为联系群众的桥梁和纽带，红十字会要积极参与社会治理特别是社区治理，推动社区治理和服务重心向基层下移，把更多资源下沉到基层，以更好地提供精准化、精细化服务；强化阵地服务功能，建好用好"红十字服务站""红十字救护站""生命健康安全体验馆"等基层阵地，将其打造为联系群众、服务群众的重要平台；创新参与途径和方法，建设服务城乡社区群众的"博爱家园"，打造群众身边的红十字会。

三要繁荣红十字文化。党的十九届四中全会指出，发展社会主义先进文化、广泛凝聚人民精神力量，是国家治理体系和治理能力现代化的深厚支撑。同样，只有加强红十字理论研究，繁荣红十字文化，才能更好地讲好红十字会故事、传播好红十字会声音，进而为红十字会治理体系和治理能力的现代化提供强大理论支持。红十字国际学院已经开班，这是我国乃至国际红十字运动中的一件大事、喜事。今后，要紧紧依托红十字国际学院、苏州大学红十字运动研究中心和各地分中心，通过召开研讨会、座谈会和课题评选等方式，进一步推进红十字运动研究，发展红十字文化。要进一步发挥好池子华教授等高校知名教授的作用，通过他们的影响力和领率作用，构建学界和业界结合、网上网下一体、内宣外宣联动的大宣传格局，建立以内容建设为根本、先进技术为支撑、创新管理为保障的全媒体传播体系，在更大范围、更高层次、更深程度上发展繁荣红十字文化。

四、坚持依法治会，加强自身建设

党的十九届四中全会提出，把提高治理能力作为新时代干部队伍建设的重大任务，通过加强思想淬炼、政治历练、实践锻炼、专业训练，推动广大干部严格按照制度履行职责、行使权力、开展工作。因此，推进红十字会治理体系和治理能力的现代化，需要我们在依法治会的前提下，突出抓好自身建设。

一要把坚持党的领导落到实处。要坚定不移地用习近平新时代中国特色社会主义思想武装头脑、指导实践、推动工作，切实增强“四个意识”、坚定“四个自信”、坚决做到“两个维护”。要大力加强红十字系统党的建设，认真落实全面从严治党“两个责任”，以党的政治建设为统领，全面加强党的思想、组织、作风、纪律建设，把制度建设贯穿其中，不断提高红十字会党的建设质量。要加强红十字系统党的组织建设，加快推进地市级和有条件的县级红十字会设立党组，把党的领导落实到红十字工作全过程、各方面。要建立健全党和政府对红十字工作领导的制度机制，积极争取将红十字会党的建设纳入当地党建工作总体布局中，强化红十字事业发展的政治保证。

二要加强干部能力建设。首先，加强能力建设，要依托并利用好红十字国际学院、各高等院校和党校等载体，分层次、多批次开展轮训，不断增强红十字干部依法履职能力、学习研究能力、狠抓落实能力、群众工作能力、风险处置能力。其次，要强化队伍建设，着力建设政治坚定、本领过硬、敬业奉献、担当作为、清正廉洁的红十字干部队伍；切实增强责任意识，大力弘扬奉献精神，推动形成勇于担当、善于作为、开拓创新、争创一流的浓厚氛围，使对事业有感情、对工作有激情、对群众有真情成为红十字干部的鲜明特色。最后，要健全红十字工作制度体系，完善约束机制，强化制度执行，加强监督建设，不断提高红十字工作的法治化、制度化、规范化水平；持之以恒正风肃纪，继续整治“四风”问题，加强纪律教育、强化纪律执行，始终保持清正廉洁的政治本色。

三要畅通干部交流渠道。要坚持党管干部原则，落实好干部标准，树立正确用人导向，把制度执行力和治理能力作为干部选拔任用、考核评价的重要依据。要尊重知识、尊重人才，加快人才制度和政策创新，支持各类人才为推进红十字会治理体系和治理能力现代化贡献智慧和力量。要健全红十字会干部交流渠道，首先需要拓宽“入口”，除卫健部门外，要更多地从其他党政部门特别是从“在一线工作过、有丰富社会工作经验”的党政领导中选拔干部担任红十字会的领导职务。譬如，选拔开拓干事能力较强的“副县长或常务副县长”担任市级红十字会常务副会长；选拔同级部门副职领导或优秀正处级领导干部到省级红十字会担任常务副会长、副会长；等等。其次需要打通“出口”，积极推动红十字会系统干部“走出去”，使其到其他部门、人民团体、群团组织、企事业单位和社会组织中任职并享有与其他部门干部同样的交流权利，以激发干部活力。

（作者为山东省红十字会办公室主任）

在人道服务中助力基层社会治理

——湖北省红十字会党的十九届四中全会精神实践

涂文涛

2020 年 6 月，湖北省委办公厅、省政府办公厅印发《关于深化新时代党建引领加强基层社会治理的意见》等 5 个文件，这是贯彻落实党的十九届四中全会精神、加快推进省域治理体系和治理能力现代化要求的“湖北方案”。湖北省红十字会是省委、省政府领导下的从事人道主义工作的社会救助团体，作为省委、省政府在人道领域的得力助手和联系群众的桥梁纽带，发挥自身优势，参与社会治理，贡献人道的力量责无旁贷。

省红十字会党组自我加压、主动作为，找准围绕中心、服务大局的切入点和突破口，围绕社区博爱家园建设、推进红十字志愿服务制度化常态化、完善红十字救灾物资储备、发挥人体器官捐献资源优势、下沉社区服务群众等方面探索路径，在加强社会治理和公共卫生体系建设方面提供高质量建议，为省委、省政府科学决策贡献红十字力量。

一、社区博爱家园：融入社区治理体系

建设社区博爱家园是红十字会融入社区治理体系的有效形式。省委十一届七次会议明确要求，加强城乡基层治理，做强街镇，夯实社区。通过调整优化街道机构设置，实行街道职责准入制度，推动街道把工作重心转移到基层党组织建设上来，转移到公共服务、公共管理和公共安全上来，转移到为经济社会发展营造良好环境上来。

近年来，以“推动社区治理、提升社区能力、促进社区发展”为目标，以“组织建设、自救互救、志愿服务、人道传播”为主要内容，省红十字会利用财政资金，在充分借鉴农村博爱家园建设经验的基础上，建设了 112 个城市社区博爱家园项目，通过在社区发展红十字会基层组

织，建立志愿服务队伍，普及自救互救、健康促进、志愿服务、红十字运动等知识，传播“人道、博爱、奉献”的红十字精神，为红十字会参与社区治理和社区服务提供了平台，促进了社区完善治理体系和提升治理能力。

社区博爱家园是红十字会参与社会治理、主动服务民生的积极探索。2019 年，省民政厅、省红十字会联合印发《红十字会参与城乡社区治理实施方案》，明确了红十字会参与城乡社区治理的主要任务及组织实施要求。社区博爱家园秉承以社区为本的理念，立足于社区实际需求，尤其是最易受损害群体的需要，充分发挥红十字会枢纽型社会组织的作用，动员多方资源，致力于促进社区自治组织发展和提供社会公共服务，是新形势下红十字会发挥党和政府人道领域助手作用的积极探索和具体实践。

社区博爱家园是红十字会开展核心业务、提供人道服务的重要平台。将防灾避险、自救互救、健康促进、人道传播等与人民群众生活密切相关的生命保护理念带入社区，将红十字会应急救援、自救互救和人道救助的核心业务融入社区群众生活。通过培训志愿者，增强社区自救互救力量，提高社区在非紧急和紧急状态下组织开展自救互救活动的能力；同时动员多方资源，为社区居民提供多种人道服务。

社区博爱家园是红十字会增强公信力、提高服务能力的重要载体。通过社区成员和社会各方的积极参与和广泛监督，确保项目决策的公正性和项目支持的公平性，塑造红十字特有的人道公益品牌形象，提升红十字会社会公信力和大众认可度，同时促进红十字会开展人道救助、提供社会公共服务的业务能力和服务水平的整体提升。

二、红十字志愿服务：助力基层社区治理

推进红十字志愿服务制度化常态化是红十字会助力基层社区治理的有效路径。

中央全面深化改革领导小组第二十四次会议指出，要积极扶持发展志愿服务组织，形成布局合理、管理规范、服务完善、充满活力的志愿服务组织体系。2019 年 12 月，中国红十字会总会印发《关于加强红十字志愿服务工作的指导意见》，就新时代红十字志愿服务工作做出顶层设计。

近年来，湖北省红十字会大力推进红十字志愿服务制度化常态化工

作，志愿服务组织体系不断健全，专业化水平得到提升，业务培训广泛持久，品牌建设不断深入，激励嘉许机制不断推行，信息化建设逐步提升，融入当地精神文明创建工作日益深入。

同时，省红十字会先后成为省委深改委志愿服务制度化常态化责任单位、省委深化新时代志愿服务工作助力基层社会治理责任单位，红十字志愿服务工作也被纳入了省政府办公厅印发的《湖北省红十字会改革方案》以及省红十字会与省政府签订的年度目标考核清单。

在推行志愿服务制度化常态化工作中，要重点围绕大力传播“人道、博爱、奉献”的红十字精神，依法依章推进红十字志愿服务工作，创新红十字志愿服务管理机制，促进红十字志愿服务组织专业化发展，实施红十字志愿服务特色项目5个方面，探索红十字志愿服务助力基层社会治理的人道路径。

在项目运作上，用好红十字事业发展财政补助资金，组织全系统围绕主责主业，在应急救援、应急救护、人道救助、无偿献血、造血干细胞捐献、遗体和人体器官捐献、红十字精神传播、社区服务、养老服务等领域推进志愿服务项目化。各级红十字会和志愿服务组织可以主动参加当地志愿服务项目赛事，参与全省新时代文明实践志愿服务项目大赛，在争取总会项目的同时，每年组织基层红十字会、社区（校）红十字服务站、红十字志愿服务组织开展项目征集工作。同时，还可以探索编制项目指导目录，建立服务项目库，汇聚更多资源进入全省红十字志愿服务组织链接。

在供需对接上，探索主动融入全省新时代文明实践中心和学雷锋志愿服务岗15分钟志愿服务圈，在社区治理共同体中彰显人道作为。社区根据群众需求进行申请，各级红十字会根据社区申请，派出专业人员组建相应的服务团队，给予培训与指导。服务团队在规定的时间和地点开展相应的活动，为群众提供相应服务，各级红十字会筹措经费以保障项目实施。探索将应急救护培训和心理援助纳入首批服务清单，后期根据群众需求逐步设计开发更多具有红十字特色的项目，以满足社区群众需求。

在培育品牌上，可对持续项目给予经费和资源保障；建强志愿服务队伍，吸纳优秀志愿者，适时表彰嘉许；组织专家团队对项目进行指导优化，提升核心竞争力和群众接受度；加大品牌项目宣传，提升品牌影响力；积极推选全国学雷锋志愿服务“四个100”先进典型推选。近两年，省红十字会先后推荐了4个组织（个人）入选。

三、红十字救灾物资储备：为应对处置灾害事故贡献力量

参与救灾救援是红十字会为保护人民健康贡献力量的重要手段。

参与救灾救援是红十字会的神圣使命。2020 年 7 月 17 日，中共中央政治局常务委员会研究部署防汛救灾工作会议强调，各有关地区都要做好预案准备、队伍准备、物资准备、蓄滞洪区运用准备，把重大工程建设、重要基础设施补短板、城市内涝治理、加强防灾备灾体系和能力建设等纳入“十四五”规划中。

《中华人民共和国红十字会法》明确红十字会九项职责，其中第一条指出：开展救援、救灾的相关工作，建立红十字应急救援体系。在战争、武装冲突和自然灾害、事故灾难、公共卫生事件等突发事件中，对伤病人员和其他受害者提供紧急救援和人道救助。

正视救灾中的短板弱项。从实战来看，救灾物资储备还有不少短板弱项，重救灾轻备灾思想比较普遍，应急预案落实有待加强，物资储备网络协同联动机制不健全，救灾物资保障能力、服务救灾能力不足，仓库管理制度化、标准化、信息化水平不高，专业性人才匮乏。

着眼“三力”做好物资储备。深入灾区，到救灾第一线去，打通人道救助“最后一公里”，是每名红十字人的光荣使命和神圣诺言。做好救灾物资储备，需要重点在“三力”上下功夫，即树立应急管理意识，增强应急预案执行力；健全物资储备体系，提升救灾物资保障力；坚持以人为本理念，强化灾区一线服务力。

只有牢固树立奉献精神，增强服务理念，强化学习实践，提升服务能力，才能更好地适应新时代备灾救灾工作的发展之需，真正做到真心关爱群众，努力为国奉献、为民造福。

四、人体器官捐献：引领社会新风尚

动员人体器官捐献是红十字会参与引领社会新风尚的独特方式。

人体器官捐献是“生命接力”的大爱善举。作为推动人体器官捐献的主要部门，省红十字会注重与各相关部门协调沟通，重点在宣传推动、机构设立和人员配备、执法监管、经费预算、设施建立、快速运转等方面争取良好的工作环境。

省委宣传部协调媒体加大人体器官捐献公益宣传的支持力度；省委直属机关工委将人体器官捐献内容纳入省直扶贫公益活动加以宣传；省委编制部门落实《湖北省人体器官捐献条例》政策要求，支持市、州设立管理机构，配备专职人员；省卫健部门建立完善器官捐献信息上报和OPO（人体器官获取组织）分片划区等管理规定，加大对《湖北省人体器官捐献条例》的执法力度，强化对移植医疗机构、捐献医院、OPO等机构捐献行为的监管，支持配合红十字会加强协调员培训管理，不断规范捐献行为；省财政部门落实《资金管理办法》；省民政部门支持省红十字会建立“湖北省人体器官捐献纪念园”，人大执法检查后又积极酝酿丧葬费用减免和支持各地建立缅怀纪念场所的政策支持；公安交管部门落实国家六部委建立人体器官捐献绿色通道的精神，支持配合完成多次人体器官捐献供体快速转运；省人体器官捐献管理中心和各级红十字会在组织宣传培训、志愿登记、捐献见证、纪念缅怀、困难救助和协调员教育培训管理方面发挥了重要作用。

团结协作机制的构建形成，推动着人体器官捐献工作科学健康有序发展。

探索形成“六有”工作格局。坚持以人民为中心思想，广泛动员全社会参与，人体器官捐献管理工作形成了有法规制度支撑、有专门机构管理、有团结协作机制、有充足经费保障、有宣传传播阵地、有人文关怀平台的“六有”工作格局，捐献数量和质量实现“双提升”。

倡导形成“捐献光荣”的文明新风尚。宣传捐献品牌，丰富捐献内涵，讲好捐献故事，让捐献不再成为陌生话题，在潜移默化中为民众所接受和认同，从而引导更多的人加入志愿捐献队伍，在荆楚大地倡导形成“器官捐献、生命接力”“大爱无疆、捐献光荣”的文明新风尚。

五、下沉社区：忠实履行人道为民职责

下沉社区服务群众是红十字会参与社区治理的最新课题。

（一）强化“服务”理念

当前，湖北全省正在开展党员干部下沉社区活动，这是面对面倾听群众诉求、零距离解决群众疾苦、心贴心地把人民群众更加紧密地团结在以习近平同志为核心的党中央周围的重大举措。红十字会党员干部要提高政治站位，充分认识到常态化下沉社区、参与社区治理的重大现实

意义，自觉地、无条件地服从组织安排。做到“一个忘却，两个牢记”，即忘却自己的职务，牢记自己的身份，牢记下沉的主要任务。力所能及为群众办实事、办好事、办群众满意的事情，擦亮“红十字”这张名片，让人道的力量在服务社区中熠熠生辉。

（二）压实“服务”责任

不同于其他行政部门，红十字会的群团组织性质和群众性要求，决定了红十字人必须与人民群众走得更近，把岗位挪到一线，把工作干在一线。下得去、沉到底，沉在社区岗位，沉在服务对象中；弯下腰、俯下身，设身处地，换位思考，想群众之所想，急群众之所需；扎下根、静下心，虚心向社区一线工作人员学习群众工作方法，提升群众工作能力，拓宽服务群众路径。制定服务清单，主动“亮单”，亮出红十字组织人道清单、红十字品牌清单、红十字人特长清单，落实群众点单、社区派单、红十字人接单“三单”制服务，为社区党组织和群众提供精准高效服务。探索把红十字“‘救’在身边”等服务送达社区一线，向民众传播最基本的自救互救常识和技能；依托“博爱家园”打造群众身边的红十字会，提升社区防灾避险能力，让群众更加直观地了解、认识和支持红十字工作。

（三）增强“服务”质效

在完善预案上，搞好事前谋划，针对可能出现的各类情况，分门别类制定人道救济应对之策，以防不时之需。在储备上，搞好事中结合，合理解决群众的困难事，给予一些看得见摸得着的人道救助。在宣传上，搞好事后总结，宣传服务一线社区好的做法，发现服务群众中的好人好事，充分利用自媒体，努力协调社会媒体，讲好红十字社区故事，传播好红十字声音，为基层社会治理不断凝聚人道力量。

（作者系湖北省红十字会组织宣传部部长）

聚合人道资源　助力民生兜底

孟纬鸿

2020年的全国两会着眼特殊时期的国计民生，对民生工作做出了一系列新部署，“稳就业、保民生”成为两会热词，习近平总书记更是强调始终坚持人民至上，越是面临困难，越要把人民群众安危冷暖放在心上。当前，各级红十字会贯彻落实两会精神，就是要站在政治的新高度，主动融入保民生工作大局，以闯关冲刺的新姿态，在兜底民生底线、决战脱贫攻坚、决胜全面小康中找准定位，有力有效作为。

一、政治站位要有新高度

全面建成小康社会是实现中华民族伟大复兴中国梦的关键一步。尽管2020年遭遇到疫情的严重扰动，但党中央决胜全面小康、实现第一个百年奋斗目标的决心和意志坚如磐石，因为走不好这“关键一步”，就会打乱中华民族伟大复兴中国梦的整体节奏，所以中央对疫情防控常态化前提下的发展预期做了适当调整，旨在集中力量做好“六稳”工作，实现“六保”目标，牢牢兜住民生底线，稳住发展基本盘，进而顺利完成决战决胜脱贫攻坚目标任务，全面建成小康社会。

当前，全国红十字会正在全面推进深化改革。突出政治统领，增强政治性、先进性、群众性是群团机关改革的根本性要求。作为党和政府人道工作领域的助手和民生保障部门之一，各级红十字会必须以更高的政治站位，来认识、理解、把握党和国家的这一战略性布局，增强政治定力和政治敏锐性，准确把握保民生底线的深刻内涵和重大战略意义，以认识的新高度和行动的高强度来检验红十字会系统改革的成效，真正把中央对群团机关的政治性要求在脱贫攻坚保民生工作中凸显出来。

二、工作定位确保精准度

为确保如期完成脱贫攻坚任务、实现全面小康，全国上下迅速行动，各行各业围绕“六稳”“六保”推出了一系列“硬核”措施。那么，各级红十字会如何在保民生的“国家行动”中有所作为、有所贡献呢？这就需要深入研究民生需求，找到着力点，只有科学定位，才能精准发力。

保民生既是“六保”目标之一，更是“六稳”“六保”成效的最终体现。所谓民生，主要是指民众的基本生存和生活状态，以及民众的基本发展机会、基本发展能力和基本权益保护的状况等。保民生包括保障基本生活需要、保障群众就业发展、保障底线民生等。而保底线民生是在疫情防控常态化之下最紧迫的任务，要重点关注生活困难人群，充分发挥底线民生的兜底作用，为困难群众提供必需的生活保障，提供失业保险、大病救济、社会福利、抢险救灾等生存保障。这也是红十字人道服务参与的范畴，各级红十字会要循着保底线民生这条主线，深入调查研究民生需求，瞄准贫困人员、特殊群体，特别是因疫情和患病陷入困境人员，进行人道需求的细分化，从物质、精神、心理等方面给予相应支持救助，如人道救助的重点是已享受到政府公共政策扶助之后仍面临生存困难的对象。

在服务民生兜底工作过程中，红十字会要始终明确党和政府人道工作“助手”这个身份，找准工作定位，紧贴百姓关切，紧盯民生痛点，突出“民需我为、民急我为、民诉我为”，关键是要找准百姓所需与红十字会可为的同频共振点，做好项目设计，确保精准参与，做到助力不添乱、作为不争功，把有限的人道资源用在最紧迫处，追求效能最大化。

三、行动发力必须高强度

非常时期需要超常举措。面对兜底民生、脱贫攻坚，进而全面建成小康社会这一举国战略，2020 年各级红十字会在组织人道资源和推进人道行动上都必须保持最高强度、最大力度，以更加充分地履行好人道职责。

（一）突破常规，全力组织人道资源

在救助资金调度上，一是加大主题筹资力度，突出防疫背景、兜底

民生、脱贫攻坚主题主线，加大社会动员力度，扩充人道救助基金盘子；二是开拓定向募集项目，在细分民生需求的基础上，创设一些面向特定对象的救助项目，引导定向捐赠或点对点支持，并重视运用互联网公益平台和线上募集方式开拓筹资新领域，实现线上线下融合推进；三是用足人道救助基金存量，调整扩充本年度各级人道救助金支出计划，调剂更多资金支持民生兜底，各级人道救助基金支出可以在年度间适度透支，以共渡难关，保住关键年。

在人力资源组织上，首先是各级红十字会专职干部要当好主力军，必须把全部精力投入到保民生工作之中。同时加大社会参与度，动员组织更多的红十字组织和红十字会员、志愿者参与各种人道服务，从百姓最关切最紧迫的身边事做起，把更多人道资源用到推动发展、改善民生的“刀刃”上。

（二）突出重点，精准救助合力兜底

面对疫情滞后影响，加大对特殊困难群体的人道救助，是当前各级红十字会助力保民生、兜底线最直接、最有效的“硬核”举措。

一是加大对因疫情影响面临短期生活困难人群的临时救助，重点支持粮油等生活必需品，以保基本生活，解燃眉之急。

二是紧扣脱贫攻坚目标，加大扶贫救助项目执行力度，突出精准有效。这里分享两个典型项目：（1）由南通市红十字会与组织部门、全市驻村第一书记共同策划实施的“暖暖农情”项目。项目将组织部门的职能优势、红十字组织的专业优势和驻村第一书记的责任担当有机结合，重点帮助失去“造血”能力的特困农民家庭脱贫，项目自2012年实施以来为南通脱贫攻坚开了先河，产生“1+1+1>3”的精准扶贫成效，受到广泛好评，获评江苏省人民政府慈善奖“最具影响力慈善项目”，今年是该项目执行的冲刺年。（2）南通市“健康扶贫”人道救助工程项目。项目作为市政府“健康扶贫”实事工程的配套，主要针对建档立卡户大病重症患者进行医疗救助，由市县两级红十字会对在享受基本医疗、大病保险和政府救助后，医疗费自付额度仍然较多，导致基本生活陷入困难的患者，依据其负担额度按比例追加救助。项目自2017年实施以来，在破解因病致贫、因病返贫难题上发挥了一定的民生兜底作用。

三是积极开拓针对相对贫困人口的持续救助。决战脱贫攻坚在于消除绝对贫困人群，而全面建成小康社会后相对贫困人员仍将长期存在，

因此要着眼全面小康后相对贫困人群的新需求，建立与完善精准帮扶长效机制。

（三）拓展服务，加强身心健康关怀

各级红十字会在围绕脱贫攻坚开展款物救助的同时，还要针对后疫情时代的新需求，主动履行好其他法定职能，如围绕生命健康关怀，将救护培训、养老照护、健康教育等资源更多地延伸至基层社区，直达百姓；发挥各级红十字组织赈济救援、心理救援队伍作用，开展应急支持、心理干预等志愿服务，特别是对因疫情造成心灵伤害、心理障碍的人员进行心理援助；并在服务一线中建强红十字基层组织，打造更多百姓信赖的“博爱家园”。

四、方法科学讲究时效度

“时、度、效”既是工作要求，也是方法技巧，强调干成一件事必须抓得住时机、把握好尺度、控制好力度，才能达到预期效果，实现效能最大化。当前，面对决战决胜脱贫攻坚、全面小康收官之年这一战略机遇，各级红十字会如何更有效地助力兜住底线民生，同样需要把握好时、度、效，控制好“力”的大小、方向和作用点，精准发力，做到助而有力、助而有效。同时要注重在服务疫情防控、决战脱贫攻坚的生动实践中锤炼队伍，培育红十字干部的“狼性精神”，推动解决一段时间以来精气神不足、拼搏劲不力的积弊。推而广之，各级红十字会在推进每一项工作时，都必须有“时、度、效”的考量，坚持一切从实际出发，以效果为第一标准，既要善抓机遇、主动作为，又要积极审慎、评估风险，力争把每一件事做得完美，无可挑剔，决不允许因出现人为失误与差错而给“炒作”留下空间。在推进工作中进行风险评估、防范和控制，对跌入“塔西佗陷阱”的红十字会来说，应当成为工作常态和必经流程，做到既努力干事，又方法科学，把好事办出好效果，以坚定的意志和有效的作为再塑红十字品牌新形象，努力把造福人类的崇高人道事业做出应有高度，真正成为党和政府人道工作领域的得力助手。

（作者系江苏南通市红十字会党组成员、秘书长）

"疫情下的红十字"征文选登

【编者按】2020年初，一场突发的新冠肺炎疫情席卷全国。在以习近平同志为核心的党中央坚强领导下，在中国红十字会总会的指导下，上海市红十字会系统迅速行动，积极参与到防疫抗疫斗争之中，用行动和担当践行了“保护人的生命与健康，维护人的尊严”的人道使命。为更好地总结经验，推进红十字事业发展，上海红十字运动研究会开展了“疫情下的红十字”主题征稿活动。本栏目选登其中的5篇稿件，以飨读者。

加强舆论引导　树立全新形象

——对疫情防控中红十字宣传的回顾与思考

刘贵朝

年前发生的新冠肺炎疫情，将兄弟省市红十字会推向了舆论的风口浪尖，预计在今后的重大突发事件中，红十字会仍可能会饱受非议。“前事不忘，后事之师”，今天我们已迈向后疫情时期，回首过去，思考未来，具有十分重要的现实意义。

一、前情回顾与分析

疫情发生后，武汉1月23日凌晨宣布封城，1月26日武汉红十字会的负面舆情开始出现，一直到2月4日湖北省红十字会3名领导干部被问责后，舆情才逐渐回落平息。整个过程大致可分3个阶段。

第一个阶段是1月26日至2月初。这期间主要是民众对捐赠物资分配等方面的不满。舆情主要有《红会分配不公导致物资匮乏　武汉协和医院医生自制防护服和口罩》《武汉受捐物资的尴尬：指挥部不负责接受，红会不负责分配》《武汉医生赴红十字会仓库　花一小时只领到500个口罩》等。虽然有湖北、武汉红十字会及相关部门的澄清，但架不住各类自媒体的反复炒作，舆情不断发酵，红十字会连续几天进入热搜榜前十。

第二个阶段是2月初至2月上旬。这个阶段主要是对历年关于红十字会舆情事件的挖掘与炒作，主要表现在对郭美美事件、上海高额餐饮事件和其他违纪违法事件及其衍生的各类谣言的炒作。此刻，负面舆情已达到最高峰，各地红十字会的防疫工作也受到不同程度的影响。

第三个阶段是2月4日至2月底。这个阶段主要是湖北省委对湖北省红十字会3名领导干部进行问责。中国红十字会总会党组书记、常务副会长梁惠玲带队的工作组进驻湖北指导监督工作，间接地印证了前期网民的关注与炒作，舆情在之后的半个月内呈下降趋势，月底及以后红十字会未再上过热搜榜。

上述舆情产生的原因是多方面的，可以说是仁者见仁，智者见智，我个人觉得原因有以下几个方面。

一是预见不够，小牛拉了大车。主要是当地的党委、政府对疫情认识不足，对红十字会人员、能力等现状了解不够，对面临的困难也估计不足，将千斤重担压在了红十字会等组织身上。红十字会也是如此，自己力不能殆而偏向虎山行，面对海量的捐赠、海啸般的舆情，只能疲于应付，备受委屈，背锅受过。

二是规范不够，工作有了瑕疵。当地红十字会对出现重大突发事件缺少足够的心理等准备，平战演练比较少。因为受捐物资数量众多，当地红十字会在物资接收、管理、分配、公示等工作环节上能力不足、规范不够，所以工作出现忙乱等现象。

三是应对不力，舆论出了轨道。对出现的舆情，当地政府协调中央、本地有关部门及媒体不够，当地红十字会除了公示相关信息、发布澄清公告外，综合协调政府的力量、运用法律的手段、正面回击各种谣言的力度还不够。

四是少数组织与个人不怀好意，平地起风波。国内外少数组织与个人，抱着不同的目的，故意造谣、抹黑红十字会，试图抹黑党和政府。少数个人通过炒作红十字会，赚取眼球、流量和打赏，进而谋取经济利益。

二、主要工作与应对

面对突发新冠肺炎疫情，针对武汉等地红十字会的舆情，我们主要做了以下几个方面的工作。

（一）保持定力，做好当下

疫情一发生，市红十字会就立即行动起来，投入疫情防控之中。兄弟省市红十字会发生舆情后，一度在人们思想上引起了涟漪，不少人担心因为工作失误或不到位等，给红十字会带来不利影响，自己也会受到处理。为此，党组及时明确了“服从大局，保持定力，依法依规，守土有责”的工作总基调，引导大家不忘初心，敢于担责，负重前行。同时，要求各部门、各单位以此为镜，举一反三，做好当下的工作。捐赠款物是社会关注的焦点，也是这次舆情的重点，党组就把它作为重点工作来抓。在物资接收上，组织精干力量，由程国樑副会长带队，第一时间入驻市防控指挥部和海关，统筹协调推进各项工作，确保捐赠物资特别是境外物资顺利入关。在捐赠款物分配使用上，严格按照市委、市政府的统一部署，认真贯彻中国红十字会总会的工作要求，充分尊重捐赠者的意愿，合理分配使用捐赠款物，确保所有捐赠用于防控一线。事实证明，只要深入领会党中央、总会和市委、市政府决策部署，准确预判灾害事件发展趋势，全面了解把握自身实际状况，规范、公开、透明地做好自己的事，红十字会就能不怕风吹浪打，可以秀于公益组织之林。

（二）积极谋划，压实责任

《礼记·中庸》中有一句话：“凡事豫则立，不豫则废。”意思是说做任何事情，事前有准备就可以成功，没有准备就会失败。对红十字会来说，做好疫情防控期间的宣传工作，应对可能发生的舆情，是履行职责的基本要义。为此，市红十字会启动了相关应急机制，第一时间成立信息报道工作组，负责每天发布捐赠情况并公示相关信息，开展防控工作相关宣传，对舆情进行监测引导并及时研究制定了《疫情期间信息公开制度》《捐赠款物每日公示制度》和《舆情专报制度》等。近年来，围绕重大突发事件中的宣传工作，我们总结了舆情发生后“多做工作少说话、多讲事实少说过程、多讲别人少说自己、多讲故事少说口号”等基本经验，并一以贯之予以坚持。随着社会对红十字会关注度提高和武汉等地的舆情发展，党组明确了宣传口径及要求，即“关注全国及本市舆情，涉及市红十字会方面不实消息，及时正面回应；保持低调适度，坚持多做少讲；涉及卫健委等单位和外事等工作，不单独报道，不抢风头；突出爱心人士和志愿者宣传，突出防控知识普及”。在此基础上，专门向各区红十字会发出《关于疫情防控期间信息发布工作的提示》，明确宣传工作的口径、重点与要求，以指导区红十字会开展防控工作宣传。

（三）把握节奏，突出重点

我们感到，任何一次重大突发事件发生后，社会关注的焦点有着一定的特点与规律。探索总结这些规律，有的放矢地做好宣传工作，可以起到比较好的效果。为此，我们依据上述原则要求，将相关疫情防控工作大致分为3个时段，并明确了各时段的宣传重点。

疫情发生初期，一方有难，八方支援，社会各界爱心涌动，纷纷到红十字会捐款捐物。这个时期，我们将宣传的重点放在了捐赠款物情况、爱心企业和个人的事迹上。通过及时的公示，让社会公众和捐赠者了解捐赠情况、物资使用情况，回应大家的关切；通过宣传中国台湾明星林瑞阳等人士及企业的爱心故事，激发群众更强烈的捐赠热情。同时，针对市民对疫情害怕等心理及防疫需求，开展系列防疫知识宣传。

疫情发生中期，正是舆情汹涌之时，我们把宣传的重点放在了红十字志愿者及工作者身上。通过集中宣传上海红十字应急救援队、上海红十字医院等在武汉的故事，宣传志愿者参与火车站、道口、社区联防联控的故事，既弘扬了红十字精神，也让社会各界从中了解了红十字工作，看到了红十字人的付出与奉献。

疫情发生后期，此时负面舆情已经消退，公众关注点也发生了转移。我们集中力量回顾梳理疫情防控工作，先后推出了《“疫情”装心中　责任扛肩上》《信任，是这样来的》《通道，是这样畅通的》《“零延时”，是这样实现的》《整装备鞍奔赴下一个校军场》《强化能力建设担起使命责任》《搞好舆论引导　彰显人道力量》等系列报道，全方位地回顾了市红十字会参与疫情防控的基本做法与思考。“5·8”世界红十字日期间，我们还与腾讯合作，在腾讯相关平台上，推出14组、近50个图文故事，进一步集中宣传上海红十字会抗疫工作及典型事迹，引起了很大的反响。

（四）主动引流，不抢头条

我们感到，在每次重大突发事件中，红十字会因为承担着捐赠款物的接收、使用和分配等工作，往往自带光环，容易成为媒体与公众关注的焦点，成为“网红”和“流量明星”。这就要求我们要保持定力，少把自己放在聚光灯下。兄弟省市舆情发生后，上海电视台曾主动联系市红十字会，想帮助我们正面宣传一下接收捐赠的过程。我们感到时机不太好，容易引起遐想，并被人炒作，从而婉言谢绝了他们的好意。2月

28日，受总会委托，上海组建了首支志愿专家团，赴伊朗支援抗疫。对此，各方面都十分关注，相关媒体也做了大量准备，希望我们能第一时间进行宣传报道。考虑到外事无小事，为避免在涉外事件宣传中发生错误，我们还是坚持由总会按照相关宣传口径来发布信息。新冠患者治愈后捐赠的血浆，对治疗新冠肺炎有一定的疗效，此项工作由卫健委牵头进行，红十字会协助进行动员，并给予一定的经济补贴。考虑到工作是以卫健委为主，宣传也应由他们来发声，至今我们也未做宣传。类似的，在捐赠物资接收上，我们尽量让慈善基金会等其他有资格的社会组织去宣传；在境外物资接收上，尽量让海关等部门走向前台；在医疗物资分配上，尽量让防控指挥部、卫健委在媒体前曝光。对此，曾有人不理解。我们觉得，红十字会工作要靠各方面支持，涉及相关单位的，不能与他们“抢头条”。当红十字会成为大众焦点后，更应该如此，要尽可能将大众的目光引向他们，一方面可以得到他们更大的工作支持；另一方面也可以实现“引流”，以减轻红十字会的压力。

（五）加强监控，化解风险

从2011年网络事件起，红十字会已几次处于舆论的漩涡。一些别有用心的人，把自媒体作为赚钱的工具，一有机会，就会跳出来。因此，加强舆情监控，防范可能发生的舆论风险尤为重要，我们为此着力做好以下几方面工作。

一是建立舆情监测与专报制度。成立舆情处置工作领导小组，每天对各大网站、论坛、微博、微信等平台进行搜索，及时了解舆情的起因、研判舆情发展和可能导致的后果，形成舆情专报。舆情专报不仅研判全国、湖北、武汉以及上海红十字会及其他相关方面的舆情，还为应对和管控相关涉“红”舆情提出建议，供我会防控工作领导小组参考。

二是及时回应公众咨询与关切。明确专人每天查看市民在官网和微信订阅号、服务号上的留言和咨询。对市民提出的捐赠款物、急救培训、少儿住院互助基金、志愿服务等方面问题，及时进行回复。截至3月9日，共回应市民留言咨询近2万条次。根据市民提出的建议，及时开通捐款电子证书、提供网络急救培训免费课程、征募铁路上海站疫情防控志愿者等，从而降低了舆情发生的概率。

三是及时澄清不实信息。2月27日，上海市民政局发布消息说，上海的物资捐赠归口市慈善基金会，一时间引起了人们的揣测与误解。市红十字会得知消息后，紧急协调媒体进行了更正并发布了开通捐赠通道的消息，从而消除了之前的影响。

三、未来打算与思考

人们常说，灾难不由我们选择，道路却由我们开辟。从“郭美美事件”到高价餐饮发票事件，再到武汉舆情，我们不知道何时何地会发生重大自然灾害和公共卫生事件，也不知道下一次舆情会不会发生在上海，我们应该知道的是：每一次灾害应对就是一次考核，每一次舆情暴发就是一面镜子，每一次重大事件就是一次契机，打铁还需自身硬，在加强自身建设、规范运行管理、改进工作作风的同时，我们更应重视并做好舆论宣传工作，以维护好红十字会形象，彰显人道的力量。

而要做好舆论宣传工作，除坚持近年来总结形成、行之有效的原则、经验和做法外，还需要在以下几方面下功夫。

一是加强与政府相关部门的沟通协调，借助他们的力量“登楼下海”。宣传是有阶段性的。工作中，我们要主动向政府主管部门汇报工作，积极协调与借助宣传部门、网信部门及融媒体中心等力量，对红十字会工作进行正面宣传报道，对涉及红十字会的舆情进行实时监控和及时处置。有了政府的支持和帮助，红十字会的各项工作才能为更多的人知晓，映日荷花就不会“别样红”。

二是讲好红十字故事，传播好红十字声音。习近平总书记多次强调，要讲好中国故事；总会领导也多次指出，要讲好红十字故事，传播好红十字声音，这为我们的工作指明了方向。在疫情防控中，总会协调中央媒体，多媒体、全方位、立体式、长篇幅地报道了中国红十字会重症患者转运队的事迹，在国内、国际产生了非常大的影响，相关人物及事迹登上了热搜、头条和封面。在今后的重大突发事件中，我们要借鉴这种做法，注意挖掘、总结、宣传身边红十字人的故事，用故事去感染人、教育人、引导人，从而放大红十字会的影响。

三是加强系统整合，形成组织合力。在这次疫情防控中，兄弟省市红十字会承受了太多的压力。众多的红十字人看在眼中，痛在心里。面对这样的状况，我们竟很少听到声援的声音、看到公正的力量，不免使人心有戚戚。红十字会作为一个统一的组织，一荣俱荣，一损俱损。上海市红十字会拥有众多基层组织、会员和志愿者，这是一股非常强大的力量。当出现有损于红十字会的声音和事件时，我们要积极克服事发他处、与己无关的侥幸心理，消除声援他处、引火烧身的担心，主动站出来，共同为红十字会鼓与呼，以维护红十字会的形象和声誉。同时，要加强红十字宣传队伍建设和骨干培养，组建忠诚的红十字人道传播队伍，做到招之即来、来之能战、战之能胜。总之，要上下联动、左右协调、齐抓共奏，才能发出红十字会的最强音。

（作者系上海市红十字会信息传播部部长）

疫情下的上海市红十字会

滕桂香

新冠肺炎疫情发生以来，上海市红十字会深入贯彻落实习近平总书记对疫情防控工作的重要指示精神，严格按照总会要求和市委、市政府部署，积极协同市有关职能部门共同推进疫情防控工作。

首先，我们成立了疫情防控工作领导小组，合理调配力量，并派员进入市疾病预防控制中心现场办公，进入市联防联控工作领导小组后勤保障组，配合组建援鄂队伍。其次，开设“防控新型肺炎”专项捐赠项目，加强市区联动；认真做好公示工作，确保捐款捐物接收、发放、使用情况公开、透明；严格落实“三重一大”制度，及时划拨捐赠款物。截至2020年8月底，市、区红十字会累计接收捐款1.83亿元，接收捐赠物资价值1.1亿元。

一、取得的成效令人瞩目

（一）锻炼队伍，提高能效

2020年的捐赠款物接收工作，存在捐赠物资专业要求较高，送达时间紧急，物流障碍较多，境外捐物工作条线长、环节多等特点。市红十字会沉着应对，迅速成立党员突击队，派员进入市疾病预防控制中心以及市联防联控工作领导小组后勤保障组现场办公，并成立了境外物资捐赠接收工作小组。疫情期间，累计接收来自美国、意大利、法国等20多个国家和地区境外物资67批次，价值3050.03万元。上海市红十字会接收的捐赠款物、各类票据、社会公示和数据库数据达到全部一致。审计署驻上海特派办对此给予高度肯定。

（二）志愿服务，彰显特色

市红十字会第一时间启动了红十字志愿者招募工作，1月26日启动招募，一天之内就向社会招募到红十字志愿者600余名。每天落实4班12人24小时在上海火车站安排志愿者参与铁路返程大客流的志愿服务工作。组织志愿者将中国红十字会总会转赠本市的价值600多万元洗涤消杀物资向全市109家定点医疗机构、发热门诊等医疗机构发放。积极参与、见证、慰问本市新冠肺炎康复患者采集捐献血浆工作，实现了动员的全覆盖。各区红十字会积极组织红十字志愿者参与社区防疫、道口消毒、物资发放等各类志愿服务活动。据统计，全市红十字会系统累计参加志愿服务58600多人次，人均服务时长超过400小时。

（三）特殊任务，义不容辞

我们选派8名驾驶经验丰富、工作责任心强的救护车驾驶员赴武汉执行重症患者转运任务。在武汉的40天里，他们累计转运患者2626人，其中重症255人、轻症2371人；出车738次，没有发生一次危险事件，没有发生一次车辆安全事故。队长刘铁被中宣部、中央文明办评为“疫情防控最美志愿者”。落实总会要求，我们选派3名志愿者紧急运输抗疫药品到武汉，从通知到出发只有3个小时。受总会委托，我们还组建了中国第一支援外志愿专家团队赴伊朗，配合伊方开展工作。经过为期一个月的努力，伊朗医院检测能力、民众防护意识以及治愈率都有了明显提高，我们的工作得到世界卫生组织、伊朗各方充分肯定。

（四）多方联动，群策群力

依据海关总署相关规程的要求，我们以市红十字会《境外物资捐赠接收实施细则》为依据，在市商委的积极组织下，仅用3天就完成境外物资捐赠系统的开发，并成功投入线上使用；落实上海欣海报关有限公司协助市红十字会处理境外捐赠物资通关和免税办理等事宜。我们协商市卫健委，认真把控捐赠医疗防护物资的质量，为市红十字会应急救援队远赴境内外疫区驰援配置物资；与铁路上海站保持良好合作节奏，顺利完成各项特殊任务。

此次新冠肺炎疫情防控，为应对重大突发公共卫生事件积累了宝贵经验。但是，在收获成绩的同时不难发现，我们的应急管理体系在应对重大突发公共卫生事件的工作中，依然存在诸多短板。首先，灾害和突发公共卫生事件的管理是赈济救援的基础课程，我们在强调救灾重要性的同时，更要将备灾定义为整个灾害管理闭环中的重中之重加以思考、研究、探索和应用。其次，要将不断提高红十字组织的人道动员能力、筹资能力、服务意识、管理水平作为重中之重加以考虑，以此达到科学决策、快速响应、有效动员、合作共享、舆情应对、服务保障等多方面工作机制的完善和优化。

二、加快捐赠系统的信息化建设

在本次疫情防控工作中，我们看到了大数据、人工智能等新技术的作用：运用大数据，开展流行病学调查；建立数据库，对不同风险人群进行精准识别；通过5G视频实时对话平台，推广个人“健康码”“通信大数据行程卡”作为出行、复工复产复学、日常生活及出入公共场所的凭证；利用大数据技术绘制“疫情地图”，通过社区名称、地址和位置，标明疫情传播具体地点、距离、人数等，为公众防范传染提供方便。大数据和人工智能让我们看到了科学的力量。

2009年起，市红十字会开发了捐赠款物系统。目前，全市共有10个区和备灾救灾中心正在使用中，6个区尚未使用（仍使用手工开票）。在当前的形势下，现有的捐赠系统存在着捐款模块单一，结构设置不合理，捐物系统流程复杂，长期未进行系统升级改造，未能很好地发挥数据汇总、分类、检索、统计功能等问题，由此引发红十字会接收捐赠流程条线过长、沟通冗长、效率低下，在遇到突发事件等情况下，不仅没有让红十字会解放生产力，相反却成为工作人员的负担和累赘，更无法满足各类依赖大数据分析的工作需求。

因此，要解决该问题，就必须对系统模块的逻辑架构和工作路径进行重新梳理，从征集意愿到签订协议，从捐物接收到发送确认，形成一个完整的闭环。同时，将数据接口规范化、项目配置权威化、用户角色多元化、信息处理一体化、捐赠协议范本化、表单票据标准化、信息公示实时化作为目标导向，在需求分析得到充分论证的前提下做好系统再开发。

三、探索物联网在信息跟踪反馈中的应用

随着社会公众对红十字会关注度的提高，对社会捐赠款物进行追溯管理，已经成为各级红十字会面临的迫切任务。目前，为提升社会公信力，红十字会往往以大量人力从事捐赠款物的沟通工作，而运用信息技术进行数据跟踪和反馈方面的成效不尽理想。

如何将现代化物联网技术科学合理地运用到红十字会应急救灾工作

体系中，是摆在市红十字会面前的一个重要课题。一方面，京东、盒马和叮咚买菜等线上主流商家平台的物流模式可以作为借鉴的考察对象加以研究，聚焦商品管理、大数据分析、物流跟踪以及订单信息反馈等问题，结合捐赠工作特点，提炼实用性的技术和机制加以辅助；另一方面，参考麦德龙和开市客等大型超市在商品管理方面的技术和经验，因地制宜引入商品射频条码或二维码标识等技术手段，灵活运用互联网实时高效等特点，精简环节，释放人力，进一步加速物流信息的跟踪和反馈。总之，借鉴与参考的最终目的，是实现红十字会捐赠系统可追溯、可查询，包括捐赠物资动态物流、使用情况以及捐赠人与被捐赠人的互动等。

四、增强综合能力建设迫在眉睫

（一）应急预案的制定、人员培训、实操演练一体化

应急预案的制定必须强调预案的针对性和可操作性，相应的表述尽可能简洁、明了。要加强对工作人员的专业知识培训，加强工作人员自动化应用和多层级协同办公的能力，密切关注办公软件发展与业务工作内容的有机结合；要围绕涉及捐赠的法律法规、操作步骤和常见问题等方面的问题加以学习；要将实操演练常态化，针对突发自然灾害和公共卫生事件等方面工作定期推演，明确所有人员在突发事件发生后的具体分工和主要职责，避免手足无措或被动待命的现象发生。

（二）募捐方式多样化

现有市红十字会在捐款方式上仍然采用邮局汇款、银行转账和现金等传统方式，可以借鉴“互联网+金融”的全新模式，在启用微信捐款模式的同时，继续引入云闪付、支付宝刷脸以及即将应用的数字货币等移动端支付方式，进一步提升捐赠的便捷性。本次疫情，市红十字会运用微信支付的方式，接收社会捐款400多万元，这是一个开创性的行动、一次有效的尝试。

（三）开展调研工作

在突发公共卫生事件中，作为人道救助组织，红十字会的工作职责除了接收捐赠外，在社区如何更好地发挥作用也值得我们思考。恩格斯

曾经说过："没有哪一次巨大的历史灾难不是以历史的进步为补偿的。"但这种进步，一定是建立在对灾难的科学、客观和理性分析，并正确总结经验教训，采取合理的纠正措施基础之上的。在突发公共卫生事件中，红十字组织、红十字会员、红十字志愿者如何在社区事务中发挥作用，需要加以调研，深入思考。我们应将培训向基层倾斜，不断深化社区红十字组织应急救护培训、救灾联络员培训、生命安全教育培训等工作，让更多的社区工作者掌握防灾避险、自救互救、个人防护的基础常识，以服务于广大社区居民。

新冠肺炎疫情深刻影响着人类发展进程，但人们对美好生活的向往和追求没有改变，阳光总在风雨后，我们当不懈努力！

（作者系上海市红十字会赈济救护部部长）

疫情下的上海市红十字应急救援队

上海市医疗急救中心

上海市医疗急救中心是上海市卫健委直属的唯一一家市级院前医疗急救机构，亦是上海市红十字冠名医疗机构。2020 年伊始，一场突发的新冠肺炎疫情席卷全国，在上海市委、市政府、市卫健委的决策部署下，中心积极参与到防疫抗疫斗争中，上下一心，共同抗疫，在保障日常急救的基础上全力做好新冠肺炎病患的救治和转运工作，同时按照国家和上海市红十字会的安排，受上海市新冠肺炎疫情防控指挥部的委派，中心 8 名队员组成的应急救援队赴武汉执行新冠肺炎重症患者的转运工作，圆满完成了任务。

一、响应号召，组建应急救援队

2020 年 2 月 9 日，上海市医疗急救中心接到中国红十字会总会关于组成新冠肺炎重症病人转运队伍的号令后，迅速组建上海市红十字应急救援队（中国红十字会救护转运车队上海队），从 100 多名提交请战书的驾驶员中精选出 8 名救护车驾驶员。他们都是共产党员，思想觉悟高，有着丰富的驾驶经验和自我防护意识。他们绝大部分都是退役军人，都执行过非典、埃博拉病毒等传染病患者的转运任务，还参加过汶川地震救灾、都江堰援建、世博会、进博会、亚信峰会等大型活动的保障工作。2 月 10 日，上海市红十字应急救援队从铁路上海南站紧急出发，披星戴月、义无反顾地踏上驰援武汉的征程，赴武汉承担重症患者转运工作。

二、专业严谨，用责任守护生命

应急救援队始终牢记上海市红十字会和中心领导的嘱咐，一定要在科学防治的前提下平安、圆满地完成任务。队伍抵达武汉后，立即与武汉急救中心进行衔接，就车辆运行、消毒、防护措施等进行了全面了解，并结合武汉实际情况再次对全队进行防护装备的穿脱培训。在疫情防控工作中，始终严格执行安全防护规程，工作科学合理排班，确保队员保持良好状态。同时，每日对车辆状况做检查，确保一切正常；出车前做好严密的个人防护措施，出车归来不管多晚，即使已是凌晨，也及时对救护车进行彻底洗消；做好生活驻地的消毒。

运送病人是个与时间赛跑的工作，应急救援队有 3 个特点：高效，接到任务立即出车，让病人在最短的时间内到达医院；服从，接到任务后从来没有人说过“怎么又是我去”这种话；规范，不管是穿脱隔离服，还是交接病人，都严格按照规范进行。

三、全力以赴，圆满完成转运任务

在武汉执行任务的 42 天里，应急救援队风驰电掣奋战在疫情防控第一线，突破心理和生理的极限，与病毒抢时间、抢生命。对救援队队员来说，每一天都是一场战役，每一次出车都是一个挑战，每一张转运任务记录单、每一行密密麻麻的信息背后都是一个惊心动魄的急救故事。无论是大雪纷飞，还是大雨滂沱，他们不分昼夜地奔走在武汉的各大医院，勇于担当、团结一心，与来自各地的红十字同人并肩作战，圆满完成了武汉新冠肺炎患者转运任务。队员们累计转运新冠患者 2626 人，其中重症 255 人、轻症 2371 人，出动 738 车次，行驶 10872 公里。在中国红十字会工作组的带领和指导下，转运中没有发生过一次危险事件，没有发生过一次车辆安全事故，全体队员零感染，他们是“最美逆行者”，亦是生命的“摆渡人”。

四、人道使命，弘扬红十字精神

中国红十字会总会工作组领导时刻关心应急救援队的日常运转，从队伍管理、防护物资、生活保障等各方面给予了周全的考虑和照顾，遇重大任务，总会领导亲临一线亲自协调督战，确保万无一失。上海市红十字会高度关注应急救援队在武汉生活和工作的每一天，从组织、安排、保障等方面给予了全面的保障。

在武汉执行任务中，应急救援队不同于其他援鄂医疗队的整建制开展工作，他们基本属于单兵作战。8 个人，5 辆负压救护车，承担着协和、同济、金银潭、雷神山、火神山以及各个方舱医院之间的危重症、轻症患者的转院工作。中国红十字会总会指令上海应急救援队同时接受武汉急救中心调派和承担光谷同济医院院内转运任务，成为唯一一支双线作战的队伍。

应急救援队队员每个班基本是 6 ~ 7 个小时。在任务最重的时候，他们曾每日出车30余次，高峰期每天转运患者达150名。他们穿上防护服、戴着护目镜开车，碰到下雨天，能见度都不到 5 米。为防止起雾，他们每天都会用碘伏擦拭护目镜。戴着医用口罩，为防止面罩雾气加速形成，他们只能用鼻子呼吸，实在受不了就深吸两口气，缓解大脑缺氧的症状。

由于武汉疫情特殊，在转运过程中，有大量高龄、危重病人无法自行行走，救护车组又没有配担架员，救援队队员打破常规，在没有硬性要求的情况下，在做好自我防护的前提下，主动协助随车医护一起抬担架、抱病人。有时候院内医生过于忙碌，病人不得已在车上长时间等待，为避免病人等待时间过长，队员们冒着危险主动送病人进入病房重污染区，帮助病人铺床单、将病人抱上病床等。这个过程经常需要等待两三个小时甚至五六个小时，但不管再苦再累，无论困难多大，队员们都默默地扛了下来。全体队员不怕苦不怕累，奋力拼搏、英勇无畏，他们用实际行动践行了“人道、博爱、奉献”的红十字精神，展现了上海急救人良好的战斗作风和精神面貌，充分诠释了急救人的责任和担当！

五、“后疫情时期”推进红十字工作

上海市医疗急救中心将深入学习贯彻习近平总书记在2020年9月8日全国抗击新冠肺炎疫情表彰大会上的讲话精神，进一步提速本市院前急救事业发展与红十字冠名急救中心建设，始终以履行红十字宗旨为己任，贯彻和发扬红十字精神，对红十字任务做到快速反应、积极筹备、严格执行、认真完成。

（一）生命至上，加快红十字院前急救事业发展

在全国抗击新冠肺炎疫情表彰大会上，习近平总书记对全国抗疫斗争取得重大战略成果进行了全面的总结和充分的肯定，精辟概括并深入阐释了伟大的抗疫精神。人无精神则不立，国无精神则不强，中心将加强学习，大力弘扬抗疫精神，使之转化为加速发展院前急救事业的强大

力量。中心有幸获得“全国抗疫先进集体”称号，这是党中央和国务院对院前急救工作者的高度认可，也是对中心红十字救援队驰援武汉壮举的充分褒扬。中心秉承生命至上的伟大抗疫精神，明确“十四五”规划目标，充分发扬“人道、博爱、奉献”的红十字精神，不辱护佑人民健康的艰巨责任与历史使命。

（二）平战结合，加强红十字应急救援队伍建设

中心始终坚持“平战结合”的发展原则，不断加强应急车辆、物资和人员储备等，常年处于积极备战与待命状态。在疫情防控常态化下，中心严格落实各项防控措施，切实保障市民日常急救需求，同时将进一步加强红十字应急救援队伍建设，并结合疫情防控的标准训练队伍，定期开展集训和演练，强化感染防控理念学习和技术操作学习，使之内化于心、外化于行，以提升应急救援队伍的实战能力，努力打造专业性、实战性、规范性的红十字应急救援队伍，做到“若有战，召必应，战必胜”，更好地发挥红十字冠名医疗机构的作用。

（三）普及急救，加强群众应急救护培训

中心坚持底线思维，做好长时间应对外部环境变化的思想准备和工作准备。在市民急救知识和技能普及与红十字知识宣传方面，中心将充分发挥自身优势和专业特长，深入参与推进红十字会疫情防控常态化工作，积极组织开展疫情防控、急救知识宣传及红十字初级救护技能普及培训工作。一方面组织急救专职人员进行专业技能培训，提高急救服务质量；另一方面开展群众性的现场救护培训，提升市民对疫情的防护意识以及自救互救和急救服务能力；同时，中心遴选优秀救护师加入、充实红十字师资培训队伍，全力配合红十字会开展应急救护各类培训工作。

（四）加强合作，强化冠名医疗机构作用

中心将立足本职工作，履行市红十字冠名医疗机构的义务，发挥专业优势与特长，进一步加强与市、区红十字会的交流合作，建立工作联动和长期合作机制，资源共享，相互促进，提升应急救援能级，在“后疫情时期”充分发挥冠名医疗机构的作用。

面对新冠肺炎疫情　我们众志成城

——疫情下的铁路红十字工作

顾建峰

2020，岁在庚子，一场新冠肺炎疫情突袭荆楚大地并波及全国，一场不获全胜不收兵的抗疫攻坚战就此打响。2020 年春运也因此注定是不平凡的，这场史上最“空”的春运，伴随着大面积列车的停开，铁路客流大幅减少。但是，有更多铁路人坚守岗位，义无反顾地投入防疫战斗之中，重任在肩、守土有责、护卫生命，书写了铁路人奉献担当的感人故事，体现了铁路人很好地践行了习近平总书记“把人民群众生命安全和身体健康放在第一位”的要求。

一、将军奋勇，三军用命

2019 年 5 月 8 日的世界红十字日，习近平总书记曾指出，中国红十字会自成立以来，在重大灾害救援、保护生命健康、促进人类和平进步等方面发挥了重要作用。红十字是一种精神，更是一面旗帜！有战场就有红十字的旗帜飘扬，在这个没有硝烟的战场上，我们铁路干部职工与红十字旗帜步调一致，第一时间投入抗疫一线。

2020 年 1 月 22 日，我们成立了疫情工作领导小组和工作机构，组建铁路防疫应急处置队伍，实行 24 小时防疫值班。“最大限度防止疫情通过铁路途径传播和扩散”，这是一句让我们广大铁路干部职工深感责任重大、让旅客深感温暖的话语。防控办的会议室里，有熬红的双眼、嘶哑的嗓音、疲倦的面容……但各项疫情防控措施快速展开，“措施已定”“立即落实”的回应坚定有力，一项项果断决策、一道道应对决策，从这里发出，长三角各铁路办事处和集团公司各专业部门，发挥地域优势和专业特长，组织实施各项预防措施，一场维护人民生命安全和身体健康的阻击战全面打响，沉着应对、周密部署、快速反应、高效运转。

“将军奋勇，三军用命”，全局上下紧急行动、众志成城，各单位坚持守土有责、守土尽责，这是我们铁路人践行“人民铁路为人民”的坚定承诺。值得骄傲的是，我们实现了上海地区铁路职工零感染！

二、若有战，召必应

这场疫情阻击战，铁路系统点多、线长、面广。一张张联防联控、群防群治的大网正迅速织成、撒开，覆盖到每一个客运站、每一趟列车。“若有战，召必应”，长三角地区的这个春天，成千上万的铁路人舍下家庭、告别亲人，成为冲向防疫最前线的逆行者，全力开展生命保卫战，承担着一名战士的责任。

站车是各项防控措施实施的重点，上海直属站在各客运站进站口设测温点，并在上海、上海虹桥、上海南、安亭北站出站口设置测温服务点，对重点方向到沪旅客进行测温，布下阻击疫情的第一道防线，同时利用车站广播、显示屏提示测温，并向旅客发放防控知识宣传册。

危急时刻显担当，哪里有困难哪里就有红十字人的身影！由上海市红十字会领导亲自挂帅，党员、职工冲锋在前，每天分批支援铁路上海站的一线疫情防控工作。在铁路上海站，红十字志愿者们坚守在旅客出站的第一道“关卡”，悉心指导旅客扫码填写《来沪人员健康登记表》。为避免通道拥堵和人员聚集，他们充分发挥主观能动性，一边观测旅客人数情况，一边调整放行速度，通过科学方法控制流速，确保体温检测关键通道不堵塞、不积压，全力保障一线体温检测任务的顺利进行。红十字工作者们和志愿者们全力以赴确保来沪人员登记信息全覆盖、不遗漏，协助铁路车站守好进入上海的最后一道防线。在疫情防控第一线，红十字人也是上海这座城市最美的“逆行者”！

从1月24日开始全面实施进出站测温，至9月5日24时，上海地区火车站累计体温检测旅客6701.67万人次，检出发热旅客758人，全局各车站累计体温检测旅客44662.08万人次，检出发热旅客7200余人。

三、万人一力，天下无敌

一座不垮的大厦，必定有挺拔的栋梁；一个不倒的巨人，一定有刚直的脊梁。面对前所未有的严峻考验，有一支“铁军”选择迎难而上，在危急时刻，彰显着“人道、博爱、奉献”的红十字精神。

万人一力，天下无敌。在这场没有硝烟的战场上，有广大党员身先士卒，有全局上下万众一心、众志成城，打赢疫情防控阻击战就有了最大底气。上海疾病预防控制所 23 名党员，组成 8 个党员消毒技术突击队，始终坚守在车站、客整所等关键场所。上海卫生监督所 24 名党员，带领 46 名监督员，日夜忙碌在 19 个客运大站、6 个行车公寓和 4 个食品餐料库及供餐中心。各客运段成立临时党支部，实现趟趟经停武汉车有党员、有支部。“我是党员我先上”的豪迈誓言，回响在每一个关键岗位。

然而大家或许并不知道，他们每一个人还有另一个身份，就是铁路红十字人。疾控所、监督所是我们铁路卫生人才的“聚宝盆”，上海局大部分的红十字救护培训工作都由他们承担，而我们长三角的千里铁路线上，每一名高速铁路乘务员都会随身携带一本《红十字救护员证书》，证书的首页清晰印刻着国际红十字运动七项原则：人道、公正、中立、独立、志愿服务、统一、普遍。

在保证铁路疫情防控扎实有效、铁路运输生产稳定有序的前提下，由于 2020 年暑运压力较往年有所下降，我局领导当机立断调整无偿献血安排，主动要求在暑期组织职工开展献血活动。8 月是申城最炎热的时节，我们铁路红十字会领导身先士卒、慷慨撸袖，带领着机务段、车务段、工务段、电务段、车辆段、客运段等部门和非运输企业的中青年职工“为爱举手”，510 人份的炙热血液缓解着上海市的用血压力。而 2020 年与往年不同的是，在因疫情无法集中进行宣讲的情况下，我们有 55 名职工在参与无偿献血的同时，自愿加入中华骨髓库，采集血样，成为光荣的造血干细胞捐献志愿者。我们作为红十字会系统中的一员，与世界红十字组织共同守护着人们的生命和健康。

四、并肩战疫，大爱无疆

面对严峻的疫情，医护人员冲锋在前，留下“最美逆行者”的身影。对于赴鄂医务工作者，集团公司周密组织，开辟驰援人员“绿色通道”，对医护人员进站乘车进行引导服务，并组织精干力量，做好医疗队携带物资的装运，全力确保安全。自 2020 年 1 月 25 日以来，集团公司管内各车站，累计运送医护人员 59 批、1708 人，所有人员均安全抵达武汉等地。

疫情发生初期，尤其是 1 月下旬以来，随着收治患者数量的急剧增加，武汉面临医疗物资短缺的压力。为推进疫情防控工作，铁路承担起畅通运输渠道、高效快速送抵的使命，调动一切可以调动的资源，全力保障防疫急需，为保护生命提供物资保障。疫情发生以来，集团公司共计运送防疫药品、医疗器械、口罩、手套等防疫重点援鄂物资 2911 批、8378 吨，保证了预防、消毒、治疗和疫情控制物资的及时转运送达。

在全国保障湖北的关键时刻，因各地工厂还没有复工复产，铁路一线自身的防疫物资开始紧缺。上海市红十字会危难时刻伸出援手，在疫情蔓延最严重的当口，红十字会领导亲自来到铁路调研，努力动员社会爱心人士和企业为我们解决燃眉之急，这是我们铁路红十字会与市红十字会血脉相连的情谊。

最后应感谢的还有我们铁路线上无数迎难而上的火车司机、列车乘务员、客运员、机械师、调度员、保洁人员、卫生工作者以及所有坚守在岗位上的同人。其中，上海站有抗击“非典”经验的 12 名党员主动请战，无锡站客运车间 33 名党员成立“火线突击队”，合肥房建公寓段机关党员现场帮班，南翔站、新长车务段南通站组织党员突击搬运防疫物资，上海铁路疾控所组织党员不分昼夜消杀灭毒；上海机务段动车运用车间发出“驰援武汉”倡议，很快 80 多名党员报名；杭州客运段高铁一队一条“替班人员紧缺”微信，100 多名党团员主动请缨；蚌埠站、常州站、南京动车段等单位发出的一封信、倡议书，也都得到了党员积极响应。他们中的大部分人都是放弃团圆，从疫情开始坚守至今的，尤其是出乘武汉的同志们，“无家可归”是常态，即使回家，也没有期盼中妻儿的拥抱、热乎的饭菜、温暖的被窝，在家打地铺、睡地下室、吃盒饭更是普遍待遇，而 14 天的隔离后又是下一次逆行。他们无怨无悔，他们的亲人更是为铁路、为国家奉献着最真挚的爱与责任！

苟利国家生死以，岂因祸福避趋之？与子同袍，偕作偕行。这场战“疫”打到今天，对比国际战场，我们已经胜利了。我们铁路防控办的会议桌上至今还在醒目的位置摆放着上海市红十字会授予的奖牌：“众志成城　抗击疫情　同舟共济　鸣谢大爱”。

（作者系中国铁路上海局集团公司劳卫部副主任）

在疫情大考中不断提升红十字会应急管理体系和能力的现代化

浦东新区红十字会

一场突如其来的新冠肺炎疫情席卷全球，其速度之快、影响之大，出乎大多数人预料。经过艰苦卓绝努力，付出了巨大代价后，中国有力扭转了疫情局势，维护了人民生命安全和身体健康。习近平总书记指出："这次抗击新冠肺炎疫情，是对国家治理体系和治理能力的一次大考。"红十字会作为这一体系中的重要组成部分，同样经受住了考验，但也暴露出红十字会应急管理工作中仍然存在不少短板。完善红十字会应急管理体系，提升应急管理能力，已成为一项刻不容缓的任务。

一、考思维，在疫情答题中提升应急管理能力

（一）以党建思维引领，应急管理能力是着眼全局的考量

疫情发生之始，正值"不忘初心、牢记使命"教育的成果期和巡察整改期，区红十字会上下党建意识空前提升，以党建思维夯实科学决策基础，提升科学决策力，成为区红十字会党组的抗疫行动决策指南。

一是紧紧依靠上级党组织。在区委统一指挥下开展工作，区红十字会主动对接，第一时间将红十字会疫情防控工作纳入区联防联控工作领导小组统筹调度。疫情期间，区红十字会接收的所有捐款和物资全部上报区联防联控工作领导小组统一调配。

二是发挥党支部战斗堡垒作用，听从区级机关党委统一指挥，第一时间发出党支部抗疫行动倡议书，成立党员志愿者突击队。区红十字会全体党员还奔赴浦东最远郊的街镇，开展社区联防联控楼组包干志愿服务。全会四分之三的党员公务员勇挑重担，在结束社区任务后，主动报名奔赴集中医学观察隔离点工作 34 天，守牢城市"东大门"，彰显了红

十字人的奉献精神，获得了上级党组织的好评。

三是坚持“党建带红建”。区红十字会动员组织基层红十字会参与社区联防联控，动员组织冠名医疗机构、团体会员单位奔赴武汉抗疫一线并为他们募集捐款、防疫物资和医疗装备，动员组织红十字志愿服务项目组开展疫情防控知识传播、抑郁症患者心理抚慰等专业服务。

（二）以辩证思维把控，应急管理能力是紧盯节点的闭环

疫情初期，武汉市红十字会被推到了风口浪尖。区红十字会党组要求全会各个岗位及时梳理风险点，绘制主责主业的风险管控图，形成闭环管理。

一是认真做好捐款捐物的接收工作。进一步规范接收捐赠款物的工作流程，大额捐赠请捐赠方出具捐赠函或与捐赠方签订捐赠协议，约定捐赠物资的种类、数量、用途、交付时间等内容，及时向捐赠方出具财政部门统一监（印）制的捐赠票据。接收捐赠款物后，进行财务记账，对于捐赠物资，明确指定地点存放，办理好签收手续，进行入库明细登记。

二是加强捐赠款物的使用分配管理。根据区联防联控工作领导小组的统一指挥，对接收的捐赠款物要及时制定使用或分配方案，并将执行落实情况及时报告市红十字会和区联防联控工作领导小组。捐赠款物应按照捐赠协议或捐赠方意愿及时用于疫情防控，切实做到专款专用。捐赠物资发放时，由发放方和受助方各两名工作人员在场，办理好交接手续。同时做好发放记录，对发放现场进行拍照或摄像，发放过程以文字记载和照片形式留存。对于经确定由捐赠方与最终受助方直接交接的物资，视同出入库管理，并在财务核算上记收入和支出。

三是认真做好捐赠款物接收与使用的公开和公示。区红十字会做好捐赠款物使用分配的统计工作，形成捐赠款物的收入和使用情况报告，以官网、微博、微信公众平台、报刊、新媒体等方式，及时向社会公开和向捐赠方反馈并开展专项审计，纳入年度审计后向社会公开。

截至2020年6月底，区红十字会共接收捐赠款物1186万元，其中口罩、消毒液、手术服等物资24.39万件。定向捐赠的款物已全部划拨至湖北；非定向的款物全部用于支持本区发热门诊、医疗机构、学校、环卫、社区等一线开展防疫工作。

（三）以法治思维规范，应急管理能力是聚焦制度的执行力

在疫情防控中，“法治防控”对于红十字会而言显得尤为重要，注

重提升干部严守法律程序和严格依法办事的能力，在应急措施的制定、发布、实施、督办等各个环节，均应综合考虑程序和行动上的法制化和规范化。

疫情期间，浦东新区红十字会一是及时制定了《区红十字会关于新冠病毒肺炎疫情防控捐赠款物和物资紧急采购内控制度》《浦东新区红十字会信息公开制度》等，严格规范接收捐赠款物的工作流程。

二是完善修订了《浦东新区红十字会人道救助基金管理办法》《浦东新区红十字会捐赠工作管理办法》《浦东新区红十字会备灾救灾物资管理制度》等一系列规章制度，梳理社会捐赠款物接收、使用、公开全过程风险点，规范物资运作流程，建立科学、长效的管理制度。

三是完善修订《浦东新区红十字会自然灾害等突发事件应急预案》，推动纳入全区“十四五”应急体系，统一指挥，统一行动。进一步完善红十字应急救灾物资储备网络，提升应急救援能力和水平。

（四）以底线思维压舱，应急管理能力是防腐倡廉的洞察力

底线思维能力是应急管理能力的基本要件，区红十字会党组一是要求全体党员干部职工充分认识到“群众利益无小事”，引导干部善于“一线处置、现场控制”不利影响的扩散；善于通过“抓苗头、抓重头、抓人头”抑制不良趋势的蔓延，练就掐灭“苗头”的敏锐洞察力、抓住“重头”的复杂局面驾驭力、盘好“人头”的组织协调执行力，切实发挥底线思维的“压舱石”作用。二是紧紧依靠区纪委派驻组，所有相关疫情的党组会议和会长会议均邀请派驻组同志参加，所有相关疫情的决策均征求派驻组意见。机关纪检部门负责与区纪委派驻组联络对接，对捐赠款物的接收、使用及公开等情况进行全程监督。

二、考难题，疫情大考中的难题解析

本次疫情大考我们之所以能够从容答题，除了足够重视、足够努力外，还因为我们并没有遇到像武汉那样规模的突发性疫情。对照武汉当时的疫情状况，检视我们的应急管理能力，我们至少还有以下不足。

一是制度建设和落实能力不足。区内二级红十字会应急预案缺乏结合本区域实际的细则，机动性、灵活性不够，更新调整不及时，还缺乏应对疫情等突发公共卫生事件的演练。

二是工作人员应急管理能力不足。红十字会工作人员普遍缺乏应对

突发公共事件的专业知识，缺乏同媒体打交道的经验，宣传沟通的能力不足，而相关的专业培训远远不够。

三是志愿者储备不足，属于红十字会的“嫡系部队”应付日常工作已是捉襟见肘，一旦遇到大规模疫情发生，红十字会的“黄马甲”数量更是严重不足。

四是社会动员力不够，尤其是与红十字会应急救援息息相关的物流、运输、航空、搜救等企业和专业社会组织的团体会员之间，平时不联系，战时难联系，一遇重大突发事件，救援物资堆积，物流不畅，难免顾此失彼。

五是海外动员力不足，疫情初期急需大量口罩等防疫物资，而国内生产线开工不足，已有的物资又由国家统一调配，这时海外动员捐赠和采购就变得至关重要，但作为国际组织的红十字会在这方面却建树甚微。

三、考对策，实现红十字会应急管理体系和能力的现代化

（一）应急救援，红十字会的初心和使命

《中华人民共和国红十字会法》第三章关于红十字会的职责中第一条就是：“开展救援、救灾的相关工作，建立红十字应急救援体系。在战争、武装冲突和自然灾害、事故灾难、公共卫生事件等突发事件中，对伤病人员和其他受害者提供紧急救援和人道救助。”红十字运动起源于战场，应急救援是红十字会的初心和使命，也是红十字会开宗明义的第一职责。

红十字会应急管理工作应该怎么干？疫情、事故和灾害有一个生命周期，经历孕育、发展、暴发和消亡等多个过程。传统的应急管理把主要工作放在突发事件的紧急控制和处理上，是一种被动防御理念。应急管理体系现代化是按照灾害“全生命周期”理论，实施全过程治理，对事故和灾害各个环节都要进行干预和治理。红十字会应急救援工作也应该介入灾害前期治理，更加注重防疫、防灾的知识传播和能力建设，在传播内容中，注入红十字的人道特色，并且通过这种传播，来扩大红十字精神的影响力。

（二）组织建设，实现红十字会应急救援体系现代化

一是红十字会应急管理系统内部治理体系现代化。红十字会应急管

理涉及灾害预防传播、救援、保障等，要在各负其责的基础上，建立防、救、保一体化协同机制，按照“八爪鱼”模式，建立分级领导、监管和应急处置规则，明确上下级各自管理范围，各级管各级的事情。在坚持统一指挥的同时，应扩大下级自主权，提升下级治理的主观能动性。特别是要强化街镇一级的应急治理能力，在“博爱家园”创建中强化防疫、防灾和应急救援等载体，提高一线自救互救能力。

二是凝聚社会力量，协同医疗机构、社会组织、企业共同参与，充分发挥其在社会宣传、防疫防灾知识普及、技术装备等方面的专业特长，形成红十字会与政府和非政府组织的合作伙伴关系，共同提升群众生命安全预防、公共安全和应急管理整体技术含量，最终“用产品解决安全问题”，比如 AED（自动体外除颤器）的全网铺设，又如长三角一体化陆海空红十字应急救援队伍的整合协同以及枢纽建设。

（三）制度建设，保证红十字会应急救援机制现代化

杰斐逊说过，“法律和制度务必跟上人类思想进步”。我们正处于大变革的时代，对比于经济社会的大踏步发展和机构改革迅速推进，我们的应急和安全方面的法律、法规、标准则显现出滞后性。比如《突发事件应对法》的操作性不强问题，什么条件可以宣布紧急状态，怎么发布、怎么处置，都缺乏明确规定。目前沿用的各级红十字会应急预案，同样存在滞后性和可操作性不强的问题。红十字会应急救援机制现代化就是要在制度上有所突破，加强顶层设计，系统制定应急管理制度法规。

（四）技术支撑，提升红十字会应急救援能力现代化

《全球科技通史》作者吴军说：“历史总在重演，科技却在叠加式的进步。”科技对生活、工作的影响显而易见，5G 的普及将带来很多难以想象的应用场景。要加强应急救援体系信息化建设，用“信息网”来串联与支撑应急管理体系，在浦东这样有条件的新型城区可以先行先试。为信息系统设置神经末梢（感知设备）和大数据分析中心，借助人工智能，能够实施灾害预警和智能处置。首先第一步，就是 AED 的智能化管理，目前已纳入城运中心的“城市大脑”。

向科技要救援力、向装备要救援力。要根据辖区特点，整理出针对城区不同情况下可能使用的科技装备清单。对于常用的科技装备要自购并装备到队伍；而对一些使用率不高、价格昂贵，但是关键时候能发挥

作用的设备，则可以通过购买服务、临时租借和应急合作等方式进行装备。

（五）社会动员，红十字“救”在身边

以红十字会急救培训为例，以前是“红会热、社会冷、企业冰”，现在是社会和企业都开始热起来了，其中，中央电视台和上海新闻界对AED（自动体外除颤器）成功救人的宣传功不可没。但红十字会应急救援管理工作依然没有改变“冷热不均”的局面，社会动员不足是其中一个重要原因。自然灾害和安全事故涉及领域多、不确定性大、耦合因素复杂、牵扯范围广，需要调动“一切积极因素”共同治理。红十字会应急管理工作必须坚持“一切依靠群众”，实现社会动员。

“从群众中来”，不仅在于听取群众的意见，还包括报告应急信息。社会风险无处不在，而居于一线、识别风险的主体就是群众。要依托新一代信息技术，建立多样化、多层次、便利化的信息报告渠道，方便群众识别风险并报告隐患，实现第一道预警；要建立分层次参与机制，让不同层级、属性、特点的群众都有参与的积极性、渠道和平台，让积极投身红十字会应急工作和志愿服务的专业人员、普通市民的获得感得到满足，以促进其职业、事业和人生发展。

“到群众中去”，关键是要发挥群众作用。让受教者成为教育者，让被救者成为施救者。首先要构建红十字会应急管理体系，理顺不同层级应急队伍之间的关系，构筑起“强连接”，形成红十字会应急管理工作的核心力量。其次是以应急工作为纽带，设计“弱连接”体系，将市场、社会资源广泛连接，让社会网络中的团体和企业有施展的平台和空间，在灾害预警、物资运输、爱心宣传、志愿服务、技术支持、专业救援、灾后恢复等方面发挥积极作用。社区是应急管理工作主阵地，其工作最能体现党和群众的血肉联系。要通过“博爱家园”建设，注入“红十字‘救’在身边”的理念，号召群众、组织群众、凝聚群众，建立起社区、小区、楼组、村宅、家庭的自防、自救和互救体系。

习近平总书记在主持中共中央政治局第十九次集体学习时发表讲话要求，“积极推进我国应急管理体系和能力现代化”。这对红十字应急救援工作是一个莫大的鞭策，我们衷心希望能够以此为契机，重拾初心，实现红十字会应急管理体系和能力的现代化，开启红十字应急救援工作的新篇章。

嘉定区红十字会专栏

如何让红十字文化成为一种新时尚

朱　旭

随着技术手段和传播方式的不断更新，各种媒体及宣传阵地进入融合发展的新时期，红十字文化传播也经历着传统思维、互联网思维、新媒体和大数据思维到现在的流量思维等不同阶段。如何顺应形势发展，运用多重思维模式，创新红十字文化传播方式，需要我们每一位红十字工作者积极思考、探索和实践。以嘉定区红十字会为例，主要可以从以下3个方面着手。

一、借平台借资源巧用外力

各级红十字会虽然有自己的宣传平台，但是受功能和专业性的限制，影响力普遍有限。这就需要我们借助权威媒体和有影响力的平台来传播我们的有效信息，达到我们想要的宣传效果。传统媒体的主要功能是交流信息、联络感情，而借用新媒体主要有以下3种方式。

一是入驻平台。目前，新浪、腾讯的微博、微信公众平台，澎湃问政、百度、东方头条、今日头条、网易号、企鹅媒体平台、抖音、快手等大部分都是免费入驻，注册即可，操作方便，其内容大都是靠标题博眼球、吸引人的。对于基层红十字会的要求是，红十字会宣传干部要转变思维、转变方式、转变文字语言风格。

二是购买服务。如果我们想通过一些有影响力的爆款产品，来讲好我们的红十字故事，传播红十字文化，依靠我们自己的力量是无法完成的，这就需要借助一些专业平台和团队，比如嘉定的“二更”“混子曰”等平台，用“混子曰”的方式讲述红十字运动的起源、历史和人文故事等，可以得到年轻人的青睐，传播范围会更广，影响力会更大。

三是联办活动。一些主题日的活动从一开始就可以与媒体联合，运用它们强大的智力团队策划方案、运用它们的媒体平台向全社会宣传发动，运用它们线上线下结合的优势增强我们活动的互动性和趣味性，也可运用它们的技术手段推出延伸产品和项目，让主题活动的宣传效应无限放大。

二、蹭热度蹭流量善用时机

宣传工作时效性强，红十字会工作平时很难在主流媒体或者新媒体的重要版面或者黄金时段抢到发布机会。这也对我们红十字会宣传干部提出更高的要求，可以从以下 3 个方面尝试。

一是把握时机，强策划。对于几个重要主题日，如“5 · 8”世界红十字日，不仅要提前策划活动，更要提前策划宣传方案，对宣传阵地进行分类，对宣传时间进行分段，对宣传内容进行收集和提炼。2019 年的“12 · 5”国际志愿者日，我们提前与媒体沟通预留版面，以 12 月 3 日发生的一名造血干细胞志愿者捐献成功为引子，通过自制宣传片《延爱》讲述嘉定这个特殊的志愿者群体他们的所思所想所为，结合造血干细胞采集捐献的路径、方式以及受众关心的安全健康常识进行了全面系统的宣传。在这样的节日聚焦一个点比推开一个面更容易引起关注。

二是反应灵敏，蹭热度。“信息爆炸”的时代，热度来得快去得快，蹭到热度可以让我们的宣传效应事半功倍。例如，明星高以翔猝死事件发生不久，区红十字会就及时与嘉定区融媒体中心沟通，第一时间发布了嘉定 AED（自动体外除颤器）分布列表相关信息、嘉定红十字会开展应急救护培训的相关工作情况和市民报名参加应急救护培训的方式和路径，信息发布一小时后阅读量就破万，影响力颇大。

三是处置及时，防舆情。在工作开展过程中，突发事件、负面舆情有时不可避免，有鉴于此，区红十字会要完善负面舆情的处置流程，如遇突发负面舆情要第一时间着手舆论引控工作，在上级单位和宣传部门的指导下，根据事态发展统一口径，拟写新闻统发稿，适时发布权威信息。2020 年新冠肺炎疫情发生以后，区红十字会迅速研究制定《红十字会应对新型冠状病毒肺炎疫情工作相关规定》，在本市红十字会系统内率先在微信公众号设立“抗击疫情”专栏，对捐赠款物使用情况进行公示，全面实时地接受社会各界和捐赠者的监督。

三、集智慧集能量精用队伍

红十字会员、志愿者队伍庞大，机构和组织健全，有骨干、有基地、有队伍，志愿活动蓬勃开展。弘扬红十字精神、传播红十字文化是每一位会员、志愿者的使命，每一次志愿服务活动都是传播的有利契机。如何将这些队伍有效整合以发挥更大的作用，我们认为应该从以下3个方面做一些努力。

一是增强文化自信。我们首先要做到的就是让所有红十字人增强红十字的文化自信，红十字会有历史、有内涵，红十字组织是全世界影响范围最广、认同程度最高的国际组织，红十字精神既符合社会主义核心价值观，又有鲜明的标识。就嘉定来说，红十字会员有1万多人，挂牌志愿者有4000多人。我们可以通过一些培训和活动，增强他们的红十字身份认同感和自豪感，让他们成为引领大众的一股力量。

二是探索队伍整合。目前，文化文艺类志愿者队伍比较多，但是人数和能力参差不齐，作用发挥程度也有差异，这就需要对队伍进行梳理整合，适时集中智慧和力量，放大宣传效应。比如红十字宣讲团团员反映，现在单纯宣讲红十字文化越来越觉得气氛冷淡，基层村居组织工作负担沉重，内容和形式比较单一，不能引起群众兴趣，而应急救护培训需求量不断增加，大家对培训内容兴趣浓厚。我们已经在研究如何将两支队伍进行有效整合，挑选有宣讲能力的救护师资和有师资证书的宣讲团员，组成新的队伍，一队两用，将宣讲内容嵌入应急救护培训中，推动宣讲内容标准化，形成有视频、有讲解、有互动的统一课件和模板，以提高红十字宣传的效果。

三是吸引精英人才。其实就是发挥明星效应，将辖区内文艺体育等各类精英人才吸引到我们的组织里，发挥他们引领潮流和带动青少年人群做红十字公益的作用，通过他们示范引领，在社会上营造出参与红十字会的各类公益活动是一种新时尚的氛围。

（作者系上海市嘉定区红十字会副会长）

积极担当作为　压紧压实责任
全力应对疫情防控

——嘉定区红十字会防控新冠肺炎疫情的思考与总结

欧贺然

庚子冬春跨年，一场来势汹汹的新冠病毒肺炎疫情，突袭荆楚大地，迅速向各地蔓延。疫情就是命令，防控就是责任。鏖战当前，嘉定区红十字会坚守岗位、迅速行动，全力奔赴疫情防控第一线，全力做好疫情防控及捐赠款物接收、人道资源募集与协调等工作。

首先，迅速行动，全力应对疫情。在区防控领导小组办公室的统一指挥下，迅速成立区红十字会新冠肺炎疫情防控工作小组，建立了区红十字会系统防控新型肺炎工作网络，及时拟发《关于认真配合做好新型冠状病毒感染的肺炎疫情防控工作的通知》，动员全区红十字会干部投入疫情防控工作

其次，抗击疫情，制度先行。研究制定《红十字会应对新型冠状病毒肺炎疫情工作相关规定》和捐赠工作提示。第一时间在人道救助基金账户中设立“防控新型肺炎”专项，并开通 24 小时防疫款物专门捐赠通道。规范做好各类捐赠款物的接收使用工作，及时发布接收使用款物公示。

最后，研究部署，统筹协调。加强党的领导，落实党组主体责任，专门召开党组会议，部署应对疫情防控工作。研究当前疫情防控捐赠款物使用工作，提出进一步规范捐赠款物使用管理措施，在充分尊重捐赠人意愿的基础上，加快捐赠款物的使用进度，加大信息公开力度，及时回应社会关切。确定对所有捐赠款物的接收使用采取一事一议，不管金额大小、物资多少，都作为“三重一大”事项讨论，严格决策程序。区红十字会在全市红十字系统内率先在微信公众号设立“抗击疫情”专栏，设有“公示、公告、动态”三个子栏目，全面实时地接受社会各界和捐赠者的监督。

对照习近平总书记对新冠肺炎疫情作出的重要批示和应对新冠肺炎疫情工作的讲话精神，面对当前严峻的疫情防控形势和舆论形势，我们在认真总结思考的基础上，找出差距和不足，努力改进落实。

一、压紧压实工作责任，积极担当作为

习近平总书记强调，做好疫情防控工作，直接关系人民生命安全和身体健康，直接关系经济社会大局稳定，也事关我国对外开放。我们要按照坚定信心、同舟共济、科学防治、精准施策的要求，切实做好工作，同时间赛跑、与病魔较量，坚决遏制疫情蔓延势头，坚决打赢疫情防控阻击战。疫情就是命令，时间就是生命。打赢疫情防控阻击战是当前的头等大事，要进一步提高政治站位，进一步把思想和行动统一到习近平总书记重要指示上来，统一到中央应对疫情工作领导小组和国务院联防联控机制决策部署上来，深刻认识做好新型冠状病毒肺炎疫情防控的极端重要性和紧迫性，始终把人民群众生命安全和身体健康放在第一位，切实把做好新型冠状病毒肺炎疫情防控工作作为当前的重大政治任务。在区委区政府的正确领导下，红十字会全体党员干部按照区疫情防控领导小组办公室统一部署，认清形势，明确要求，强化担当，压实责任，积极作为，按照职责分工，进一步明确每一个人的疫情防控责任，对存在敷衍塞责、弄虚作假、阳奉阴违，不担当、不作为、乱作为，推诿扯皮、消极应付等行为依规依纪依法追责问责。

二、强化监督执纪问责，抓早抓小，防微杜渐

习近平总书记强调，在疫情防控工作中，有些地方出现了形式主义、官僚主义现象。有些干部作风飘浮、不深入疫情防控第一线，疫情防控基本情况一问三不知。要在斗争实践中考察和识别干部。对那些不作为、乱作为的干部，对那些工作不投入、不深入的干部，对那些不会干、不能干的干部，要及时问责，问题严重的要就地免职。

疫情当前，我们必须高度重视、积极应对，把工作抓实抓细，进一步增强紧迫感、责任感和使命感，切实改进工作作风。对我们来说，要认真执行红十字会疫情防控工作相关规则，依法依规加强捐赠款物接收使用管理；严格落实“三重一大”制度，所有捐赠款物分配使用，不管金额大小、物资多少，都必须经集体讨论做出决定，按照民主集中制原

则严格决策程序，切实提高捐赠款物分配使用决策的科学化、民主化、公开化水平；狠抓物资接收、储存、调配、分发、公示等关键环节，抓早抓小、防微杜渐，哪个环节出问题，就严肃问责哪个环节的责任人，对违规违纪的，从严查处。要始终以强化规范的管理，严谨细致的工作，实现疫情防控工作有序高效、公开透明。

三、加大社会动员力度，精准对接疫情防控需求

区红十字会不断加强与区有关部门的协调协商，畅通联防联控工作机制，及时沟通防控信息，争取帮助和支持，有效做好需求物资对接。同时，我们广泛动员人道力量，接收使用好当前最急需的防疫物资，并及时向区疫情防控领导小组办公室报告工作中遇到困难和问题，争取支持以便及时解决。我们认真做好与物资保障和市场供应组的捐赠物资发放清单每日通报工作，按照物资保障和市场供应组要求，督促工作人员尽快发放物资，并全程跟踪，以确保防疫物资发放到位，坚决避免捐赠物资闲置；其中，重点保障一线医护人员的需求，如口罩、防护服等疫情防护一线的紧缺物资。我们还进一步动员方方面面力量，全社会形成救助合力，切实做到弱有所扶、难有所帮、困有所助、应助尽助，努力实现精准救助、高效救助、温暖救助、智慧救助，把困难群众的民生底线兜住兜牢，努力为人民谋幸福。

四、信息公开及时准确，确保捐赠款物接收使用规范高效

区红十字会严格管理，各项工作规范严谨，特别关注款物发放执行进度、信息公开等方面工作。首先，捐赠资金和物资及时完整登记入账，物资码放整齐，手续要齐全。其次，要尽快将每一笔善款、每一批物资送到真正需要的人手里，捐赠款物分配、拨付和使用管理坚持专款专用、重点使用及时分配的原则，除捐赠方有明确指定意向外，捐赠款物应及时全部分配，主要用于重点疫情地区和重点防控单位。再次，及时公开捐赠款物接收使用信息。在微信公众号“抗击疫情”专栏上持续公布捐赠款物具体使用情况信息和工作动态，主动接受社会监督，确保捐赠款物使用规范高效、公开透明，以实际行动温暖每一颗爱心。

五、主动接受监督，确保疫情防控捐赠工作规范高效、公开透明

在工作过程中我们始终严格遵守《中华人民共和国红十字会法》和《中华人民共和国慈善法》等相关法律法规的规定，按照《中国红十字会捐赠工作管理办法》及相关工作规则，自觉主动全程接收监事会对疫情防控捐赠款物的接收、储存、调配、分发、公示等环节的监督，确保涉及疫情防控捐赠的工作规范高效、公开透明。

艰难困苦，玉汝于成。中华民族是历经磨难、百折不挠的民族，困难和挑战越大，凝聚力和战斗力就越强。在以习近平同志为核心的党中央坚强领导下，众志成城抗疫情，风雨无阻向前进，我们就一定能彻底战胜疫情，就能为实现国家的富强、民族的振兴、人民的幸福而不断贡献力量，伟大祖国必将更加繁荣昌盛！

（作者系上海市嘉定区红十字会干部）

携手同行抗疫情　红会温暖在身边

嘉定区安亭镇红十字会

2020年初，新冠肺炎疫情突然发生并迅速席卷全国。当抗击疫情的集结号吹响后，根据安亭镇党委、政府的防疫安排，以镇防控办的防疫工作要求为指引，结合区红十字会的要求，安亭镇红十字会第一时间加入抗击疫情阻击战的队伍中，用行动和担当践行了“保护人的生命和健康，维护人的尊严”的人道使命。在抗击疫情中，安亭镇红十字会发扬“人道、博爱、奉献”的红十字精神，全力部署落实救助工作，全面落实动员社会捐赠、组织志愿服务、助力科学防治、关心特殊人群、组织无偿献血等工作，确保做到5个“全面”、5个“有”，切实做到携手同行抗疫情。

一、全面动员社会捐赠，防疫物资有保障

（一）社会广泛动员

自打响新冠肺炎疫情防控阻击战以来，安亭镇红十字会启动防控疫情应急机制，恪守“严谨、规范、透明、高效”的准则，广泛动员各方爱心力量及红十字志愿者汇聚到这场守护生命和健康的战役中。镇红十字会发挥自身优势，通过“安亭观微”“美篇”等新媒体载体发布募集令，动员社会力量捐赠物资，并依法依规做好捐赠款物的接收和使用工作，充分发挥政府人道领域的助手作用。

（二）部门联合协作

在镇民政办、红十字会、宣传科等相关部门的联合下，安亭镇发布了《安亭镇募集防控疫情物资倡议书》，向社会各界筹集防疫物资，共筹集4.5万只口罩、1.3万只手套、7900多瓶洗手液等防疫物资。各部

门联合行动，保障防疫物资供应，同舟共济战疫情。

（三）企业主动捐赠

通过社会动员，位于安亭镇的多家企业通过嘉定区红十字会进行捐款，专项用于支援武汉疫情防控及救治工作。上海姚记扑克股份有限公司捐款200万元，上海佳轩物流公司捐款500万元，富朗德、苏腾分别捐款10万元。位于安亭的上海凯泉集团向武汉火神山医院建设项目免费捐赠第一批一体化泵站设备，价值30多万元，并向武汉市慈善总会捐赠200万元，用于抗击新冠肺炎疫情工作。

二、全面组织志愿服务，抗疫支援有力度

安亭镇区域面积大，外来人口众多，既要防输入，又要防扩散，疫情防控压力大。镇政府第一时间启动全覆盖、无死角的“地毯式”人口摸排，一线工作力量紧缺。镇红十字会闻令而动，组织村居红会干部、红会志愿者全面参与，保障一线工作力量，参与志愿服务149人，志愿服务高峰期月累计服务时长1.3万多小时。

（一）做好摸排统计工作

面临艰巨的防疫任务，72个村居红会干部全部主动参与到来沪人员信息摸排及体温测量工作中。同时，配合社区医生做好辖区内居家隔离人员的健康状况摸排工作，每日通过电话了解居家隔离人员的身体情况，并做好信息登记。

（二）做好后勤保障工作

积极做好居家隔离人员的后勤保障工作。红会志愿者给有需求的隔离人员代采购生活用品，每日定时上门收集居家隔离人员的生活垃圾，了解居家隔离人员的需求并提供帮助，使他们更积极、乐观地配合隔离工作的开展。

（三）做好预约登记工作

镇红十字会志愿者参与口罩预约登记工作，在小区内通过“小广播”进行流动宣传，在登记现场维持秩序，协助做好整理登记资料等各类防疫工作。

三、全面助力科学防疫，企业复工有指导

防疫中期，面临人员返程和企业复工高峰，疫情防控和企业复工复产压力都进一步加大。为帮助企业尽快复工复产复市，镇红十字会积极与其他部门联动，并肩作战，助力科学防疫，共同打好企业复工疫情防控保卫战。

（一）科学谋划，确保复工前有指导

镇红十字救护队的 5 名成员第一时间加入企业复工检查防控小组，根据企业单位复工疫情防控指引和工作流程，对复工企业的复工运作盘点准备、复工人员健康筛查、企业防控管理、现场空间消毒技术等方面进行检查和指导，并细化分类指引。

（二）助力发展，确保复工中有保障

镇相关部门成立复工审批小组，明确操作流程，防疫检查合格后，报相关部门审批，实行审批日结、信息日报。镇红十字会部分志愿者积极加入其中，进一步助推企业复工复产复市，并同步加强对专业市场、宾馆、沿街商铺的巡查监管，确保复工复产有序可控。

（三）飞行检查，确保复工后有监督

企业复工防疫检查小组及红十字会志愿者，对备案的 2508 家企业进行全覆盖检查，针对企业人员情况、防护物资储备情况，检查企业疫情防控知识和政策宣传、消毒及人员隔离观察等具体防疫措施是否到位。通过不间断巡查企业落实人员管控和复工复产准备情况，确保做到“一人一企”“一企一查”“一人一核”“一日一报”。

四、全面关心特殊人群，贴心服务有温度

疫情期间，为避免人群密集，很多聚集性的集体活动都取消了，安亭镇红十字会牢固树立“人道、博爱、奉献”的理念，聚焦特殊人群，创新工作方式，让他们感受到红十字会的温暖守护。

（一）开展“即时配送，温暖守护”配送护理品活动

因受疫情影响，重度失智困难老人护理用品迟迟未能送达，通过区

红十字会及配送单位的协调和沟通，在恢复配送的第一时间，镇红十字会依次将延期的护理用品配送到点。疫情防控期间，为减少人员接触，主要采用定点配送或预约配送的方式。在关爱失智老人项目中，镇红十字会将物流配送与回访相结合，通过护理用品配送入户的形式，及时掌握患者现状及护理用品的使用情况。

（二）开展“生命回响，云上缅怀”纪念活动

受疫情影响，上海市第 18 个遗体捐献纪念日宣传纪念活动未能如期举办。根据市红十字会的通知，安亭镇红十字会积极响应，组织开展“生命回响，云上缅怀”网上纪念活动，以此来表达对遗体捐献大爱者的缅怀与敬意。镇红十字会还组织春蚕之家志愿者进行网上纪念活动，为大爱老师空中献花，留言表达对遗体（角膜）捐献者无私精神的敬佩。

（三）开展“电话连线，千里传情”慰问活动

疫情期间，镇红十字会通过电话联系 80 周岁以上遗体捐献志愿者及独居志愿者，了解他们的生活近况，告知他们疫情期间尽量避免出门。同时，村居红会干部也表示疫情期间会时刻关注辖区内的高龄遗体捐献志愿者们，及时帮助他们解决生活上的困难。此外，红会干部及春蚕之家组长致电捐献实现者家属，表达慰问并指导网上纪念操作的方法，让捐献者家属通过纪念墙查找亲人姓名，并留言表达对亲人的缅怀之情。

五、全面组织无偿献血，生命健康有守护

疫情期间，街头献血人次急剧下降导致血库告急，安亭镇红十字会组织动员应急献血工作，全镇各经济城、园区及企业，积极响应，踊跃报名。

（一）多种途径开展宣传

无偿献血是一项社会系统工程，需要全社会的密切配合。针对血库告急的情况，镇红十字会联合镇献血办，充分利用“6·14”世界献血日等纪念日开展无偿献血宣传。同时，通过“安亭观微”“安亭红色引擎”等公众号广泛动员，并在商业区电子屏滚动播放宣传片，在村

（居）委、企事业单位、各经济园区张贴海报，多途径传播无偿献血知识，进一步营造献血氛围。

（二）多方力量参与献血

在疫情防控的关键时刻，志愿者以无偿献血这种特殊的方式，携手加入抗击疫情的保卫战，奉献“热血”为挽救生命护航。献血当日，献血志愿者严格按照疫情期间个人防护及人员分流的要求，按时间节点“全副武装”分批到达嘉定区血站。根据现场医护人员指引，有条不紊地进行登记、体检及采血。全镇15家经济园区和集体企业的员工共计献血6200毫升。在献血活动中，党员率先上阵，为抗击疫情挽救生命作表率，“90后”预备党员加入战队；安亭黄渡社区卫生服务中心副主任张志伟在疫情期间日夜奋战在第一线，当了解到血库告急的情况时，他又义无反顾加入献血行列。

（三）多场活动点燃希望

安亭镇红十字会在开展无偿献血工作的同时，组织了8场造血干细胞宣传和采样活动，共有55颗“生命种子”顺利入驻中华骨髓库，为白血病患者点燃生命的希望。奉献“热血”护生命，携手同行抗疫情。大家用自己的实际行动，书写着“疫情无情人有情，为爱挽袖续生命”的感人画卷。

盐都区红十字会专栏

重视监管前哨作用 提升红会工作效能

陈海高　王金海

作风决定作为。脱贫攻坚要靠过硬的作风打赢，改革发展要靠过硬的作风推进，民生改善要靠过硬的作风施力，美好盐都要靠过硬的作风建设。

近年来，江苏盐都将“争当排头兵、建设示范区”作为目标导向和奋斗指向，持续突破“一中心三高地”建设（即创新创业中心，智能制造高地、产城融合高地、生态文旅高地），扎实开展“项目突破年、品牌创建年、作风提升年”3个主题行动，努力为建设“强富美高”新江苏做出盐都贡献。在这中间，“作风提升”压轴，更是做好各项工作的保障。

一个地方、一个单位的工作，成败的关键在于作风。作风提升，就是要从严从实，就是要持续用劲，就是要发力出彩。这方面，盐都区红十字会重视纪检派驻组的监管前哨作用，强化作风提升，推动人道工作不断取得进步。

一、一份多方满意的成绩单，饱含着派驻组的汗水

2020年1月至9月的200多天内，面对突如其来的疫情防控挑战和艰巨的改革发展任务，盐城市盐都区红十字会专兼职工作人员提高政治站位、统一思想认识，坚持刀刃向内、自我革命，迎难而上、尽锐出战，在保护人民群众生命健康、增进民生福祉的人道服务考场，交出了一份各方满意的答卷。

全员投身新冠肺炎疫情防控，先后接收、办理境内外定向疫情防控捐赠款物314笔728.45万元，办理援助德国茨维考市、湖北省黄石市及

我区收治医院、医学观察点、集中观察点防控物资51批206万元，总额为全市红十字会系统第一！盐城市盐都区红十字会全过程汇报，并邀请纪检派驻组聚焦这一干部群众高度关注、利益特别敏感档期，全程跟踪，厘清工作事项，落实公开措施，通过多维度监督，近千万元款物办理清单化、公开化，做到“手续齐全、专账管理、账目清楚、落实到位、无一差错”。

精心组织开展博爱送万家、爱心年夜饭、真情红丝带、博爱超市卡和红十字助医、助老、助学、助农、助残、助急等“都有爱”系列爱心活动，投入资金120余万元，救助、救扶5000余人次，占全市红十字系统救助、救扶人次三分之一！让派驻组熟悉每一项活动计划和流程，相关活动到现场监督，如北龙港卫生院为200名困境白内障患者实施免费复明手术的“明亮眼·都有爱”、市三院为贫困听障患者进行诊治帮扶、盐龙街道社区卫生服务中心为千名农村妇女进行宫颈癌和乳腺癌检查、腾飞路小学为千名学生建设安全守护的博爱乐园等，相关情况派驻组均第一时间获悉。

在疫情严重影响临床用血的紧要关头，广泛发动志愿者并在2个月内组织15场次无偿献血活动，817人献全血，献血总量为20.99万毫升，有效解决疫情造成的临床用血紧张问题；动员143人加入中华骨髓库，张庄薛银铸成为疫情期间盐城首位到南京捐献造血干细胞救人的志愿者、大纵湖镇村民王兵成为盐都首例二次捐献者，传递了博爱盐都的温度。

盐都区为民办实事“急救培训及设备布设”项目取得突破。率先在全市7个人员密集场所、14个镇（区、街道）相关大厅精准投放21台智能AED（自动体外除颤器），并编制地图联网供群众一键搜索。采用送培上门到家和上线急救云课堂方式，培训初级救护员1239人、普及培训10264人，分别占市、区要求数的112.64%和93.31%。

募捐筹资工作得到各界支持。2020年，区内相关部门、单位和爱心人士踊跃捐款，与去年相比新增220多万元，居全市红十字系统首位。慈航医疗、胜宇人工、伍佑街道等公司和组织主动联系，表达公益捐赠意愿。就资金的接收和使用情况，区红十字会依法接受审计部门的监督，就爱心活动的组织与开展、受益对象的确定和服务，则邀请纪检派驻组进行合法性审查、规范性审核、科学性开展，并依照财务管理、内部控制、审计公开和监督检查制度开展“嵌入式”监督。

一项项工作，一个个成果，离不开红十字会工作者、会员和志愿者的心血和汗水，离不开社会各界爱心人士的参与和付出，也离不开区纪委监委第八派驻纪检监察组对红会工作人员的严管厚爱、对红会工作的监督推动，区红会正是靠优良过硬的作风不断取得佳绩。

二、把纪律规矩挺在前面，坚持严管就是真正厚爱

“一个地方、一个单位的工作，成败的关键在于人，尤其是主要负责同志。邀请纪委监委派驻组跟踪就是要把握关键，重点重抓，念好纪律规范的紧箍咒，敲响防微杜渐的长鸣钟，使红会班子成员和全体工作人员不碰法律高压线、不越纪律警戒线、不踩道德底线、不触作风红线、不松思想防线。保证区红十字会全体同志在常态化监督指导下，以对党的绝对忠诚，不断增强责任感、使命感，时刻警醒，并以过硬的作风做到肩上有责、心中有数、手上有招，用钉钉子精神做好各项工作，保持综合成绩一直位于全市第一、全省前列!”

确实，对干部严管就是厚爱。要打造政治过硬、本领高强、忠诚干净担当的干部队伍，就是要狠抓作风、动真碰硬，就是要从严从实，就是要持续用劲。盐都区红十字会一直遵循“救死扶伤、扶危济困、敬老助残、助人为乐”基本原则，全体同志识大体、顾大局、积极作为、无私奉献，在基层组织建设、赈灾救济、应急救护、筹资救助、献血献干细胞、社区服务等方面做出了特色品牌，广受社会好评，多名同志获得总会和省区市表彰。大家深知现在所处的，是一个船到中流浪更急、人到半山路更陡的时期，是一个愈进愈难、愈进愈险而又不进则退、非进不可的时期，面对新形势新挑战新任务，全体同志特别是主要负责同志更加需要把纪律规矩挺在前面，从而提振精气神，咬定努力方向，做足持续之功，砥砺前行、勇开新局，更多地汇聚人道力量，更好地发挥党和政府人道领域助手作用。

为此，盐都区红十字会把作风建设挺在前面，积极主动配合区纪委监委第八派驻纪检监察组，强化对红十字会的纪律监督和教育引导，认真落实全面从严治党责任，健全红十字会党风廉政建设“一把手”负总责、党支部成员各司其职、全体成员严格遵守的工作机制，分解落实工作责任到人，传导压力到人。年初，派驻组根据区委部署和纪委监委要求，针对红十字会制定全面从严治党主体责任清单，对年度工作进行任务分工、责任分解，定期研究本单位党风廉政建设情况，落实好谈话提

醒和廉政风险防范等工作，及时解决突出问题。

在平时工作中，派驻组也确保以每月一次集中督查、平时随机到现场抽查方式认真履行纪检监察工作职责，对成绩进行表扬，对不足当面指出并进行分析。特别是2020年以来，就全市开展的作风建设突出问题专项整治行动，专题约谈红会领导和主要科室负责人。相关人员认识到，这既是提醒，更是关爱，要继续严于律己、积极作为，干净干事、清白做人，在工作中更要严格按照规范要求，把纪律和规矩挺在前面，增强底线意识，筑牢廉政防线。

2020年7月，适逢省红十字会系统年中工作会议在盐城召开，随后，全市红十字会系统也召开了半年工作会议，各县（市、区）红十字会工作情况集中统一“亮相”。第八派驻纪检监察组抓住机会，在会后到会现场办公，双管齐下。一是进行安全生产检查和廉政风险谈话，二是针对区红十字会各项业务工作在全市排位，根据区委“争当排头兵、建设示范区”战略要求，对一、二名的成绩进行表扬，对没有取得前两名成绩的工作对应到人。区红十字会也现场要求相关同志决不能满足于“差不多、一般化、过得去”，决不能嘴上表决心、会上谈行动、纸上抓落实，表面转变、假装转变，要以敢于亮短揭丑的勇气和态度查找问题、剖析原因，见筋见骨见魂，深挖思想病灶，拿出务实举措，推动工作必须争先进位。

通过严管和自律，区红十字会昂扬上进的整体面貌和全体同志守纪奋进工作状态得以率先形成并长期保持。

三、着眼改革发展，强化监督就是更好助力

“当今世界正面临百年未有之大变局。历史与现实、境外与境内、网上与网下各种复杂因素纠结，风险如影随形。要化危为机，在变局中开新局，必须要坚持党的领导、深化改革与科学发展。作为纪检派驻组，要始终把坚持党对一切的绝对领导和维护社会主义法制作为压倒一切的政治任务、重于泰山的政治责任，始终忧患在心、准备在先，知危图安、防患未然，以不畏艰难的勇气、坚韧不拔的意志，强化对派驻单位和人员的监督，用如履薄冰的谨慎、居安思危的忧患，尽心竭力做好工作，发挥好推动全面从严治党和助力改革发展向纵深推进的探头与前哨作用。”就如何推进红十字会改革工作，第八派驻纪检组组长刘井清掷地有声。

红十字会是历史悠久、影响最广泛的国际性人道救助组织。在我国，中国红十字事业是中国特色社会主义的红十字事业，红十字会是党和政府在人道工作领域的得力助手、和谐社会建设的重要力量、精神文明建设的生力军和民间外交的重要渠道。

进入新时代，面对风险和挑战，红十字会要做信念坚定的“忠诚者”、履行使命的“担当者”、全面小康的“助推者”、“一带一路”的“参与者”、精神文明的“传播者”，必须按照党中央群团工作会议部署和要求，谋长远之策，行固本之举，锲而不舍推进改革，勇毅笃行，加快创新，做到“心中有信仰、行动有方向、脚下有力量”；每个红十字人都要自觉把岗位当阵地守、把工作当事业干、把奉献当本分看，不动摇、不懈怠、不犹豫，用心想事、用心谋事、用心干事、用心成事。

在盐都红十字会内，全体同志紧扣红十字会改革要保持和增强“政治性、先进性、群众性”的要求，着眼应急救援、人道救助与生命健康关爱体系建设和爱心筹资、人道动员、管理路径的效能提升，深知工作“硬任务”需要“硬作风”，“硬作风”绝没有歇一歇的时间、等一等的余地，需要持续强化内部自律和外部监督，保障按照既定的“施工图”和“时间表”，走出一条高质量的体现时代要求、富有盐都特色的红十字事业改革发展之路，为推动“强富美高”新盐都建设做出新贡献。

改革风劲催潮涌，同频共振绘蓝图。在实际工作中，派驻组自觉服从改革大局，对区红十字会在区委、区政府坚强领导下和省市红十字会有力指导下的改革工作，从 3 个方面狠抓督促落实。

一是突出党的领导，强化纪律推进工作。聚焦充分发挥党的领导核心作用，强化党内政治生活、政治理论学习、选人用人制度、工作纪律的完善和执行，在“三重一大”事项、救助款物收支、财经纪律执行、项目监管等方面严字当头、一着不让，促使红十字会干部职工增强政治定力、纪律定力、道德定力、抵腐定力，在深化改革主战场上练就“金刚不坏之身”、在人道服务领域中勇当尖兵、建功立业。

二是严格落实责任，强化监管推进工作。不仅持之以恒抓好中央“八项规定”、中央和省区市有关文件精神的贯彻落实，进一步严明党的纪律，强化监督检查，坚持不懈推进“四风”问题整治，而且驰而不息抓好红十字会核心业务的跟踪和改革措施的落实，做到不落实不放过、不建立长效机制不放过，确保红十字人常思落实之责、常谋落实之策、常抓落实之事、常求落实之效，真正把纪检监察工作转化为红十字会改进作风、促进发展的强大动力，推动红十字会工作迈上新台阶，促进红十字事业实现新发展。

三是做好宣传引导，强化舆论推进工作。监督一刻也不能松懈，改革一时也不能停顿，发展一程也不能退缩。在坚持纪检监察工作目标不变、力度不减的同时，高度注重舆论引导，突出廉政文化教育功能，在积极向红十字会工作人员赠阅纪检刊物、推送“清风盐都”微信公众号内容和布置开展廉政实践教育、撰写学习心得、参加演讲征文活动的同时，发挥红十字会新闻与传播志愿者工作委员会作用，将纪检监察工作要求与红十字会重点工作和推进改革情况融合宣传，构建全方位、多渠道、深层次的纪检舆论网络，在大张旗鼓地宣传红十字会改革，唱响改革主旋律，营造关心、支持、参与红十字会改革的浓厚氛围的同时，也将严明纪律、严格教育、抓早抓小、防微杜渐、执纪必严、违纪必究的要求，将照镜子、对标尺、查短板、找差距的部署，将“逆水行舟用力撑，一篙松劲退千寻”的警示，植根于每一位红十字人的心中，让每一个红十字人时刻保持“行百里者半九十”的清醒，坚定“不破楼兰终不还”的决心，以永远在路上的执着推动各项工作落地见效，保证向党和人民交出一份满意的答卷！

道虽迩，不行不至；事虽小，不为不成。盐都区红十字会就是在重视监管前哨和效能提升上下功夫，实实在在做好每一件事，不折不扣落实每一项任务，积极有效破解每一道难题，积小胜为大胜，图近功至恒远。

（作者分别是盐城市盐都区红十字会党组书记、常务副会长；志愿服务部部长）

创新基层红十字组织建设激活事业发展“一池春水”

——以盐城市盐都区红十字会为例

王金海

中央群团工作会议的召开、《中华人民共和国慈善法》的出台和《中华人民共和国红十字会法》的修订，使中国红十字会这一“百年老店”面临新的发展机遇和要求。同时，面对社会整体结构、资源结构以及阶层结构发生的重大转变，人们的利益诉求、价值观念、生活方式等日趋多元化的趋势，在民间公益组织蓬勃兴起、人道资源“蛋糕份额”愈益缩小的形势下，红十字会如何坚持不忘初心，继续前进，不断提高参与社会管理和公共服务的能力和水平，是摆在全体红十字人面前必须解答的一道难题。本文以盐都区红十字会为例，重点分析其创新基层红十字组织建设的做法，并在此基础上，针对我国基层红十字组织建设中的问题和困难，提出建议和对策，希望能为基层红十字会深化改革、推进事业发展提供参考。

一、百年人道事业，传承应牢记，创新需主动

红十字会是当今世界历史最悠久、规模最庞大、影响最广泛的国际性人道组织。各国红十字会（红新月会）按照“人道、公正、独立、中立、志愿服务、统一、普遍”七项基本原则开展工作。随着世界政治多极化、经济一体化发展趋势加快，人类共同面对的问题也使得红十字组织面临着更多的工作空间与时代要求。

中国红十字事业是中国特色社会主义事业重要组成部分，具有国际化和中国化融合特质，党和国家历来高度重视和支持红十字会工作，特别是在2013年5月13日，习近平主席在人民大会堂会见红十字国际委员会主席莫雷尔时，高度评价红十字国际委员会成立150年来在国际人

道主义事务方面所做的大量工作，感谢红十字国际委员会积极参与中国人道救援。习近平主席表示，红十字不仅是一种精神，更是一面旗帜，跨越国界、种族、信仰，引领着世界范围内的人道主义活动。人道主义事业是全人类共同的事业，相信红十字精神将不断发扬光大。中国高度重视和支持红十字事业，愿同红十字国际委员会加强合作，积极参与国际人道援助，为更多弱势群体提供帮助，在力所能及范围内履行国际责任和义务，为国际人道主义事业做出更大贡献。此后在 2015 年 5 月 5 日，习近平总书记在会见中国红十字会第十次全国会员代表大会代表时明确指出：中国红十字会各级组织应增强责任意识，真心关爱群众，以开创红十字事业发展新局面。2019 年 9 月，中国红十字会第十一次全国会员代表大会在北京召开，大会开幕式前，习近平、李克强、王沪宁、王岐山等党和国家领导人在人民大会堂亲切会见全体代表，国务院副总理孙春兰参加会见并代表党中央、国务院在开幕式上讲话，充分肯定了红十字会在中国特色社会主义事业中的重要地位和作用。

在我国，秉承“保护人的生命和健康，维护人的尊严，发扬人道主义精神，促进和平进步事业”宗旨，积极弘扬“人道、博爱、奉献”精神，致力于“扶危济困、救死扶伤、敬老助残、助人为乐”的中国红十字会，经历了艰难的新建，经过了战火的洗礼，完成了脱胎换骨的改组，实现了划时代重建，经受住了磨砺考验，走上了中国特色红十字事业快速发展道路。现如今，全国各地红十字组织坚持党对红十字事业的绝对领导，坚持以人民为中心的发展思想，依法治会、从严治会，围绕中心、服务大局，与时俱进、改革创新，在党和政府最需要的地方勇挑重担，在人民群众最困难的时候施以援手，真正做到党政所急、群众所需、红会所能。

作为党和政府人道工作领域的助手，在决胜全面建成小康社会、决战脱贫攻坚路上，民生改善的诉求更多、社会建设的标准更高，需要红十字组织在开展人道救助、兜住民生底线、化解社会矛盾等方面发挥作用，特别是在提升社会治理效能方面，更需要红十字组织不忘初心、牢记使命，多谋民生之利，多解民生之忧，不断把红十字这一传递温暖、播撒文明的阳光事业推向前进。于是，基层红十字组织不仅要依法依章程做好核心的“三救”“三献”业务工作，还需与地方党政整体工作部署紧密联系在一起，需要在保护自然生态平衡、稳定伦理道德观念、推进城镇协调发展、服务招商选资、化解干群矛盾、维护社会稳定等方面加大投入，贡献力量。因为“党和政府人道工作领域助手”的界定和创新社会管理要求，需要拥有百年人道历史传承的红十字会各级组织，尤其是基层组织充分发挥密切联系群众、服务群众的积极作用。同时，社会发展转型升级、服务理念更新、民间公益蓬勃兴起的形势需要红十字会更好地学习政策、把握关键、突出重点，准确处理好“必修课”与“附加题”的关系，创造性开展工作，否则将很难在供给侧结构性改革发展的大潮中脱颖而出。然而，各地红十字会尽管发展程度不一，但大都存在以下不足。

一是救助实力不强，特别是受全球公益组织都面临的捐赠市场疲软、机构间竞争激烈等情况影响，各地红十字会接收的爱心捐赠有限，与党和政府的要求、与各阶层人民群众的需求还存在巨大差距。

二是专业化水平不够，缺乏核心竞争力。各地基层红十字组织人员偏少，组织形态千差万别，在群团序列中显得边缘化。当前的互联网智能化时代，不少基层红十字组织缺少适应和把握新媒体工作要求的人才，工作方式方法不够灵活快捷，按部就班、等米下锅的情形比较常见。以募捐为例，许多基层组织还依赖于行政动员，没有开发或共建好如腾讯微公益、支付宝、轻松筹等平台的筹款便捷通道，捐款捐物渠道相对狭窄，扩大实力和影响力受到影响。

三是主打品牌不强，对重点部门单位依附过多。例如，作为红十字会“看家本领”的应急救护培训，还需要从教育、卫健等部门选拔人员成为培训师，通过与其他部门的深度联合才能够深入推进；核心业务的造血干细胞捐献和遗体、器官（组织）捐献，对卫健部门依赖过大；救灾的作用主要表现在灾害发生后的紧急报灾和灾民的疏散与安置方面，远不及民政与应急管理部门救灾力量的强大和影响力的深远。

四是资源动员和保障能力不够。基层红十字会的工作需要动员更多的人道力量，公众的参与程度直接决定着红十字事业的兴衰成败。就基层来看，公众参与有相当一部分还不是自觉行动，而是在行政手段的推动下进行的，甚至还需要下达任务。大多数公众没有把公益奉献当作一种责任，认为救助社会弱势群体是国家的责任，或者只是有钱人才有能力去做善事，从而减少了公众的参与热情。另外，参加一些公益活动必须付出一定的成本，如时间、金钱和精力等，如果个人不参与这些活动，同样也可以享受到别人提供的服务，这也使得部分公众表现出消极冷淡的态度。

五是专业宣传不够。尽管很多地方红十字会从卫健系统中独立出来、体制单列以来开展了大量的宣传和爱心系列活动，但不少地方群众对红十字会了解不够，同时随着社会管理创新的进一步推进，红十字会的工作内容和工作领域不断扩展，在实际工作中，存在着凡是符合红十字会宗旨的工作我们都愿意积极参与，并要做到面面俱到、百花齐放。但这恰恰也导致了红十字会横向拓展的业务领域过宽、工作内容过多、工作目标不够明确、力量和宣传过于分散、红十字特色不够显现，致使相当多的人对红十字运动的历史知识、历史意义和现实意义认知不足，也有一部分人把红十字会与其他慈善机构作为同一类组织来看待。在知道红十字会的人群当中，不少人仅知道红十字会是做公益救助搞献血的，很少有人知道捐献遗体和器官、捐献造血干细胞要主动找红十字会。

而中央群团工作会议的召开、《中华人民共和国慈善法》的出台和《中华人民共和国红十字会法》的修订，客观上为红十字会的科学发展创造了良好环境。“十四五”规划的出台，要求各级红十字会高举人道主义大旗，认真履行好法定职责，做好“规定动作”；要求紧密围绕小康社会建设的目标和人民群众的需求，在补齐短板上多用力，主动作为，做好“自选动作”，发挥各级红十字会不可替代的作用。在新的历史时期，我们必须以习近平新时代中国特色社会主义思想和党的十九大精神为指导，以基层群众为中心，精准把握群众需求，进行面对面、手拉手、心贴心的零距离服务，充分发挥好党密切联系人民群众的桥梁和纽带作用。更因为红十字会帮扶服务的重点人群在基层，所以红十字会依靠的力量也必须在基层，没有基层组织体系，就难以开展工作；没有一个健全的基层组织体系，工作开展就是不健全的，所以更应该在加强基层组织建设、健全组织体系上创新创优。

从红十字组织的人道重任和长远发展来看，由于管理体制还没有完全理顺这一关键不足客观存在，所以各地差异性很大，对于整体协调全面进步造成了不小的困难。但在发挥政府人道领域助手职能的进程中，总会也明确提示：必须依靠政策、加强协调，在理顺体制、建立机制、完善政策、健全制度等方面快速补课。创新工作模式，强化基层组织建设是合乎发展的必然路径，只有这样，人才培养、核心业务推进、竞争力提升、品牌打造才能够水到渠成。

在盐都，区红十字会从2005年理顺管理体制以来，始终把强势推进基层组织建设作为关键抓手，通过建立基层组织，完善工作网络，健全运行机制，实施精准服务，推动全区红十字会工作向深层次、宽领域拓展，保证了工作连年位列全市综合考评第一，多项工作受到总会和省红十字会表彰，先后 4 次获得区委、区政府综合奖。我们的主要做法是：围绕人道服务供给侧结构性改革要求，积极适应经济社会结构和社会群体需求变化新情况，着力夯实基层基础，以实施组织覆盖、活动覆盖和工作覆盖为目标，不断探索基层群团组织建设的有效路径，精准化开展特色鲜明的人道活动。

二、基层组织建设，没有一劳永逸，只有与时俱进

盐都区红十字会始建于 1915 年，1987 年复会，2005 年理顺管理体制。理顺体制后主要在教育、卫健等系统和少数乡镇有看似庞大实质单一的组织架构，工作开展相对封闭、活力有限，影响力和科学发展更是遇到了瓶颈。针对这个问题，新一届理事会从盐都经济社会发展的实际出发，深度研究基层群众对红十字会的要求和期盼，把服务群众特别是服务弱势群体作为主要任务和根本价值取向，工作重心向基层转移，工作方式向服务转型，形成狠抓基层组织建设的鲜明主题。在厘清思路，把准目标的基础上，区红十字会坚持将工作需要与基层建设相结合，创新举措，使红十字工作开展到哪里，基层组织建设就推进到哪里，通过组织向下延伸、队伍向下扎根、工作向下推进的体制机制，强化了基层组织造血功能，深化了红十字服务工作，实现了组织“量”的扩大和服务“质”的提升。

（一）“三步走”模式，走出基层组织建设新路子

自 2005 年理顺管理体制以来，盐都区用“三步走”模式，创新基层组织建设工作，取得可喜成绩。

1. 基础第一步：健全组织体系（2006—2009）

（1）明确基层组织建设的规划和实施步骤。2006 年初，按照“调查借鉴、试点先行、分类指导、整体推进”的思路，盐都区红十字会确定的“进机关、进学校、进街镇、进社区、进企业、进军营”的“六进”目标和“先大后小、先主后从”的组织建设路线图出台，明确优先建立镇（区、街道）一级红十字会，然后向村居、企业发展。

（2）明确建会的规范程序。为规范建会程序，以镇级红十字会为例，盐都区红十字会明确了建会的 7 个不可或缺的步骤：①学习《中华人民共和国红十字会法》和《中国红十字会章程》；②提出理事会、常

务理事会人选；③党委、政府联席会议讨论通过；④以党政办名义向区红十字会提出申请；⑤区红十字会批复；⑥召开成立大会并由区红十字会授旗、授牌、授印、授徽；⑦聘请名誉会长。企业、机关红十字会参照执行。

（3）明确工作要求和基本任务。以镇（区、街道）红十字会为责任主体，区红十字会提出6项基本要求和8大工作任务。6项基本要求即"6个有"：①有固定的工作场所和必要的工作设施；②有相对固定的兼职干部和工作人员；③有切合实际的工作制度；④有经费保障（从2007年起，由区红十字会申请，要求镇级财政安排当地红十字会工作经费2万~5万元）；⑤有稳固的志愿者和会员队伍；⑥有会牌、会旗、会徽、会印（区红十字会统一制作）。会牌和制度必须上墙。8大工作任务：①建立健全台账资料；②传播红十字运动知识；③募捐和救助；④组织无偿献血和招募造血干细胞采样志愿者；⑤开展志愿服务；⑥普及救护培训；⑦发展村居、企业红十字组织；⑧创建工作特色。

与此同时，区红十字会积极发展村居、企业红十字组织，先后建立村居红十字会132个、企业红十字会87个；创建40个红十字示范村；在发挥好原有学校、卫生工作委员会作用的基础上，组建新闻与传播工作委员会和募捐筹资工作委员会。

2. 关键第二步：优化组织形式（2010—2012）

（1）明确标准提升组织建设水平。针对基层组织所在镇（区、街道）、行业、系统经济发展水平存在差距、业务掌握程度不同、工作开展不平衡的状况，从2010年起，区红十字会在为所有基层组织统一配制资料柜、血压计、轮椅、募捐箱、急救箱、报刊架，并统一重新制作了会牌基础上，提出了阵地建设、会务管理、业务工作、基础资料4个大项、82个小项的标准化建设要求，并制定了验收标准；设计制作了20种表格、6种记录簿、15种资料夹，并明确它们之间的对应关系，创造性开展基层组织标准化建设，使基层组织建设水平有了显著的提升。

（2）加强基层组织运行管理和工作质量监控。依照"正常工作固态化、会务管理规范化、热点事项程序化、探索工作项目化、分类指导特色化"的要求，区红十字会对每项工作出台具体考核标准，将"组织建设重运行、应急反应重迅捷、志愿服务重结对、台账资料重归档、救护培训重普及、宣传活动重传播、社会筹资重透明、生命工程重阳光"的考核形成常规，保证了基层组织运行工程中自我管理以及工作质量监控要求的到位。

（3）整合村居、企业红十字组织。针对村居和企业红十字会数量较多、相对分散、工作节点不够得力的状况，按照“重在切合实际、重在发挥作用、重在群众认同”的原则，区红十字会把132个村居红十字会、40个红十字示范村撤并为113个会员小组、19个志愿服务基地、8个红十字示范村；把87个企业红十字会按照系统进行整合。同时，明确了村居、行业（系统）红十字会传播博爱文化、发展会员和志愿者、安全和应急救护知识普及、募捐筹资和救助、发挥特色等5个方面的基本任务，使村居、企业红十字组织形态更加合理、定位更加准确、管理更加便利、作用发挥更加有效。

3. 特色第三步：精准发挥作用（2013年以来）

（1）明确组织建设提升的目标和实现途径。全面接轨“互联网+红十字会”，按照“分类指导、提高标准、优化结构、有效运转”的思路，以镇（区、街道）红十字系统为主体，区红十字会提出基层组织建设“五化”目标，即办公信息化、资料档案化、运转规范化、救助数字化、发展特色化。目前，已实现OA系统办公、资料纸质档和电子档双重备份、工作运转电子和影像记录、系统内各类组织互联互通。区红十字会在“博爱盐都”微信平台开通募捐筹资、应急救护、志愿服务报名参与通道，建立起应急救护网上报名、学习、训练、考试系统，筹备红十字救助中心网络平台，切实加强与基层红十字会之间的适时信息互动和工作衔接。

（2）开展基层组织能力建设。区红十字会把提高基层组织“决策、执行、协调、公关”4大能力，作为能力建设的核心内容。

在决策能力也就是把握事业发展能力建设上，要求基层红十字组织围绕履行好“5大员”的职责来进行，即做好“领航员”：把握事业发展和工作开展的方向；做好“指挥员”：组织区域内红十字工作的开展；做好“教练员”：训练区域内红十字工作人员、会员和志愿者，带好团队；做好“裁判员”：制定工作标准，实施工作监督与评价；做好“服务员”：为区域内各级红十字组织、会员、志愿者及社会群体开展红十字工作提供服务和保障。

在执行能力建设上，要求承担执行职能的组织和个人准确理解规划计划和工作要求，全面把握工作开展的基础，选择正确合适的工作方法，采取认真负责的工作态度，保证各项决策和工作执行到位。

在协调能力的建设上，要求基层组织在实际工作中聚集4个方面的力量：一是领导与“强力部门”；二是秉承人道理念的志愿工作者；三是有助于提高红十字会公信力的审计监督部门和社会监督员；四是有志于参与红十字事业发展的成功人士特别是工商企业界人士。在实际工作中，通过这4方面人群的参与和配合，提高协调效果，打造影响力。

在公关能力的建设上，主要是做好加强危机管理、做好应急公关；加强媒体宣传、做好形象公关；联系“强力部门”，做好法制公关；发挥组织优势，做好群体公关等方面的工作。

（3）强调依法治会和打造公信力。完善制度体系，扩大公众信息量，重塑公信力，而做到这些的关键在于要有完善的监督机制和信息披露平台。盐都区红十字会深知公信力必须植根于依法与公开之基，要求基层组织坚持以法和章程开展工作，坚持理事会、执委会和监事会制度，坚持做到工作程序合法、环节合理。同时，成立法律援助志愿者工作委员会，探索在法律框架内和公序良俗的前提下，推进红十字事业发展的有效途径与方法，提高红十字组织在应对危机时采取法律行动的能力，对会员、志愿者提供法律援助和法律保障。在公信力的打造上，一是通过政务信息公开程序和渠道发布募捐、招募、救助程序和标准等信息，并在区红十字会网站和“博爱盐都”微信平台发布；二是建立与捐款企业和爱心人士的沟通反馈制度，通报捐款用途（含受益人的基本信息）；三是成立以审计、财政、监察为主体，基层红十字会代表、企业家代表和群众代表组成的博爱救助金使用管理监督工作委员会；四是坚持每年请审计部门审计募捐和资金使用情况，并向有关方面通报。

（4）推动特色创新。创新工作模式，走“彰显盐都特色、引领区域发展”的路子。

① 成立旧衣物接收中心，解决市民捐衣难问题。对接收的旧衣物，由志愿者进行清洗、整理、熨烫、消毒、分类、包装后，再由物流行业红十字会送至有需求的困难地区。

② 建立共享阳光工作站，发挥基层红十字会地区和行业优势，对特定人群实行就医咨询、康复指导、心理疏导、困难帮扶、就业培训等系统服务，大冈镇和精神病防治院已成为示范。

③ 突出重点人群建立救护培训长效机制。在对公务员、工厂安全员、乡村医生、老师实行全员培训的基础上，将高一新生纳入初级救护员培训范围，实行高中生《毕业证书》和《初级救护员证书》双证合格制。同时，将小学五年级、初中一年级学生纳入救护知识普及范围，以总会编写的中、小学生“生命安全”读本为基础教材，纳入正常教学内容。

④ 依托乡镇红十字会推进“红十字博爱超市”建设。现建有 9 家博爱超市，开展惠民服务，每年循环资助不同类型的困难群众近千人次，建立起服务困难群众的长效机制。

⑤ 加强与红十字运动研究中心协作，建设盐都研究基地。根据“文化工程”应成为红十字会总体建设目标之一，与救援工程、生命工程、爱心工程齐头并进，形成“硬实力”“软实力”双管齐下的新格局，推动中国红十字事业的持续发展的工作思路，注重吸纳红十字理论的最新成果指导工作，并依托红十字研究的最优团队，总结全区红十字事业发展中的做法经验，反过来指导工作实践。

（二）“打基础”，基层组织建设骨血丰满

通过有序推进基层组织建设，到目前，盐都区有红十字基层组织 340 多个，团队会员单位 84 个，会员 6 万多人，志愿者 6000 多人。具体架构如下。

1. 区红十字会

聘请区委书记和区长两人为名誉会长，理事会设理事 49 人、常务理事 9 人。会机关设一室三部二中心，即办公室、事业发展部、志愿服务部、宣传筹资部、备灾救灾中心、卫生救护培训中心。

2. 镇（区、街道）红十字会

全区 14 个镇（区、街道）全部依法依章程建有红十字会，均聘请党委主要负责人为名誉会长。镇（区、街道）红十字会设理事 7 ~ 25 人，大镇（街道）皆由行政主要负责人担任会长，分管负责人担任常务副会长，秘书长由社会事业办公室主任（或社会事业条线助理）兼任，负责日常工作。

3. 专业工作委员会

有学校工作委员会、卫健工作委员会、新闻与传播工作委员会、法律援助工作委员会、工商企业工作委员会、博爱救助金使用管理监督工作委员会等 6 个专业工作委员会。

4. 志愿服务队

有无偿献血、造血干细胞采样与捐献、募捐筹资、社区红十字服务、月光妈妈、爱心暖巢、抢险救援、应急救护、养老照护等 9 支志愿服务队。

5. 系统红十字会

有教育、卫健、城市工业、物流等 4 个系统红十字会。

6. 村居红十字组织

有会员小组113个，志愿服务基地19个，红十字示范村（社区）15个。

（三）“在基层”，基层组织活力助推工作良性循环

通过创新红十字会基层组织建设，盐都区红十字会较好地完成了各项工作任务。突出表现在以下方面。

一是募捐筹资在基层，盐都区红十字会的博爱救助金筹资工作，近几年每年新增超300万元，其中70%通过基层红十字会筹集。

二是人道救助在基层，每年救助人数超过5000人，相关救灾物资、救助款、救助卡的发放，由村（居）红十字会申报，镇（区、街道）、部门、单位红十字会审核，区红十字会研究，张榜公示、程序规范，审计评价好。

三是应急救护培训在基层，“十二五”和“十三五”期间群众性应急救护培训“进农村、进社区、进机关、进学校、进企业”工作，80%都是在基层红十字会配合下成功组织实施的。

四是捐献服务在基层，教育和镇（区、街道）等基层红十字组织在开展无偿献血、造血干细胞捐献工作中已经成为主力和支撑。

五是志愿服务在基层，红十字会志愿者申请注册、服务活动都是在基层红十字会指导下开展工作，活动根据群众实际需求，招募和培育核心志愿者，提供必要保障，落实项目执行人，对重点帮扶对象的情况进行调研，优化志愿服务队伍，完善志愿服务档案，开展丰富多彩的人道活动，打造服务精品，逐步形成“有基地、有队伍、有机制、有行动、有氛围、有保障”的红十字志愿服务体系。

六是人道传播在基层，依托电视、报纸、广播等大众媒介和区红十字会网站、“博爱盐都”微信公众平台、宣传栏、广告牌等，动员基层信息员队伍参与红十字运动知识和活动宣传，形成开放式、透明化的宣传工作格局，广泛传播“人道、博爱、奉献”的红十字精神和红十字博爱文化，形成“关爱生命，扶危济困、敬老助残、助人为乐”的道德风尚，增强群众公益意识，激发民众向善热情，弘扬社会主义核心价值观，推动地方精神文明建设。

三、未来发展展望，规划引领，继续创新

“历史的价值并不是使我们回到历史中去，而是为新的历史提供资源。”对过去有借鉴意义的举措和工作所形成的规律性的内容予以研究，

对于当下红十字会改革与制度发展亦是有启示作用的。“千难万难，重视实践就不难。”从盐都红十字会基层组织建设的不间断过程来看，强化基层组织建设，创新工作模式，引入激励机制，做“小家巧妇”，找米下锅，可以推动工作上层次、上台阶，实现人道公益事业的社会化、规模化、持久化，为改善民生、构建和谐社会贡献力量。

（一）认真做好总体规划

要按照新修订的《中华人民共和国红十字会法》和《中国红十字会章程》的有关规定，推行基层组织建设，保证其合法性；要严格程序和步骤，保证其权威性；要设置好基层组织与所在系统、区域其他部门、社会组织的关系和相对应的职级，便于其开展工作；要解决好工作经费，保证其正常运转；要从制度上协调好各级各类红十字组织之间的关系，做到互联互通互助。

（二）切实彰显地方特色

要与地方经济、社会发展相适应，与地方文化传承特征相适应，与地方其他部门、社会组织的构成相适应，融入地方总体发展规划；要深深扎根群众之中，在服务群众中赢得民心，在服务群众中汲取力量。

（三）坚持基层组织工作的指导原则

要以“5 个牢记、5 个坚持”为指导原则：始终牢记红十字运动的宗旨，坚持围绕“和平、文明、进步”这个主题；始终牢记红十字会的工作方针，坚持突出“孤、弱、残、老、困”服务主体；始终牢记博爱文化传播这个关键，坚持以价值认同凝聚发展力量；始终牢记增强实力这个核心，坚持发展是硬道理的伟大实践；始终牢记有效创新才能引领发展这个理念，坚持推动事业发展的手段与方法与时俱进。

（四）抓住时代机遇依法推进改革

群团改革是全面深化改革的重要任务，依法治会是推进新时代中国特色红十字事业发展的重要保障。要提高政治站位，强化使命担当，切实担负起推动红十字会改革的政治责任，建立理事会决策、执委会执行、监事会监督的新型治理结构，着力健全依法决策、依法执行、依法监督的运行机制，建立和完善法律监督、政府监督、社会监督、自我监督的综合监督体系，努力打造公开透明的红十字会；要驰而不息地以改革破解红十字事业发展的难题，以改革促进红十字事业高质量发展；要从红十字会的组织设置、干部管理、运行机制、支持保障等方面入手，抓住机遇补齐短板，推动红十字会自身建设迈上新台阶；要坚持新发展理念和系统思维，创新人道资源动员和人道服务方式，努力在服务困难群众、参与城乡社区治理上取得新成效。

“一石激起千层浪”，百年的中国红十字会已从弱小逐步走向强大。面对未来，红十字组织须主动适应人道工作及满足弱势群体的更为广泛的人道需求，科学创新、不断进取，使各项工作创一流、争上游，到处彰显红十字会工作的活力，形成推动事业健康协调发展的磅礴大势，在实现中华民族伟大复兴的中国梦进程中贡献更大力量。

（作者系盐城市盐都区红十字会志愿服务部部长）

盐都红十字救助工作的实践与思考

王金海　陆昆山

社会救助工作是红十字组织践行运动宗旨、弘扬"人道、博爱、奉献"的红十字精神而开展的常规工作，是政府社会救助工作的重要补充，也是红十字组织参与社会治理、服务民生改善的一项重要内容。在江苏省盐城市盐都区这样一个发展中县级区，如何及时、有效帮助和资助弱势群体，如何为困难群众提供更好、更优、更精准的人道救助和服务，是摆在红十字会面前的一个值得不断思考和创新实践的课题。

盐都全区共有14个镇（区、街道），70多万人口，大部分居住在农村和小集镇，有相当一部分群众因种种原因生活比较困难，需要社会各界伸出援手给予帮助。在这个方面，盐都区红十字会重点关注人的生命和健康，以弱势群体为主要工作对象，以特色项目为载体，通过募集资金和物资，开展健康促进、大病救助、扶贫帮困、捐资助学等经常性的人道救助工作，特别是在困难群众的个体救助工作方面，立足于让每一个应该得到救助的群众获得帮助，让每一位有困难的群众感受到温暖，创新举措，搭建平台，扎实工作，积极在助危帮困、改善民生、倡导文明风尚、增强社会凝聚力、化解社会矛盾、维护社会和谐稳定方面发挥重要作用，形成了独特的优势。

一、建立长效的博爱救助金制度，为弱势群体提供应急服务

老百姓常说"过节容易，过日子难"，是因为以前传统的帮困救助大多集中在逢年过节，而日常的救助比较缺乏，没有形成长效的救助模式。如今在创新社会治理的背景下，社会团体以专业特长和职能优势参与社会治理的机遇增加、要求提高，在社会救助领域也不可能完全要政府包揽，需要形成政府主导、社会各界支持、社会团体积极参与的局

面。盐都区红十字会着力从根本上解决困难群众的需求，自2006年起建立博爱救助金制度，通过宣传、联谊方式，发动区直机关、企业事业单位及镇（区、街道）以公益捐款方式参与人道救助工作，得到广泛响应和支持，从起初每年几十万元发展到2015年后每年筹集善款300多万元，不断扩大救助实力。另外，顺应时代潮流，激发大众爱心，区红十字会积极为社会各界参与公益搭建平台，先后对接神龙控股冠名自救互救知识竞赛，华鸥实业结对帮扶，苏酒集团、仁禾中衡助医捐赠，劲牌公司、上海电子行业协会定向助学，等等，近几年每年接收捐赠款物100多万元，并为“新都路党建联盟敦品助学基金”“都有爱·潘黄红十字博爱基金”开设运行专户。区红十字会还切实加强资金使用管理，严格资金审计和公示反馈，做到收支清楚、公开透明，保证公信力。

在救助实力扩大的前提下，盐都区红十字会着力做好博爱送万家、重阳敬老、金秋助学等全区范围内的慰问帮扶工作，每年受益人数在5000人左右。同时考虑到全区已有和新发白血病、尿毒症、红斑狼疮、恶性肿瘤患者的家庭及各种原因导致生活困难的群众、特困学生、残障人士和孤寡老人的实际困难，不能按照全区统一模式进行集中慰问帮扶，而是根据实际及时对他们进行应急精准帮扶，于是修订完善《博爱救助金使用管理办法》，明确流程，落实专人负责应急救助工作，实现一年四季确保所有的申请都有回应、所有符合条件的困难对象都得到救助、所有救助对象都按规定程序通过银行打卡方式收到救助资金。这一举措施行以来，从第一年帮助100多位个体求助者，发展到现在全年受益人数已经不少于500人，其中重症患者、特殊困难家庭已经进入区红十字会救助帮扶数据库，每年都能依照程序得到博爱救助金的及时资助。就这一项，区红十字会每年安排应急助困资金60万元左右，得到了社会各界的广泛好评。

二、以镇级红十字会为主体畅通救助渠道，为弱势群体提供求助便利

赈济救助工作是《中华人民共和国红十字会法》赋予各级红十字会的重要职责，也是红十字会的传统业务。但在政府救助“全覆盖”“无盲点”政策的引导下，民间慈善组织的不断涌现和工作力度不断加大，政府、民间慈善与红十字会的救助出现“重复救助”和“无向救助”现象。为突出红十字会救助工作的针对性、广泛性，提高救助的效率，提

升红十字组织在群众心目中的信誉，我们对红十字救助功能做了重新定位，彻底解决红十字会在救助方法上存在的机制不活、形式单一、救助对象与其他社会组织交叉和重叠较多的状况，实行重点下移、服务前沿。在红十字基层组织建设实现“进农村、进军营、进机关、进企业、进社区、进学校”的目标后，从2010年起，我们以镇级红十字会为重点，企业、行业、村居红十字会为参照，指导性提出了硬件设施、会务管理、常态事务、工作质量控制、业务资料等5大项、29个子项的基层组织标准化建设意见，明确开展以标准化建设为重点的强基工程、以能力建设为重点的健体工程、以共建共享为重点的阳光工程、以募捐筹资为重点的救助工程、以规范透明为重点的信誉工程、以献血捐髓为重点的生命工程、以技能培训为重点的应急工程、以彰显特色为重点的创新工程等，使全区红十字基层组织的建设水平得到大幅提升，基础工作产生了质的飞跃。在救助业务上，各镇红十字会不仅主动配合区红十字会募集资金，还根据要求，对辖区内困难群众进行走访了解，对筛查出的需要救助对象按照实际情况实行分类登记，对没有其他组织救助的，一是在辖区内积极搭建爱心企业爱心平台，二是审核完善材料上报区红十字会进行救助；同时通过渠道，掌握受政府或其他公益组织资助的困难群众情况，进一步完善捐赠者和受助者的信息，避免年内“无向救助”和“重复救助”。对特殊的困难群众，镇红十字会依据区红十字会指导，在辖区内招募志愿者，建立志愿者服务队，适时组织定向款物募捐，实行定人定向资助与服务，并定期向区红十字会汇报供需信息，逐步形成连贯的工作网络，不断提高红十字会救助的针对性。

三、结合实际进一步创新救助模式，让更多的群众享受到经济社会发展的成果

一是针对精神病患者、艾滋病毒感染者、困难残障人士等特殊重点人群开展有效救助工作。2009年，我们建立共享阳光工作站，对全区重度精神病患者开展志愿服务、就医指导和经费资助，并逐步扩大到所有精神病患者和艾滋病毒感染者、困难残障人士，并且争取地方支持，将这项工作推向深入。2016年以后，以项目化方式对全区150多名住院精神病患者、160多名在管艾滋病毒感染者、80多位残障人士开展了结对帮扶、心理干预、康复指导、技能培训和改善就医条件、经费资助的精准服务，投入经费超过100万元，协作单位配套100多万元。

二是建成由“政府引导、红会主办、商家参与、百姓受益”的新型红十字博爱超市，扩大群众受益面。2010年夏天起，我们在弱势群体较多的镇（区、街道），选择地理位置好、有一定规模、货源充足质量优、经营者有爱心和责任心的超市，按标准尝试建立红十字博爱超市。资金主要由区红十字会从博爱救助金中支付，实现所在镇（区、街道）红十字会对接管理，超市方面让利打折，对五保、低保等政策资助对象以外的困难群众发放博爱资助卡，打破以往单一、临时的救助模式，为困难家庭和个人提供平时的经常性救助，以满足困难群众的日常生活需求。困难群众可持“博爱卡”到超市有额度地自由选取自已所需的物品，或者电话预约超市方，以送货上门的方式购置生活必需品，实现了由被动的“你助我受”到主动的“按需择助”的转变，也使困难群众避免集体受捐或上门慰问的尴尬，维护了尊严。可以说，这为困难群众增加了一种更具人性化的救助方式，也为社会爱心人士和困难群众搭建了一个好的爱心展示平台。区红十字会先后在盐龙、盐渎、潘黄、大冈、龙冈、秦南、大纵湖、学富等地建起9家博爱超市，并从2011年每人每卡每年450元，到2019年后增加到每人每卡每年500元，先后动态资助困难群众6500多人次。

三是建立好博爱助医的平台，缓解困难群众就医困难和因病致贫压力。自2006年开始，我们积极与卫生主管部门联合开展定单位、定对象、定标准、定程序和资金对应配套的“四定一配套”的“十百千助医大行动”，依托医院的房产、设备、技术、人力资源，合作创建红十字会门诊，常年有计划、有步骤地组织低保线以内的困难群众进行免费体检、免费咨询、优惠诊疗，建立健康档案。到2012年底，已经为辖区内低保和困难群众特别是远离市区、地处偏僻、医疗条件差的群众免费义诊和体检2.1万多人次，并且先后投入200余万元，相关医院配套近400万元，资助白血病、尿毒症、红斑狼疮等特殊病人1500多人次，为困难群众免费手术60多台次，对长期需要入院治疗的300多名困难个体也进行相关费用减免，极大地减轻了群众就医经济负担。从2017年起，我们创新实施“明亮眼·都有爱”红十字光明救助项目，连续4年共为865名困难老年白内障患者实施免费复明手术；并先后在10多家乡镇卫生院深入实施农村妇女两癌筛查、肢残人员康复等助医项目，受益群众万人以上。从2017年起，区红十字会还连续4年开展“红十字爱心年夜饭”活动，组织红十字志愿者深入市三院共为5000多名住院患者及陪护人员送上爱心饭菜和温馨服务，深受各界好评。

四是创新实施好总会试点项目，精准救助社区困难空巢老人。作为全国社区红十字服务示范区，区红十字会积极抓好社区红十字服务站的巩固和服务延伸，积极推进红十字服务走进社区、深入家庭，零距离发挥作用，让弱势群体在居住小区、在家中就能得到红十字会的救助和服务。2016年8月起，区红十字会在全省首批、全市首家实施总会红十字“博爱家园”和养老照护服务项目，先后在盐渎街道福才、兴城、刘朋社区，潘黄街道兆泉、西城逸品、宝才等社区，将红十字应急救护培训基地、博爱讲堂、红十字书屋、心理疏导、康复训练室融合进社区为民服务中心或服务站，推进志愿服务、人道救助、养老照护、博爱文化传播等红十字工作进社区，特别是在掌握辖区（社区、机构）内空巢（独居、进入养老机构）老人家庭情况、身体健康状况、自理能力、文化程度、服务需求等基础信息之上，为社区有需求的空巢、失能老人提供生活照料、养老护理、心理精神支持、安全保护、环境卫生、文化生活、医疗保健、协助医护、家居照料以及咨询代办等可行、可感、可操作的红十字服务，并对应自理、介助、介护、特护的护理级别，安排好时间，落实好人员开展一对一、一对多、多对一的参与医养结合与人文关怀服务，不断丰富救助形式，彰显盐都特色。近两年，区红十字会每年集中开展养老照护志愿服务活动30场次、结对入户救助服务空巢失能老人和困难家庭352户次以上，放大了红十字会的工作效益和社会影响，赢得了人民群众的广泛认可，增强了红十字会的公信力，相关工作还为全省红十字养老照护服务工作交流会提供观摩现场，受到省红十字会表彰，并作为江苏省唯一代表分别在全国红十字参与社区治理工作推进会和“第八届海峡两岸红十字博爱论坛”作先进经验介绍。

另外，我们还通过教育系统红十字会举办各种形式的助学行动，将全区困难学生纳入关爱范围，并且规范使用各类教育扶持基金，推进扶贫助学工作；通过规模企业设立的企业博爱金，对企业内部困难职工和周边群众进行资助以及对接爱心人士定向带动的方法，逐步形成统筹城乡、覆盖全区、上下联动、特点鲜明的红十字会社会救助机制。

红十字会的社会救助是对困难群体享受政府救助的一种补充，是营造社会关爱风尚的一种积极举措。我们不求起点高、手笔大、功能全，而是沉下身子、静下心来，认真仔细把区域内因病因灾致贫群体、外来务工人员、特殊困难群体和尚未列入政府和部门救助范围的困难群体的情况和需要掌握到位，把他们作为红十字会重点关心对象，并通过现代化、网络化手段，加大与其他公益慈善部门的共享、衔接，从小事、从细微处搭建服务社会、服务基层、服务群众的平台，实现对困难群众由统一分配到“按需”救助模式的转变，切实解决困难群众实实在在的难题，使救助活动成为党和政府化解矛盾、凝聚人心、服务群众、构建和谐的有效手段和精神文明建设的有效载体。

在具体的救助工作和过程中，我们感受到聚力精准救助的重要，更感受到爱心氛围的必要。救助困难群众，需要发自真心，需要尊重和保护隐私，还需要各类媒体从法制、伦理、社会规范出发，真诚关爱底层困难群体，真心为他们发声，真切传播主流价值，弘扬真善美、鞭策假恶丑，通过共同的努力，呼唤社会各界的爱心，使社会各界更多地关注弱势群体，让更多的爱心人士为困难群众伸出援助之手，大家一起构建更加美好的未来！

（作者分别是盐城市盐都区红十字会志愿服务部部长；红十字会干部）

常州市红十字会专栏

试论盛宣怀实业实践与慈善事业的关系

江　华

盛宣怀（1844—1916），字杏荪，又字幼勖，号愚斋、止叟，江苏武进人，清末官员，官办商人，洋务派代表人物，著名的政治家、企业家和慈善家，中国红十字会第一任会长。他是中国近代史上绕不开的人物，被后人称为“中国实业之父”“中国商父”，又被称为“中国慈善之父”。通过近50年的努力，他在实业实践与慈善事业两方面都有卓越贡献，同时成为中国首富和中国首善。那么，他是如何实现两者之间的平衡与转换的？两者之间有着什么样的内在关系？这些问题都值得我们研究和思考。

一、盛宣怀的实业实践

盛宣怀从1870年开始进入官场后，运用官督商办和商办的形式，陆续经办轮船招商局、中国电报局、华盛纺织总局、汉阳铁厂、中国铁路总公司、中国通商银行、汉冶萍煤矿有限公司等，并担任督办、总办或董事会长。他在政府中的官职也不断上升，从海关道升到邮传部大臣，并参与重大外交活动。他倡办了北洋大学堂和南洋公学，还参与中国红十字会的创建并担任首任会长。夏东元先生将这些总结为盛氏一生创造了11项“中国第一”。左舜生先生在《清末建设与盛宣怀》一文中指出：“盛宣怀在清末政治上地位之重要，不下于李鸿章、张之洞、袁世凯，而所从事建设各端，对于国家关系之大，尤远非李、张辈所能及。”

1872年，盛宣怀受李鸿章的委托，起草《轮船招商局章程》，强调“商本商办”。1873年，中国近代史上的首家民用航运企业——轮船招商局在上海投入营运。盛宣怀出任招商局会办，在招商和营运上尽心尽力，很快实现了扭亏为盈。1877年，他收购了美国旗昌轮船公司，这也是中国近代史上第一个中资企业并购外资企业的案例。1885年，盛宣怀成为中国轮船招商局第一任督办。在轮船招商局取得成功后，盛宣怀大展宏图，先后涉足电报、纺织、铁路、铁矿、银行等行业，均担任要职，一跃成为中国屈指可数的洋务企业家和“红顶商人”。李鸿章称赞他是“一手官印，一手算盘。亦官亦商，左右逢源”。他在上李鸿章书中表露心迹说：“竭我生之精力，必当助我中堂办成铁路，银行，邮政，织布数事，百年之后，或可以姓名附列于中堂之后，吾愿足矣。”通过多年兴办实业，在积累了大量个人财富的同时，盛宣怀的号召力和影响力与日俱增，这些为他从事慈善事业奠定了经济基础。

二、盛宣怀与慈善事业

盛宣怀早年即广泛参与慈善事业，在其父盛康的影响下，他在故乡常州协助设义庄、办义田、兴义学，为其日后参与国家慈善工作奠定了基础。1871年，直隶发生特大水灾，盛宣怀奉父命到上海、苏州、扬州等地开展劝捐活动，并采购棉衣、粮食等物资，从上海雇轮船运往天津，救助灾民。1875—1878年，北方5省发生特大旱灾，史称“丁戊奇荒”。李鸿章在天津设立筹赈局，特派盛宣怀处理赈务。盛宣怀亲赴河北献县开展调查，请求朝廷借款万两，救济“极贫之户”。因为这笔款项是计划外的，后由盛宣怀回江南劝募，如数归缴。在赈济过程中，盛宣怀尽心尽力，大病一场，夫人刁氏把积蓄全部拿出，支持他的慈善事业。1979年，盛宣怀出任天津河间兵备道，在天津设立慈善机构广仁堂，对劫后余生的孤儿寡母加以留养，维护了一方平安。

1886年，盛宣怀出任登莱青兵备道，他主持治理小清河，在治理过程中，他创造性地采取“劝捐筹款，以工代赈”的策略，即一面由他在江南发动募捐，筹集治河经费；一面让受灾灾民参与治河工程，发给工钱，实现了救灾、水利两不误。小清河的治理耗时3年多，征调民工数十万，开支白银70多万两，消除了水患，发展了经济。同时，他还参照天津广仁堂的做法，在烟台设立胶东地区最大的慈善机构广仁堂。据池子华教授统计，从1871年到1896年，盛宣怀参与的慈善赈灾就有27次之多。1897年至去世前，盛宣怀承担的全国性赈灾活动就有35次之多。他的足迹遍布全国，成为中国首屈一指的慈善家。

盛承懋在《盛宣怀慈善思想的形成及其对社会的奉献》一文中特别

指出：“随着盛宣怀所从事的慈善活动影响越来越大，他也成为一个众望所归的慈善事业家，全国各地发生灾荒，都会有人写信或者游说，要求他出面主持赈灾工作。在他主持官赈和义赈的过程中，往往可以调动他所辖大型企业的资金，常常采用先垫款散赈，再募捐归还的办法，所以能及时散放赈银、赈粮，效率比官赈高得多。又由于他在政界的影响和关系十分广，在劝募义捐、购运粮食、减免税金等方面都极有办法，因此能一呼百应，在赈灾中发挥了巨大的作用，成为‘义赈’界的领袖人物。”① 这也使得他成为中国红十字会创始人和首任会长。盛宣怀晚年回忆说：“上海广仁堂系鄙人一手所建设，平常办理各种善举，遇有灾荒，同人提倡义赈，历有年所。堂内捐置房地、矿业股份，以为恒产，如能经理得宜，未始不可达救人目的。”

1916 年 4 月 27 日，盛宣怀在上海病逝。他在遗嘱中提出，将一半家产捐赠出来，作为慈善基金。经过清点，盛宣怀遗产共计白银 1160 万两，其中一半捐入愚斋义庄，用于支持社会慈善事业。

三、盛宣怀与中国红十字事业

1904 年，日俄战争在中国东北爆发，战区大量中国难民无家可归。在这种情况下，中、英、法、德、美 5 国代表集会上海，发起成立上海万国红十字会，这一事件也标志着中国红十字会的诞生。吕海寰、盛宣怀、吴重熹 3 位大臣成为清政府官方代表，盛宣怀充分发挥筹款的技巧，第一时间将募捐启事、募捐公函发往各省，同时还亲自制定了筹办办法 8 条等。劝捐得到了各省当局的积极回应，短短一个月中就收到十几万两。同时，他还制定了《上海万国红十字会暂行简明章程》8 条，当年建有分会 20 多家。3 年之中，万国红十字会和各地分会，共救护出险、赈济安置 46.7 万人，堪称功勋卓著。1907 年，万国红十字会完成历史使命，中国会员于上海开会，决定成立独立的中国红十字会，正好盛宣怀在沪上，遂被公推为会长，中国红十字会自此走上了独立发展的道路。作为会长，盛宣怀积极推动中国红十字会总医院和中国红十字会医学堂的建设。

1910 年 2 月，盛宣怀等 3 位大臣给朝廷上《酌拟中国红十字会试办

① 盛承懋．盛宣怀慈善思想的形成及其对社会的奉献［N］．常州日报，2019-05-12（A02）．

章程请旨立案折》，说中国红十字会自独立以来，建设医院，兴办学堂，有了一定基础，考虑会务头绪繁多，又关系中外交往，希望派大臣作为会长。经过研究，朝廷同意了这一请求，“着派盛宣怀充红十字会会长”，盛宣怀因此成为中国红十字会官方任命的首任会长。1911 年 10 月 27 日，清政府认为盛宣怀是酿成辛亥革命的祸乱者，发出上谕，革去盛宣怀一切职务，当然也包括大清红十字会会长一职。也就是说，盛氏充当大清红十字会会长只有短短 20 个月。

被革职后，盛宣怀仍然关心关怀着红十字事业的发展。1913 年，“二次革命”爆发，为了救助南京难民，盛宣怀个人出资，租用英国太古洋行“大通”号货轮作为红十字救护船，两度赴南京，救助难民 3000 余人。1914 年，他再次向中国红十字会捐银 1 万两，用于安徽难民救助。

盛宣怀去世后，中国红十字会感念他对红十字会做出的历史性贡献，联合汉冶萍煤矿、招商局、通商银行等，为盛宣怀举行隆重的追悼会。沈敦和副会长致悼词，对盛宣怀的功绩和事业做了回顾，称赞他是“大实业家而兼大慈善家”。这是对盛宣怀的公允评价。

四、盛宣怀对常州慈善事业的影响

（一）盛宣怀生前在常州兴办了很多慈善事业

盛宣怀在常州兴办的慈善事业主要包括善堂、义庄、学校等。根据《盛宣怀档案选编 · 慈善编》，可知他在常州兴办的善堂有存仁善堂、普济善堂、启善堂，兴办的义庄有拙园义庄，参与兴办的义学和学校有人范书院、龙城书院、西郊书院、正则学堂、正则高等小学堂、公立冠英小学堂、唐家巷公立小学堂、路湾学堂等。

同治七年（1868 年），其父盛康在常州建立拙园义庄，旨在敬宗睦族，团结家族成员，壮大家族力量。义庄规模很大，盛氏家族对其进行严格管理。由于经营得当，每年皆有盈余，并在完纳国课、赡养宗族、兴学助教方面发挥了较大的作用。

1920 年，盛氏族亲好友根据盛宣怀遗命和实际状况，把家产进行十成分派：五成归盛氏五房子孙均分，五成设立愚斋义庄，作为社会慈善赈济及家族公用、公积之基本金，由义庄董事会遵章保存和管理。愚斋义庄从成立到 1927 年南京国民政府建立前，基本能够按照庄规运行。

南京国民政府成立后，围绕盛氏家产，盛氏家族内部及其与中央和地方政府之间的纠纷不断，在内外压力下，盛氏族人先对义庄资产进行四六分派，六成财产由盛氏子孙划出自行支配，1931 年又将义庄解散。

总之，上海愚斋义庄可以看作是常州拙园义庄的延续和发展。盛宣怀兴办的学校和义学，为促进常州的教育也做出了积极贡献。

（二）盛氏家族长期关心关怀常州公益事业的发展，多有资助

盛宣怀去世后，维持盛家局面的是盛夫人庄德华。1924—1925 年，接连爆发了两次江浙战争，长三角地区深受其害。中国红十字会总会及各地分会竭力开展战地救护工作。庄夫人继承盛宣怀遗志，给予红十字会力所能及的支持。1925 年 2 月，常州分会会长伍琢初（伍玑）致信庄夫人：

慨自时局多故，战祸频仍，满目疮痍，同深悯恻，矾服务红会，鉴兹惨状，对于疗养伤兵，救济难民等事，无不汲汲筹办，未敢一日稍懈也。第应办之事尚多，而原有之经费不继。前次江浙之战，灾区甚广，需费甚多。勉为支持，半由借垫。乃前此之借垫未偿，而今日之需用又急。当此地方元气未复，又加以此次兵灾方振恤之未遑，何能再事劝募。惟是吾常北门城外暨北乡三河口、焦店及戚墅堰、横林一带，均被溃兵抢劫，十室九空。江阴连日对垒，闻被炮火惨伤者，为数甚巨。且四处火光烛天，历三日夜之久。该处灾情尤为重大……夙仰太夫人关怀桑梓，乐善不倦。鉴兹灾黎遍野，待拯孔殷。敬乞大发慈悲，迅予提倡，慨捐巨款，以资补助。如蒙慨允，即乞电示。玑当躬亲其事，以期灾黎实惠均沾，不负我太夫人孜孜不倦之德意也。①

在信中，伍会长告知常州地方兵灾严重、常州分会不遗余力开展救助的情况，但限于经费不足，因此恳请盛氏家族慷慨解囊。庄夫人及时回信：

此次兵事，诚如尊示，江阴受祸最烈，而敝处济美、源大两公典，损失尤钜。承属一节，论情论理，故不容辞。只以历年捐办各省水旱灾振，为数过多，而预算之收入，竟致无著，恐外间未悉情形，疑为诿饰。是以于前年冬间登报布告，藉明真相，迩来兵灾连绵，各处遭受损失，尤非意料所及。惟事在梓乡，不敢不尽力设法。业于常郡佛家捐助

① 上海图书馆．盛宣怀档案选编［M］．上海：上海古籍出版社：317-319.

洋三千元，又在上海勉办一收容所，实已筋（精）疲力竭。猥荷谆谆，愧无以仰答仁忱，尚希鉴谅是幸。[①]

庄夫人信中的意思是说，盛家历年捐助很多，家底渐空，但家乡的事情义不容辞，现在已经通过天宁寺捐助3000元，又在上海办理一家收容所收容难民，以略尽绵薄之力。

（三）在盛宣怀的影响下，常州人为中国红十字事业做出了贡献

红十字会与常州的渊源很深，可以说盛宣怀是源头。尽管常州红十字会并非全国最早成立的地方红十字会，但自1914年开始筹备，到1921年正式成立之后，常州红十字会开展工作时间之长、内容之细、影响之大，在全国也是少见的。而且更为重要的是，在盛宣怀的影响下，庄录、闻兰亭、苏克己等常州人对中国红十字运动的贡献和影响都很大。

庄录是盛宣怀的内侄，曾任银行董事长和金融家，1921—1929年，他当了8年的中国红十字会理事长，最为人熟知的是1923年带队参与日本大地震的灾后救援工作。1921年常州大水，分会向总会求援，庄理事长及时拨款500元、拨棉衣200件，用于赈济灾民。

闻兰亭早在20世纪二三十年代就以慈善家闻名于上海，曾任中国红十字会常务理事，做了不少捐款捐物、抢救伤员的工作。

1937年8月，红十字救护队长苏克己在上海罗店营救飞行员时，被日军残忍杀害，引起各国公愤。

常州本土的红十字人，也纷纷用自己的实际行动，为红十字增光添彩。

1914年，30岁的王完白先生受命筹备常州红十字会，十年如一日地为红十字事业的发展而努力工作。在回顾个人在常州的成绩时，他认为创建中国红十字会常州分会，是他一生中难以忘怀的事情。

屠寄是常州红十字会的首任会长，其在生命的最后一年，还抱病参加了常州分会的创建，部署了长江大水的防疫工作，是鞠躬尽瘁、死而后已的楷模。

第二任会长龚承祖先生，把自家的房子拿出来，设立伤病救护站。

第三任会长伍琢初先生多次向总会求援，争取各项支持。临终前，

① 上海图书馆．盛宣怀档案选编［M］．上海：上海古籍出版社：320.

他捐款5000元为常州百姓修建一座平桥，方便商旅通行。

意识超前，接轨世界，盛宣怀在洋务运动中的卓越贡献和在实业发展中的杰出成绩，成就了他的传奇。而能够在经营实业的同时，以人饥己饥、人溺己溺之心投身慈善事业中，用一生来做慈善，推动红十字运动的发展，则从另外一个层面实现了他更大的人生价值。在实业与慈善之间，他统筹考虑，把办实业的经验成功运用慈善事业中来，也为中国慈善事业的发展提供了范例。

（作者系常州市红十字会党组书记、常务副会长）

完善应急救援体系
提高灾害救援能力

——以常州市红十字会为例

张　涛

我国是灾害多发频发的国家，为防范化解重特大安全风险，健全公共安全体系，整合优化应急力量和资源，提高防灾减灾救灾能力，确保人民群众的生命财产安全和社会稳定，2018 年，国务院专门组建应急管理部。作为政府在人道领域的助手，红十字会由于运行机制的灵活性、服务队伍的多样性，能够积极主动参与各类灾害的处置，使其在突发事件应急能力建设方面具有不可替代的作用。在我国，红十字应急救援体系是国家应急救援体系的重要组成部分，目前，全国红十字会应急救援体系逐步完善，全国 32 个省级（含新疆生产建设兵团）红十字会均制定了应急预案，其中 27 个应急预案被纳入省级总体应急预案体系。近年来，常州市红十字会积极加强应急体系建设，在提升自身备灾实力和救灾能力上下功夫，积累了一些经验，成为全市应急管理体系的有机组成部分。

一、红十字会的应急救援准备工作

（一）组织体系及职责任务

在 2003 年“非典”后，中国红十字会开始逐步发展和完善自身的应急体系建设。2005 年，《中国红十字会总会自然灾害等突发公共事件应急预案》的出台，标志着红十字会应急工作步入新的阶段。常州市红十字会作为市减灾委员会成员单位和市应急管理局合作，负责全市红十字会系统救援的指挥与协调工作，特别重大灾情时可抽调人员派往灾区，必要时成立临时指挥部或工作组，协助受灾地区红十字会开展工作。市红十字会赈济救护部为应急领导小组领导下的应急工作办事机构，主要负责组织、协调、指导全市红十字会系统应急工作。根据灾情及应急响应级别，派员赴灾区指导、协助受灾地区红十字会开展救援工作。市红十字会建立并完善了统一、规范、科学、高效的全市红十字会系统应急预警、响应、处置、保障、善后处置等工作机制，组织协调有关应急演练和培训工作。

（二）制定应急预案

应急管理中快速反应机制的形成，不仅需要大量基础性投入，还需要科学严谨、操作规范的应急预案。常州市红十字会重视加强自然灾害与突发事件应急预案建设，通过演练不断完善，固化为一种科学有效的运行机制。在总结近年来的救灾工作经验和听取有关方面意见的基础上，市红十字会对2007年版《常州市红十字会自然灾害及突发公共事件应急预案（试行）》进行了修订完善，更名为《常州市红十字会自然灾害应急预案》，并报市政府备案。2011年、2015年和2017年，市红十字会又分别对应急预案进行了修订和完善，并要求各地红十字会充分做好应对突发自然灾害的准备工作，健全管理、运行和保障机制；加强灾情信息报送工作，落实自下而上报灾、救灾，自上而下指导的快捷高效的应急机制。

（三）开展应急救护培训

开展应急救护培训是红十字会的重要工作之一，通过向广大民众开展应急救护培训，提高群众防灾避险和自救互救的能力，可以预防和减少自然灾害、生产事故、意外事件所致伤亡，并可以在奥运会、世博会等大型国际活动以及地震救援、应对突发事件等方面彰显红十字的人道力量。

为了保护人的生命与健康，有效减少事故中的致残率和致死率，作为红十字会的核心业务，常州市红十字会的初级救护培训已持续开展了20多年，全市累计已有50多万人接受初级救护培训并取得合格证，达到全市户籍人口的13.7%。“人人学急救，急救为人人”已经成为和谐社会、文明城市建设的标志之一。

市红十字会充分发挥在公众参与的应急救护培训中的主体作用。在易发生意外伤害的教育、公共安全等领域以及交通运输、矿山、建筑、电力等行业中广泛开展应急救护培训。同时，市红十字会还积极推动红十字救护培训进社区、进农村、进学校、进企业、进机关，不断提高应急救护知识在人民群众中的普及率。2013 年 11 月，“红十字急救掌上学堂”手机急救软件在我国正式上线发布，该软件具有学习、预防、应急、测试、信息 5 项主要功能，其内容包括出血、骨折、中风、心脏病发作等 21 种常见伤病的紧急处置方法，既能帮助使用者学习急救知识，又能教授群众防灾避险的方法，在危急时刻还能指导使用者按步骤进行正确的自救互救。2011 年以来，市红十字会参与实施全省公益性应急救护百万培训项目，成立了 11 个应急培训基地。培训基地由红十字会专职工作人员负责，采用全天 8 小时滚动培训模式，累计培训救护师资 600 余人、救护员 6 多万名，普及救护培训 45 万多人。

（四）成立应急救援队和志愿服务队

常州市红十字会从自身实际出发，选拔骨干队员参加省红十字会救援队员培训演练，带动和提高救援队的整体素质，同时依托覆盖城乡的红十字志愿者队伍组建了 12 支应急救援队。

2009 年，市红十字会依托常州红十字仁慈医院、金坛市红十字中医医院、溧阳市人民医院、武进区人民医院和武进区红十字中医院等 5 家红十字冠名医疗单位，成立了 4 支红十字救援队，由 84 名技术精湛、训练有素的医疗骨干组成，这 4 支队伍均有队伍管理办法，每年开展 1 ~ 2 次集训和演练。

2011 年，溧阳天目湖景区红十字会正式成立，随即又成立了水上救援队和山地救援队两支专业的救援队，共有队员 50 人。

2015—2017 年，常州蓝天救援队、常州龙城救援队等 6 支队伍先后成立。同时，市红十字会加大救灾救援设施和救灾救助物资储备，支持各救援队近百万元，购置冲锋舟、救生衣、帐篷等，为自然灾害情况下的红十字紧急救援提供物质保障。

为了检验各救援队的救援能力，自 2016 年起，市红十字会每年都联合市总工会、人社局等单位共同举办“职工职业技能竞赛——全市红十字应急救护技能大赛”。各专业救援队则先后参与了阜宁风灾、响水爆炸、金坛水灾等现场救援任务，并为“花博会”“一袋牛奶的暴走”“西太湖马拉松”等大型活动和赛事提供了保障活动，现场救援人员超过千人。

同时，市红十字会还重点招募三类志愿者成立救援志愿服务队：一是招募应急救护宣传志愿者开展知识技能传播；二是招募紧急救援志愿者配合专业救援队伍开展辅助救援工作；三是招募心理援助志愿者开展灾民心理疏导服务等。救援队和志愿服务队的成立将进一步完善全市红十字系统的人道救援和灾害应急反应体系，提高参与重大自然灾害等突发公共事件的救助能力，对于最大限度地保护人民群众生命健康安全、服务地区经济社会发展，起到重要作用。

（五）加强备灾基础建设

备灾工作是防灾减灾最有效的途径之一，其工作内容主要包括基础设施建设、救援物资储备与救灾基金募集。目前，中国红十字会总会在全国范围内已建有6个区域性备灾救灾中心和15个自然灾害频发省的省级红十字会备灾救灾中心或物资库，全国红十字会备灾救灾物资储备网络已初步形成。江苏省红十字会现有1个省级备灾救灾中心、5个市级备灾中心或仓库，主要承担物资的储藏、整理和转运任务。

常州市红十字会积极储备救灾及人道救助物资，通过逐年争取预算经费，分批采购物资，现已储备了军用帐篷、棉被、心理工具包、家庭包、救援队及志愿者服装等救灾物资；完善仓库管理制度，定期盘点，确保账物相符，并严格物资发放纪律；及时更新、调整物资品种和数量，确保储备物资可以随时取用；指导县级红十字会规范备灾仓库管理，加强救灾物资储备，形成了市、县结合的救灾物资储备网络。2019年底，市红十字会与城北粮库进行对接，租用场地建成专业的市红十字会备灾救灾仓库，在此次疫情防控中发挥了应有作用。

二、红十字会的应急救援快速反应机制

快速反应是自然灾害与突发事件中挽救生命、减少损失的根本保障。一旦灾害危机来临，能第一时间调运灾民生活安置急需的物资，第一时间提供紧急救灾资金，第一时间集结红十字志愿者应急救援队；同时，发挥红十字组织社会动员优势，迅速启动社会募捐，包括在需要时呼吁和接受国际援助；组织更多款物为后续救灾，特别是灾后的恢复建设提供物质保障等，是红十字组织应急能力和防灾备灾工作效果的综合体现。

（一）确保报灾及时准确

常州市红十字会不断总结本地区灾害发生的规律和特点，关注气候

变化，及时与气象部门保持联系，增强对灾害发生的敏锐性、预见性，努力做到报灾及时准确。市红十字会建立报灾网络，市、县红十字会明确专人负责灾情报告工作，建立报灾电话、电子信箱，保证灾情传递渠道顺畅；建立速报制度，根据《中国红十字会灾害救助规则》规定，首次灾情报告最迟不超过48小时；建立报灾规范，明确报灾的主要内容，统一报灾方式，规范统计口径，及时进行信息核实。2008年，汶川地震发生仅两小时，市红十字会就启动了应急预案，部署募捐筹资工作。每次台风过境常州，市红十字会都在第一时间将灾情上报省红十字会，为灾区争取更多的救灾资金和物资。

（二）加快救灾工作速度

做好灾害救助工作是红十字会的首要任务。市红十字会建立了快速高效的救灾反应机制，每当灾情发生，各级红十字会干部、红十字志愿者，都在第一时间深入灾区，了解灾情，开展救援、救助工作，得到了灾区群众的好评和各级领导的肯定。同时，根据灾民不同受灾情况及需求，市红十字会及时组织帐篷、食品、饮用水等救助物资和慰问品，第一时间将其送到灾民手中，确保受灾群众的基本生活保障，帮助他们顺利渡过难关。

（三）实施普遍的人道关怀

灾害发生后，除了给予灾民帐篷、食物等物质帮助外，市红十字会还在灾后第一时间慰问受伤灾民，并给予适当的慰问金，不仅起到经济救助作用，还起到安抚灾民、稳定灾民情绪的作用，同时宣传了红十字人道主义精神。2010年8月，溧阳上兴镇遭遇龙卷风，300多间民房不同程度受损。市红十字会十分重视，立即派人赶往现场核查灾情，妥善安置灾民，及时上报灾情，帮助村民开展生产救助；同时下拨11万元救灾经费，帮助灾民解决燃眉之急。2016年，金坛指前镇发生大水，市、区两级红十字会及时组织价值10多万元的备灾物资送往灾区，救助灾民。

三、红十字会应急救援的灾后重建工作

红十字会开展灾后重建工作主要体现了“以人为本”的精神，以改善受灾群众生活境况为原则。重建项目原则上由市红十字会统一协调，

并由受灾地区红十字会负责实施。灾后重建既包括基础设施的建设，也包括人文关怀。

（一）基础设施的重建

红十字会灾后援建资金一般来自社会募集，汶川特大地震，全市红十字会系统共募集款物 1.5 亿元用于灾区紧急救援和灾后重建。市红十字会还主动邀请审计部门全程审计监督，并参与每一个红十字援建项目的筛选论证、质量监督、资金管理。2009 年 9 月，市红十字会向社会各界公布了汶川地震抗震救灾捐赠资金使用情况，向全市人民交上一本明白账、放心账。当年，市红十字会先后派出 2 名干部赴四川德阳，实施江苏省对口援建绵竹市红十字会相关项目。2011 年 9 月，由市红十字会出资 136.72 万元援建的德阳市中江县会龙镇联盟小学和中江县柏树乡观井村小学正式举行“红十字博爱小学”授牌和冠名仪式，完成了四川灾后重建工作。市红十字会还先后参与了玉树、芦山和鲁甸地震以及舟曲泥石流等严重自然灾害的赈灾募捐救助行动。

（二）灾后心理援助

灾后心理援助是红十字会人道职责的重要内容之一，更是灾后重建的一个新课题。红十字会通过对志愿者进行心理救援的知识教育与专业技能培训，组建了心理救援志愿者队伍，帮助那些经历灾难的人们尽快回归正常心理状态。目前，市红十字会已经和市心理协会合作，成立了红十字心理救援队，并在阜宁风灾、新冠肺炎疫情防控中开通热线电话，为市民开展心理咨询工作。

四、红十字会在应急救援体系中存在的薄弱环节

（一）红十字会应急管理能力和水平不高

目前，常州市部分所辖市、区的基层红十字会没有制定与当地实际情况相符合的应急预案，在灾害来临时，不能快速、有效、有序启动应急预案；应急工作专职干部素质不高、专业化不够，还缺少应急装备；应急工作经费不足，没有充分发挥志愿者作用等。这些问题的存在，使得红十字应急救援工作变得被动、松散，没有创新，大大影响了红十字会的整体应急管理能力和水平的提高。

（二）应急物资储备网络和紧急运输协调机制不够完善

虽然我国现有6个国家级物资储备中心、20多个省级储备中心，但是物资储备的数量还远远不能满足救灾需求，救灾物资难以及时运往灾区。以常州市为例，常州市红十字会和所辖市、区红十字会都没有专门的救灾仓库，救灾物资只能靠租赁场地或堆放在狭小的办公室中。加上物资储备的种类较单一，大多是帐篷、棉被、棉衣、棉服，大量急需物品未能进行储备。另外，红十字会系统的应急物资管理信息化程度比较低，在紧急情况下，物资调配不够流畅；加之红十字会缺乏专业运输队伍，所以应急物资储备无法及时有效运达目的地，在这次新冠肺炎疫情防控中，湖北和武汉红十字会就遇到了这样的情况，并产生了较大的负面影响，受到了媒体的批评和相关部门的问责。

（三）专业化应急救援队伍能力不足

目前，常州地区已经拥有10支救援队，队员总人数超过200人，全市接受过救护培训的专业师资近千人，但相对于一座近500万常住人口的城市而言，这些是远远不够的。而且救援队的志愿者都有各自的工作，救援队的执行力和管理能力不足，有的组织已经随着时间的推移而注销，有的组织不能正常开展救援培训，更不能及时参与实际的救援工作。红十字会和救援队属于业务指导关系，很难参与救援队组织的管理工作，两者无法形成一种紧密的合作关系。近千名师资中能够进行授课的不足10%，绝大多数参加过培训的师资都没有发挥过应有的作用。

（四）市民对应急救援知识的认知不足

应急救援知识是现代人必备的基本常识。基于掌握应急救援知识基础上的民众个人应急救援（包括自救），是现代公共应急救援系统以及医疗康复体系的一个重要组成部分。从某种意义上讲，民众个人的应急救援，是系统化和组织化应急救援的基础。没有这个基础，公共应急救援系统的运转效率就会大打折扣，在相当多的紧急情况下，既应不了急，也救不了援，除了容易造成次生损害外，达不到救公众于危急的制度性目的。但是从相关调查的数据看，常州地区了解应急救护知识的人口不足20%，受过技能培训的人口不足10%，能够使用应急救援技能的人口仅占0.1%。这和部分发达国家相差甚远。德国的应急救援普及率达到80%，法国达到40%，日本达到45%，而美国受过培训的人口占总人口的三分之一以上。

（五）红十字会在推进培训工作中存在不足

一是培训意识滞后，缺乏培训主动性。由于认识上的不足，包括广大基层干部在内的多数一线工作者缺乏“‘救’在身边”的意识。单位不积极，群众在观望，有的甚至排斥救护培训，认为是在“浪费时间”。二是师资力量薄弱，教学授课缺乏技巧。红十字会的应急救护师资大多是兼职人员或志愿者，不能保证参与应急救护的授课时间，缺乏钻研业务和提高授课技巧的动力，授课知识更新缓慢、课件制作落伍、授课缺少互动性和参与性，无法满足不同群体的需求，不能有效激发群众参与救护培训的积极性，“培训一个人，传播一大片”的效果难以实现。三是单打独斗，部门协调和联动没有形成机制，存在“人情工作”。应急救护培训需要得到政府相关部门的支持和配合，在实际工作中，红十字会找上门“求合作”，但很多部门、单位对红十字会缺少了解和认识，一定程度上制约了救护培训工作的广泛开展。

（六）政府对公共场所 AED 标准化配置不足

近年来，“推进公共场所自动体外除颤器（AED）设置工作”相继纳入《健康中国行动（2019—2030 年）》《“健康江苏 2030”规划纲要》，北京、上海、深圳、杭州、合肥、苏州等地已经开始大规模在公共场所设置 AED。而在常州，公共场所配备的只有十几台，按照常住人口统计，每 30 万人还共享不到 1 台，AED 的设置比例远低于北京、上海等城市。

五、完善红十字会应急救援能力的路径

（一）加强制度建设，构建相应的保障体系

首先是要制定符合本地实际的《自然灾害等突发公共事件应急预案》，且预案要具有针对性、可操作性、科学性、时效性、完整性、经济性，能发挥红十字组织的特有属性，以扩大红十字会的社会影响。同时，对原有的预案要根据情况的变化，定期进行修订完善，确保预案能充分发挥作用。

（二）建立自上而下的应急救援联动机制

2019 年，中国红十字会总会、江苏省红十字会分别与国家应急管理

部、江苏省应急管理厅签署了防灾减灾救灾联动工作机制合作协议。2020 年 3 月，常州市红十字会也和常州市应急管理局正式建立防灾减灾救灾联动工作机制。市应急管理局将红十字救援队作为市应急救援力量体系建设内容，救灾时统筹调度使用。在应对自然灾害和生产安全事故等突发事件时，视情将市红十字会纳入应急指挥部、联合工作组，邀请市红十字会参与灾情考察、评估和应急部署等工作。市红十字会重点建设赈济、水上、心理等红十字应急救援队伍，在突发事件应对过程中接受市应急管理局统一调度指挥，承担灾区群众转移安置点建设、接收发放应急救灾款物、水上救援、心理危机干预、院前急救、无偿献血宣传动员和灾后重建等工作。

（三）建立完善的应急物资储备及运输体系

红十字会应急物资储备库的建设是完善应急物资储备体系的重要部分，各级红十字会根据易发生灾害的情况选择物资储备库中物资的储备类型和数量，同时要加大与企业合作的合同储备力度，降低物资储备的成本，提高物资使用率。另外，红十字会还要与物流企业合作，当灾害来临时，确保可以及时运送物资，避免影响物资到达时间。

（四）建立红十字会应急救援志愿者队伍

突发事件应急体系是一项系统工程，涵盖管理、保障、营救、心理支持、灾后重建等多个方面，同时也离不开应急志愿者队伍的参与。他们的加入可以有效降低红十字会的运营成本，减轻资金压力，使得红十字组织的工作产生巨大的效能和活力。针对我市红十字救援队伍存在的结构松散和能力不足等问题，市红十字会应立足自身发展，适时建立市级赈济、水上、心理等专业应急救援队伍，县级红十字会也要建设一支红十字综合应急救援队伍，努力打造几支能够听从指挥、服从安排、定期培训的专业救援队伍。

（五）大力推进应急救护培训工作

《中国红十字事业发展规划纲要（2020—2024 年）》已经明确，到 2024 年全国持证红十字救护员人数较 2019 年末要增加 1500 万人，救护知识普及人数增加 5000 万人。为了实现这一目标，市红十字会应大力推动应急救护知识普及工作，通过现场授课、情景模拟、观摩交流、体验互动等形式，普及逃生避险、自救互救知识，以此推动校园应急救援、家庭应急救援、社会应急救援“三位一体”建设。通过提升应急救护普及率，补足急救体系全链条。

（六）加大对公共场所 AED 标准化配置

市红十字会应通过各种渠道，督促政府完善相关保障政策，统筹推进学校、商场、市场、景区、车站等公共场所及人群密集地区 AED 的设置和管理。在政府投入的基础上，还应广泛动员社会力量参与公共场所 AED 设置工作。争取在现有基础上，逐年增加 AED 一体机的投放量。同时落实专人负责后期维护工作，最大限度实现优质资源共建共享。

综上所述，无论是从法律赋予红十字会的职责，或是从应急体系自身建设需求方面讲，都要求红十字会必须是专业化、开放型组织，突发事件应急体系的建设在整体上也应该成为一个开放型的系统。在政府主导、社会互助的原则下，常州市红十字会抓住有利时机，找准定位，抓住主线，创新思路，利用组织优势，以完善应急救援体系建设为中心，以提升应急救援能力为目标，充分发挥在人道主义工作领域的助手作用，主动与应急管理部门建立联动工作机制，构建一个可以与政府应急救援体系联动的红十字应急救援体系，成为政府应急救援体系的重要组成部分。

（作者单位：常州市红十字会）

百日战疫，常州红十字凝聚人道力量

张　涛　陈　丽

2020年5月8日是第73个世界红十字日。经过长达3个多月的新冠肺炎疫情防控工作，常州红十字人用实际行动诠释了“人道、博爱、奉献”的红十字精神，在疫情大考中书写责任担当，向全市人民交上了一份满意答卷。

截至5月初，全市红十字系统累计接收新冠肺炎疫情防控捐赠款物8572.83万元，其中接收捐款6122.43万元，汇缴省红十字会定向湖北捐款661.55万元，直接汇湖北100.06万元，拨付本地疫情指挥部、防控一线相关单位5190.98万元；接收物资价值2450.4万元，其中定向湖北物资1488.95万元，已全部及时发往目的地，其余由各辖市、区所属指挥部安排防疫一线使用。

在战“疫”前线的每个日夜，常州红十字人及时响应、迅速行动、主动作为，做好物资接收分配、联防联控、志愿服务、关爱群众等工作，始终保持高效运转，始终做到公开透明，汇集博爱暖流，凝聚人道力量。

一、高度：提高政治站位，服务防控大局

“1月23日，我就意识到这个春节要打一场硬仗，所有红十字人都放弃春节休息，提前返岗、全员到岗，从小年夜开始连续工作60多天，很多人没有完整休过一天。”市红十字会党组书记、常务副会长江华说，疫情防控是一项严肃的政治任务和压倒一切的头等大事，必须思想统一、步调一致，红十字会作为党和政府在人道领域工作的助手，要主动服务防控工作大局。

疫情发生以来，市红十字会坚决贯彻中央、省、市决策部署，把人民群众生命安全和身体健康放在第一位，及时启动应急预案，制定防控

工作方案，明确职责分工。全体工作人员积极应对疫情防控，做到政治站位高、工作谋划早、工作效率高。

市红十字会第一时间和市卫健委、市应急局建立了互通渠道，制定了3 位会领导带班的24 小时值班制度，成立协调、应急、宣传3 个工作小组，开展有序接收社会捐赠工作，开展疫情防控宣传工作，参与社区联防联控和志愿者服务工作……

作为湖北仙桃人，市红十字会工作人员陈壮国忍受着巨大的悲痛投入战疫行动中。他在家乡封城前后两次往返，送别了重病的父亲，除了隔离的28 天在家办公外，他每天都坚持在社区参与联防联控，参加健康监测、入户排查、人员登记、困难走访等工作，和其他 20 多位红十字会机关干部、基层组织、会员、志愿者一起，累计服务时长超过2000 小时。

“每个红十字人都会在‘战时’冲到前线，守土有责、守土担责、守土尽责，作为党员更要牢记使命，不忘初心。”陈壮国说。

二、硬度：坚持公开透明，抓好三防重点

“本次疫情的捐赠款物的接收和使用，每一笔都在阳光下运行。”无论捐赠的渠道是现场还是网络，更无论金额大小，每个捐赠者都能拿到捐赠收据。同时，市红十字会通过主流媒体、官方网站、微信公众号等方式及时进行公示，向捐赠者汇报每笔款物的具体流向和用途。江华说，疫情还未结束，来自各方的款物还不断汇聚而来，市红十字会要时刻把维护自身公信力和良好形象作为组织发展的生命之基，始终坚持公开透明，取信于民。“我们坚持‘集体决策、快进快出、物走账清’的原则，用好每一笔捐款，使用好每一件物资。”

市红十字会每天向市疫情防控应急指挥部报告款物接收情况，除了定向捐赠外，所有接收到的捐赠款物均由市疫情防控应急指挥部统一调配使用，确保专款专用、专物专用。“内部设立监督组全程监督，外部接受纪检、财政、审计等部门的审计、检查”，如此硬核的管理，让每一分钱的来去都清清楚楚。

管理上的强硬，不仅体现在疫情防控的工作强度、风险防范的层层把关上，还体现在自身防护上的一丝不苟。“红十字会的工作人员一直在防控的一线，除了卡口、社区的联防联控，接触上门捐赠者也有一定的风险。”除了定时消杀、全员戴口罩、分时段测量体温外，市红十字会还整理了3 间会议室，专门作为外来人员的接待室，避免捐赠者的聚集风险。

三、精度：对接定向捐赠，款物快进快出

1月23日，市红十字会接收首家爱心企业康道尔生物医药科技（江苏）有限公司捐赠的价值40.506万元的物资，当日即协调顺丰快递发往武汉红十字会转交卫健部门。26日，物资抵达后，即刻被用于医护人员的辅助防疫工作。

市红十字会赈济救护部部长杨可可说，疫情发生后，武汉接收了来自全国各地的款物，市红十字会为了把爱心传递到最需要的地方和最需要的群众，全体红十字人做到了精准对接、精准支援、精准发放，架起了爱心企业、爱心市民和疫情防控相关部门之间的桥梁。

武汉封城后，定向捐赠的物资如何在最短时间内送达目的地成为难题，市红十字会根据武汉、黄石等地区疫情需要，提前与常州四药、千红药业等公司协调沟通，筹集价值1000余万元的药品，做到“快进快出”“零库存”“零差错”，在第一时间把药品送达疫区相关医院。“仅常州四药一家就先后6次通过市红十字会，向湖北11市近60家医院捐赠价值512.22万元抗疫药品和呼吸机等医疗设备。”杨可可说。

落实好定向捐赠不是件容易的事情。有家企业想捐36万元给武汉火神山医院，市红十字会联系武汉后得知火神山医院不接受捐赠，便与企业协商改变捐赠对象。经过多次联系，最后这家企业拿出6万元在某高校成立了疫情防控基金，30万元用于江苏省援鄂医疗队关爱行动，后来又捐赠了30万元的负离子消毒空气净化器给常州三院。

捐赠要做到精准，红十字会工作人员需要把大量的时间用在对接上面，晚上接到电话和微信咨询是家常便饭。“最多一天加了20个人的微信，帮他们联系定向捐赠。”杨可可说。

抗击疫情是项系统工程，全市红十字会系统坚持问题导向、需求导向，深入基层一线当好战斗员、服务员，出台了一系列制度和办法，不断完善款物接收流程和使用办法，高效、快捷、准确地服务全市近1000家企业和1万多名爱心人士进行捐赠。

四、温度：关爱困难人群，延续大爱捐赠

除了汇集爱心企业、爱心市民的力量共同抗疫，市红十字会还延续着日常工作中的温度，关爱困难群众，关心一线医护人员。同时，正常

开展造血干细胞、器官和遗体捐献工作。

疫情期间，市红十字会联合市民政、妇联等部门开展为困难人群送温暖活动，拨出专项资金 10 万元采购 4250 公斤鲜鱼送到 33 家养老机构；联合常州心理协会开通疫情防控心理咨询热线，通过线上线下心理援助，对数百位居家市民、学生、援鄂人员家属开展心理辅导；联合社工和志愿者参加入户排查、人员登记、困难走访等工作，为隔离观察的居民提供生活物资并上门服务；联合千红制药为 108 名援鄂医疗队队员和 1014 名常州三院疫情防控一线医护人员，发放爱心慰问金共计 106.2 万元……

2 月底，受疫情影响，市中心血站血液库存紧张，市红十字会联合相关部门一起组织公务员无偿献血，活动时间从往年的 2 天延长到 5 天。2 月中旬到 3 月初，市红十字会还完成了 3 例器官捐献、2 例遗体捐献，挽救了 8 位器官衰竭病人的生命。到了 4 月，造血干细胞的捐献持续开展，目前已完成全市第 60 例的捐献。

五、广度：纵向横向联动，志愿者全面出击

为了防控工作的高效开展，市红十字会做好纵向横向两大联动，很好地贯彻落实了市防控指挥部和省红十字会的要求。

纵向联动保畅通，市红十字会及时把上级指令传达到所辖市、区红十字会，并建立日报制度，及时汇总防控工作进展，解决发现问题。横向联动保服务，市红十字会与卫健、防疫等部门及时沟通，掌握一线需求，做好捐赠物资调剂；与民政联合，及时解决部分机构民生保障；与纪检、财政、审计等部门联合，确保捐赠安全、有效。

纵横联动保障了红十字会工作的良好开展，但让红十字标志出现在战“疫”每个角落，让红十字精神广泛传播的，是红十字志愿者投入前线的那份热情。

金坛蓝天救援队成立了防疫工作先锋队，每天出动志愿者 15 人，在金坛高速路口、白塔卡口、S340 省道薛埠卡口、S240 省道儒林收费站卡口等 5 个卡口，协助金坛区疫情防控小组执行任务；龙城友爱团的志愿者们在各自的岗位、辖区开展了多种形式的抗疫行动；应急救护培训师采用线上授课方式，为复工复产企业提供线上应急救护培训；武进蓝天应急服务中心在湟里 S239 省道收费站卡口协助工作，还负责 2 个医学隔离点执勤登记；溧阳市献血者协会的红十字志愿者分赴 3 个隔离

点，进行为期30天的隔离志愿服务。

为了保障复工复学有序进行，常州红十字龙城救援队、天宁区红十字非常道救援队、武进蓝天应急服务中心又投入繁重的消杀工作中。

红十字志愿者构筑起防控疫情的“铜墙铁壁”，化作抗击疫情的希望和力量，体现出红十字人的温度和担当。

（作者单位：常州市红十字会）

合肥市红十字会专栏

后疫情时代合肥市红十字会应急管理工作探析

刘　波

2020 年新春伊始，新冠肺炎疫情发生，全国红十字会系统积极投身疫情防控工作之中，安徽省合肥市红十字会强化履职尽责、当好人道助手，在爱心群众和抗疫一线之间架起了爱心的桥梁。2020 年夏，合肥市遭遇特大洪灾，市红十字会迅速行动、汇聚爱心，支援防汛一线。总结这些实战经验，合肥市红十字会在应急工作方面还存在体系建设、资源保障等方面不足，对于融入"十四五"期间全市应急管理体系建设，充分发挥人道力量，我们也有一定的思考。

一、疫情防控积累应急实战经验

作为市疫情防控应急指挥部成员单位之一，合肥市红十字会按照党委、政府的总体部署和上级红十字会的指导统筹，依据《中华人民共和国红十字会法》赋予的职责，扎实做好社会捐赠款物接收和疫情防控知识宣传等工作。

（一）快速反应、积极行动

2020 年 1 月 21 日，中国红十字会总会办公室印发《关于认真配合做好新型冠状病毒感染的肺炎疫情防控工作的通知》，合肥市红十字会快速行动，启动应对自然灾害等突发公共事件应急预案，参与制定《合肥市疫情防控期间接受捐赠工作方案》，积极展开社会捐赠接收、防控知识宣传等工作，每日向党委、政府及上级红十字会汇报工作开展情况，并通过微信公众号、微博等新媒体平台宣传科学防护知识和疫情防控措施，还安排专人派驻市防指办物资保障组，负责境内外捐赠工作的协调和服务，做好口罩、防护服、护目镜等医疗紧缺物资接收工作，同广大市民一起为武汉加油!

(二) 汇聚爱心、众志成城

1月27日，市红十字会发布接收社会捐赠公告。疫情防控期间，市红十字会接收款物485笔共计1847.80万元，其中接收捐款376笔共计714.19万元，接收捐赠物资109批折合1133.61万元。5个县(市)红十字会也积极开展社会捐赠款物接收和防控宣传工作，共募集款物1800余万元。按照捐赠人意愿，合肥市红十字会第一时间将定向捐款转至指定对象。不定向捐款由市防指统一分配，捐赠给市传染病医院等市属6家医疗机构各50万元，共计300万元，用于支持疫情防控；采购10万只口罩捐赠给市教育局，助力复学。目前，捐赠款结余44.87万元，捐赠物资按照捐赠人意愿第一时间全部拨付，将爱心传递到最需要的地方，为抗击疫情贡献力量。

(三) 及时调拨、支持一线

为保障一线医护人员生命健康，合肥市红十字会发布倡议书，动员全体市民捐赠医用N95口罩，掀起全民动员保卫白衣战士的热潮。市红十字会共接收紧缺的医用N95口罩4260余只，由市防指统一分配，及时送往医院一线。市红十字会从备灾库中以及争取省红十字会调拨，共准备了60顶帐篷，用于基层一线的设置点排查和测温工作；还积极争取省红十字会和省红十字基金会支持的物资17批次，包括医用手套、84消毒液、牛奶、微波炉、额温计等，为保障一线防控人员的工作生活尽一份力。

(四) 公开透明、宣传广泛

疫情防控期间，合肥市红十字会加强党的领导，重大事项由支委会研究决定，相关重点工作及时报纪检组，严格执行相关法律规定，做好捐赠咨询服务和接收工作，主动接受纪检监察、民政、审计等部门的监督检查，每笔款物类别、去向都清清楚楚；通过官网、微信公众号、微博公示捐赠款物最新接收和使用情况，目前已发布74期；积极挖掘优秀典型，4个志愿服务组织、13名志愿者、8名工作人员获得省红十字会表彰，12个先进集体、25名先进个人获得市红十字会表彰，并推荐3名工作人员和1个优秀集体申请市委、市政府表彰。

二、防汛救灾提高应急处置能力

入夏以来，合肥市持续强降雨，部分群众受灾严重。7 月 19 日起，市红十字会紧急调拨储备物资、陆续接收社会各界捐款捐物及上级红十字会物资，第一时间送往防汛救灾一线和受灾群众手中，全市红十字系统共筹集、接收款物总价值 8600 余万元。

（一）紧急调拨物资

灾害发生后，合肥市红十字会立刻启动应对自然灾害等突发公共事件应急预案，成立防汛救灾工作组，指挥调度全市红十字会系统防汛救灾。各基层红十字会及时了解上报灾情及需求，积极配合当地党委、政府开展防汛救灾工作。7 月 23 日，市红十字会接受市纪委监委驻市卫健委纪检监察组督查指导，加强对调拨及捐赠款物的管理使用。

为支援我市受灾地区群众集中安置点生活需要，7 月 19 日，合肥市红十字会第一时间从备灾救灾库调出夏凉被、棉被、毛巾被共 1198 床，折叠床 450 张，送往肥东、肥西、庐江、巢湖等地 12 个转移群众安置点；20 日，调拨珊瑚绒毯 116 床；25 日，调拨帐篷 41 顶。防汛期间，合肥市红十字会备灾救灾库调拨物资总价值 39.9 万元。合肥市红十字会还及时向上级红十字会报灾求援，接收中国红十字会总会、中国红十字基金会、安徽省红十字会、安徽省红十字基金会调拨的赈灾家庭箱、棉被、毛巾被、冲锋衣、方便食品、饮用水、大米、救护医药箱等 8 批次物资，总价值约 95.3 万元，第一时间全部送往防汛一线。

（二）接收社会捐赠

7 月 22 日，合肥市红十字会发布公告接收社会捐赠，助力防汛救灾，社会各界积极踊跃捐款、捐物。截至 10 月底，市红十字会共接收捐款 635 笔，共计 7466.30 万元。根据捐赠方意愿及市洪涝灾害救助工作领导小组统一分配使用，捐赠款已转出 7463.94 万元；定向捐赠物资已全部发往巢湖、庐江、长丰、肥西、肥东等地。市红十字会还接收冲锋舟、救生衣、救生圈、编织袋、土工布、雨布、抽水泵等防洪救灾物资 60 批次，均已送到抗洪一线。其中，向防汛一线官兵捐赠 50 台烘干机被写入习近平总书记视察安徽的新闻报道中，淘宝主播薇娅向家乡捐赠 200 万元等暖心事件获得中央、省、市媒体的广泛关注。

年初，市红十字会就根据气象分析和研判，在红十字系统印发做好应对自然灾害物资储备的通知，要求各县（市、区）红十字会做好物资储备工作。防汛当前，5个县（市）红十字会也积极发挥力量，筹备物资、接收捐赠并及时发放到受灾群众手中；还组织志愿者服务基层群众，全市共280余名红十字志愿者参与其中。

（三）接受全面监督

捐赠接收工作中，市红十字会加强党的领导，重大事项由支委会研究决定，相关重点工作及时报纪检组，严格执行相关法律法规。捐赠接收承诺3个百分之百：百分之百尊重捐赠者意愿；百分之百将接收的捐赠款物用于抗洪救灾；百分之百将使用情况反馈捐赠者，接受财政、审计或第三方审计，接受纪委监察部门的监督。捐赠款物接收及使用信息在市红十字会官网、微信公众号公示，目前已经发布33期。

作为成员单位，合肥市红十字会在市洪涝灾害救助工作领导小组的统一领导下，还重点做好援助受灾群众生产生活恢复和重建家园的捐赠接收工作，为坚决打赢“巢湖保卫战”做出积极努力。

三、应急工作存在短板不足

近年来，合肥市自然灾害多发，又多次受到从江浙沿海登陆的台风影响，特别是1991年、1998年、1999年、2003年洪涝灾害，2008年雪灾，2010年秋冬春连旱、2012年干旱，2016年及2020年夏季洪涝灾害，都给全市经济社会发展和人民生命财产安全造成一定的影响。结合此次疫情防控和防汛抗洪的实战经验，在应急管理体系与能力现代化建设方面，合肥市红十字会还存在一些困难和不足。

（一）组织机构建设还不适应应急管理现代化的要求

目前，市红十字会应急工作机制已基本健全，但是人员较少、经验不足，应急管理能力还需要夯实基础、全面提升；5个县（市）红十字会已经理顺管理体制，但是4个区红十字机构还不健全，没有专职人员，影响力不够，应急能力还需大力提升。在此次疫情防控和防汛救灾工作中，各区红十字会的应急作用很难发挥，在深入社区一线、服务居民生活等方面还存在一定缺陷。

（二）捐赠物资接收还存在一些现实困难

一是仓储容量不足，我会备灾库地点在经开区双创园内，面积有限，库里已储备部分自然灾害救助物资，此次救灾实际能使用的库容不足；二是中转货物的搬运人员不足，疫情防控和防汛救灾期间只能临时由会机关全部人员完成搬运工作，由于地处两个地方，不利于工作兼顾；三是中转货物车辆不足，由于经费、人员问题，目前我会车辆数量有限；四是物资验收困难，疫情防控期间社会物资捐赠主要是药品、防护用品、食品等，均具有较高级别的安全质量标准要求，而我会无相关专业人员，无法保障验收工作的质量。

（三）志愿者及应急救援队伍作用发挥有限

一是志愿者作用没有充分发挥。目前，市红十字会 10 多支志愿服务队伍中，有 8 支为大学生志愿者队伍，但他们在疫情防控和防汛期间大多不在本地学校，无法积极投身疫情防控和防汛抗洪一线，能够参与市红十字会志愿服务的志愿者有限。二是原有的应急救援队正处在清理整顿期间。2019 年上半年，接省红十字会通知，对各类救援队进行整顿清理，并要求建立自己的救援队伍，目前合肥市的救援队伍正在招募和训练中，暂不能展开救援行动。三是按照疫情防控工作要求，志愿者不能自由流动，导致无法参与服务活动。

四、融入应急工作“十四五规划”

“十四五”期间，合肥市红十字会将积极争取融入全市应急管理体系建设，充分发挥人道力量，保障群众生命健康安全。市红十字会的主要目标是：依托市政府应急管理大平台，基本形成应急预案完善、应急救援队伍健全、各级有合适的备灾库、人道救助实力增强、救援信息畅通、灾情评估准确、灾害救援高效的应急工作体系。

（一）继续推进公共场所设置 AED 项目

2019 年，合肥市人民政府首次将公共场所设置 AED（自动体外除颤器）项目纳入为民办实事工作方案中。由市红十字会牵头设置了 133 台 AED，全部安装完毕并投入使用以来，已成功挽救了 2 人生命（均发生在高铁南站）。2020 年，合肥市人民政府为民办实事工作方案中，继续增设256台AED，这是市委、市政府贯彻落实“以人民为中心”的发展思想，保障群众生命健康，推进“健康合肥”建设的重要举措。“十四五”期间，我们将进一步扩大AED覆盖范围，基本实现公共场所全覆盖目标，按照每1万人配置不少于10台AED的标准，以全市800万人口计算，需要设置8000台以上AED。为此，我们计划采取政府投资、企业单位出资和捐赠等多种形式投入资金，共同推进公共场所AED全覆盖目标的完成。

（二）加大群众性救护员培训力度

争取市政府政策支持，市红十字会将大力开展群众性应急救护员培训工作，夯实群众性防灾减灾工作的基础。公民是自身健康的第一责任人，自救互救是群众应对各类突发事件的基础性工作。在国外一些发达国家，接受过培训的群众救护员平均比例为40%以上，而我国平均比例为5%以下；我市经过培训的应急救护员按800万人口计算，目前比例不到1%，与应急管理体系建设规划要求和发挥AED急救功能作用的要求相差甚远。为此，我们计划采取政府引导、媒体宣传、社会各界参与等多种形式，增强群众安全意识，达到更多的群众愿意主动接受救护员培训的效果，争取2025年我市接受培训的救护员比例达到3%以上。

（三）推进中小学校应急救护培训工作

按照《中国红十字会总会、教育部关于进一步加强和改进新时代学校红十字工作的通知》《安徽省红十字会、安徽省教育厅关于开展学校应急救护培训工作的通知》等文件精神，结合我市实际制定实施方案，开展中小学校应急救护培训工作，旨在培养中小学校师生的安全意识，使其了解和掌握应急救护知识和技能，在意外伤害发生时能及时正确地自救互救，最大限度减轻伤害、挽救生命。市红十字会的总体目标是：按照师生1∶50的比例对中小学校教职人员进行急救员公益培训，通过师资培训、救护员培训和普及培训等方式，到2022年和2030年，使取得急救培训证书的人员比例分别达到1%和3%；到2030年，全市中小学校均配备AED。

（四）完善红十字会系统应急工作机制

继续完善自然灾害和突发事件应急机制，将市、县两级红十字会应急预案全部纳入同级政府整体应急预案体系，增强红十字会应急预案和红十字应急工作体系的可操作性、科学性，经常组织参观交流和演练观摩等活动。进一步健全红十字基层组织，完善应急组织体系。不断推动基层红十字组织网络建设，通过基层组织信息员和市大数据平台，第一时间掌握灾害和突发事件信息，及时做出评估和需求响应，提升由平时常态向应急状态的快速转换能力。提高筹资能力，建立网络、微信等多形式筹款方式，在灾害和突发事件中能科学配置资源，合理、及时、有效地展开应急救援。

（五）提高红十字会系统应急保障能力

建立健全全市应急管理部门和红十字会系统防灾减灾救灾联动工作机制，提升灾害防范能力、综合减灾能力、救援救助能力与灾后重建能力。突出信息共享，强化工作联动，合力创建综合减灾示范社区，推进基层防灾减灾宣传教育。健全救灾物资储备体系、优化救灾物资调拨流程，共同推进社会力量的发展和培养，充分整合资源，引导社会力量有序参与防灾减灾救灾工作。切实加强红十字救援队伍建设，每个县（市、区）红十字会建立1支应急救援队，开展形式多样的应急演练活动，不断提升市、县两级红十字会的应急能力。将红十字救援队伍纳入政府综合减灾救灾人才队伍建设体系，并将其作为重要力量进行统筹建设、统一调度，在政策、资金、装备、培训和演练等方面给予支持。

（作者系安徽省合肥市红十字会专职副会长）

把握舆论主动权　提高红会公信力

——安徽省合肥市红十字会宣传工作几点做法

张　妍

红十字会是党和政府的人道助手，是联系群众的桥梁纽带，因此，红十字会必须高度重视并做好宣传工作，才能掌握舆论的主动权，更好地为自己发声。近年来，安徽省合肥市红十字会在抓好各项核心业务的同时，认真做好宣传工作，讲好红十字故事，传播好红十字声音，不断提高市红十字会的公信力和在群众中的知晓率，赢得了社会良好赞誉。

一、围绕核心业务做好宣传

“红十字会是做什么的？”想要获得群众的认可，首先要让大家了解红十字会，为此及时发布红会相关工作动态必不可少。

新闻价值的“六要素”包括真实性、时效性、重要性、接近性、显著性、趣味性。这些标准可以帮助我们判断工作中的哪些成果可以进行新闻宣传。其实，我们的每一项核心业务，只要把握住角度和切入点，都可以成为群众关注、媒体感兴趣的内容。例如，抗洪救灾中的红十字救援，防灾减灾日的救护技能培训，春节前夕的“博爱送温暖”，无偿献血、捐献造血干细胞、遗体器官角膜捐献等，都符合重要性、接近性、显著性等特点，具有较高的新闻价值。尤其是捐献造血干细胞的宣传，不但弘扬正能量，还极具故事性。我们把握住每一例捐献的时机做好宣传工作，主要做法是提前对接，面对面采访捐献者，通过聊天挖掘每位捐献者的捐献亮点，从不同角度突出捐献者的感人事迹。捐献结束当天就将稿件提供给媒体记者，确保新闻稿件的时效性。目前，合肥市每一例造血干细胞捐献者的爱心故事都获得省、市多家新闻媒体报道，部分还获中央媒体报道。

另外，与群众生活联系紧密的博爱家园、救护培训等，我们在进行宣传时，突出介绍通过这些项目群众可以获得哪些实实在在的便利或知识、能够对群众的生活提供哪些帮助等，强调这些是非常实用的信息，因此自然也成为群众和媒体的关注点。

二、结合重大活动做好宣传

围绕红十字会的重要节庆和重大活动做好宣传，也是提高红十字会知晓率的有效途径。

每年的世界红十字日是我们的重要节日，开展主题宣传活动，动员群众广泛参与，既可以提高群众的参与度，又可以起到良好的宣传效果。一般常用的宣传形式有广场宣传、应急救护知识普及、救援演练、红十字知识竞赛、人道救助等。红十字志愿者也可以参与其中，做好服务。

结合年度工作重点，每年红十字会要提前谋划几项重大活动，必须抓住机会进行重点宣传，如举办各类比赛、集中助学活动、红十字运动成就事迹展、重大项目落地等。由于红十字会媒体资源有限，可以请宣传部门协助进行宣传报道，红十字会做好资料准备、记者对接等具体工作。

2019 年，市红十字会举办全市首届红十字应急救护大赛，这是年度重点工作，是集全市红十字会系统力量举办的重大活动。活动举办前，我们主动与市委宣传部对接，报备的同时寻求帮助，由市委外宣办协助邀请中央、省、市新闻媒体，先后有 20 余家新闻媒体对活动进行了报道，取得了良好的宣传效果。

三、做好公共事件期间宣传

重大公共事件期间，做好信息公示和新闻宣传，有助于提高红十字会的公信力。

（一）疫情防控

2020 年疫情防控期间，市红十字会与人民网、新华网、安徽日报、安徽商报、市场星报、合肥日报、合肥晚报、江淮晨报、合肥电视台等新闻媒体建立沟通联络，积极提供新闻线索，做好红十字会开展疫情防控工作的宣传报道，重点做好捐赠款物接收情况的公示和宣传。在合肥电视台故事休闲频道的协助下，我们不仅及时进行了相关的宣传报道工作，同时还留存了红十字会开展疫情防控工作的重要影像资料。

《亿帆药业捐赠百万药品》《安徽合肥架起爱心的桥梁》《年龄最小和最大的捐赠者》《我们在武汉、合肥并肩作战》《日本久留米市捐赠合肥一批物资》等一批稿件在多家媒体刊登。合肥市红十字会还积极争取市委宣传部的支持，及时向学习强国安徽平台推送稿件，成功刊发了《一线行动丨安徽合肥：架起爱心的桥梁》《最美人物丨安徽合肥：抗“疫”，我们一直都在》两篇稿件。2月11日，为解决防疫工作一线物资短缺的问题，市红十字会发布倡议书，动员全体市民捐赠医用N95口罩，引发媒体广泛关注，人民网安徽、新华网安徽、安徽商报、新安晚报、合肥晚报等多家媒体转发倡议书，安徽电视台《第一时间》栏目记者现场采访，掀起了全民动员保卫白衣战士的热潮，成功募集医用N95口罩4260余只并及时送到医院白衣战士手中。

疫情防控期间，市红十字会得知两位应急救护培训老师丁宁、魏林洁，分别坚守在合肥、武汉救治新冠肺炎病人的一线，体现出“人道、博爱、奉献”的红十字精神，便立刻与两位老师取得联系，通过微信持续了解他们的抗疫工作动态，并整理出一篇2000余字的深度报道，讲述了她们面对疫情挺身而出、不畏病毒照顾患者的感人故事。这篇报道先后被中国红十字报、学习强国、安徽日报、安徽商报、合肥晚报、江淮晨报等多家媒体采用。

（二）防汛抗洪

面对百年一遇的洪涝灾害，2020年7月22日，合肥市红十字会发布公告接收社会捐赠，助力防汛救灾，社会各界积极踊跃捐款、捐物，市红十字会同时做好宣传工作。

“一线最可爱的人缺烘干机!”7月26日傍晚，合肥市红十字会专职副会长刘波接到省红十字会党组成员、秘书长曹芦松的电话：《安徽日报》记者温沁在一线采访时发现连日大雨导致抗洪战士衣物无法晾干，向红十字会求助。军民情深，得知抗洪战士遇到困难，刘波也焦急万分，她立即行动与爱心企业对接，第一时间便得到合肥通用机械研究院通用机电产品检测院愿意捐赠50台大功率烘干机的答复。当晚，为了尽快做好烘干机分配计划，在《安徽日报》记者的帮助下，通过合肥警备区将设备合理分配到肥西、庐江、巢湖、肥东及合肥包河区5地。“你为我护堤，我为你干衣!”在刘波积极对接捐赠的同时，曹芦松秘书长为这次捐赠活动定下一个绝妙的宣传语。27日一早，《安徽日报》头版刊登《你为我护堤，我为你干衣!》的稿件，讲述了省、市红十字会传递爱心的故事。早上8点，刘波带领工作人员同记者温沁一同赶到物流仓库，随后大家兵分三路送货，至当日下午2点，50台烘干机已经全部送达一线并安装到位，帮助抗洪一线官兵解决了衣服洗了干不了的烦恼。28日的《安徽日报》再次用头版位置介绍了捐赠的最新进展。红十字会活动的报道连续两天刊登在《安徽日报》头版，对省、市红十字会来说都是首次。同时，学习强国、央广网、新华网、安徽电视台、合肥电视台等多家媒体也对活动进行了报道。

8月20日，正在安徽视察调研防汛救灾工作的习近平总书记听取了军队参与防汛救灾情况汇报，并发表重要讲话。8月21日，央视新闻在播发的《一场不同寻常的汇报会，习近平强调了什么?》的报道中提到合肥某抗洪部队驻地收到当地捐赠的除湿烘干机，并配发“你为我护堤，我为你干衣——合肥市红十字会向抗洪勇士致敬”的搬运烘干机图片，几天内阅读量就达10万+，各大主流媒体纷纷转载。这次宣传的成功，一是合肥红十字会日常扎实工作的积累，关键时刻迅速联系好捐赠单位，并及时运送到位；二是宣传主题策划得好，两句话的宣传语对仗工整、朗朗上口、形象生动、吸人眼球，让人印象深刻；三是借助了《安徽日报》的力量，宣传面广、政治性强，因而成功地作为素材被引入有关习近平总书记视察活动的报道之中。

7月28日凌晨，合肥市红十字会收到淘宝主播薇娅支援庐江抗洪的200万元捐款，此为2020年防汛抗洪期间市红十字会收到的单笔金额最高的捐款。28日当天，市红十字会按照捐赠人意愿，将200万元转账至庐江县红十字会，由县防汛抗洪指挥部统筹使用。考虑到薇娅身份特殊，关注度高，合肥市红十字会把握住机会，在征得捐赠方同意之后，当天就整理好新闻稿件，提供给中央、省市新闻媒体，成为媒体关注的焦点。

7月31日上午，根据合肥市防汛抗洪抢险应急指挥部办公室“巢湖保卫战”系列新闻发布会安排，市红十字会就抗洪救灾期间款物捐赠使用等情况做新闻发布，进一步做好信息公开工作，20余家中央、省市媒体现场出席，通过媒体及时向社会大众发布捐赠款物的接收使用情况。

（三）突发事件

2019年，合肥市红十字会作为牵头单位，实施市政府为民办实事“公共场所医疗急救工程”项目，设置133套自动体外除颤器（AED），这是推进“健康合肥”建设、保护群众生命健康的重要举措，受到社会各界和人民群众的广泛关注，设备安装时得到中国政府网、新华社、安徽电视台等媒体报道。

项目实施至今，已有两例成功施救案例，均发生在高铁南站，社会效益初显。2020 年 1 月 13 日上午，合肥高铁南站一位旅客的父亲晕倒，医护人员赶到后立即实施心肺复苏，后又借助站内 AED 设备对病人情况进行识别并提示按压节奏，成功使老人恢复心跳。2020 年 4 月 15 日上午，合肥南站一名男性旅客测量体温时突发昏厥倒地、不省人事，医护人员使用站内 AED 设备，对昏厥旅客进行心脏除颤，首次便除颤成功，旅客逐渐恢复心跳，后经医院治疗，不久即康复出院。两次 AED 救人事件，合肥市红十字会都迅速整理出新闻稿件，获得省市多家媒体报道，社会影响广泛。2020 年，合肥市红十字会再次牵头落实“公共场所医疗急救工程”项目，新增部署 256 台 AED，项目启动时也获得媒体的广泛关注。

2019 年 6 月 10 日早晨，合肥市红十字会的应急救护老师程明月在上班路上遇到一位头部流血的伤者，便及时帮助包扎伤口，成功止血。市红十字会上午便整理好稿件提供给媒体记者，安徽商报、市场星报、合肥晚报、安徽文明网等媒体及时刊发，红十字志愿者见义勇为的爱心善举得到宣传弘扬。

四、坚持做好发稿工作

宣传工作要高度重视时效性，新闻贵在一个“新”字，写好的稿件必须及时投递出去，并刊发、播放出来，才能更好地发挥宣传作用。

（一）抓好自媒体宣传

当前我们处于互联网社会，抓好自媒体建设和宣传也非常重要，网站、微信、微博是我们自媒体的阵地。自媒体可以全面、生动地展示红十字会工作，文字、图片、视频都可以通过自媒体进行发布，宣传形式多样，是主动为自己发声的主要手段。关于自媒体建设，省红十字会已经对市、县各级红十字会提出了明确要求，必须建好用好官方网站、微信、微博，要坚定党管宣传的方针，切实把握政治导向；要明确专人负责，确保内容更新及时。

（二）与主流媒体保持沟通

做好发稿工作，必须要与各级媒体记者保持良好沟通，我们主要联系的有《中国红十字报》、《博爱》杂志、安徽省红十字会官网官微、《中华骨髓库》杂志等，还有中央、省、市新闻媒体，要及时向记者提供新闻线索或稿件。不过，同一篇稿件投递给不同类型媒体时，要对稿件风格进行适当调整。我们要区分红十字系统的媒体和系统外媒体，系统外媒体又可以分为党报和都市报，不同媒体的稿件风格不同，要想提高发稿率，就要多看、多研究该媒体已发稿件，将自己的稿件转化成相应的风格。

（三）积极争取学习强国发稿

“学习强国”学习平台由中宣部主管，以深入学习宣传习近平新时代中国特色社会主义思想为主要内容，是党和人民群众重点关注的主流媒体。市红十字会高度重视在“学习强国”学习平台上的发稿工作，与宣传部门主动对接，了解供稿渠道。日常工作中认真准备稿件，及时投稿。截至目前，市红十字会已在“学习强国”学习平台刊登稿件十余篇，内容包括红十字事业成就展、红十字志愿者捐献造血干细胞救人、红十字会架起爱心桥梁助力防疫、发放赈灾物资防汛抗洪、红十字会捐赠烘干机为抗洪战士干衣等。

五、存在的不足

合肥市红十字会宣传工作还有很多不足之处，需要不断地加强学习，以提高工作水平。这些不足主要体现在以下三个方面。

一是图片新闻。新闻摄影要求视觉冲击力强、画面展现力强，对摄影师的摄影技术和经验有很高要求，市红十字会此方面人才还较为缺乏。

二是社会宣传。目前，市红十字会宣传工作主要集中在新闻宣传方面，社会宣传资源有限，还没有在城市公共场所广告牌、大型电子屏、围栏围挡等地设置公益广告，宣传范围有限，因此宣传工作还需要进一步拓展。

三是新媒体宣传。当前我们正处于互联网社会，网络传播迅速有效，新媒体宣传也显得尤为重要，目前合肥市新媒体宣传人员缺乏，工作水平也亟待提高。

（作者系合肥市红十字会工作人员）

救命神器上岗　保障群众健康

——合肥市红十字会推进公共场所设置AED项目做法及思考

孙　伟

合肥市红十字会认真落实《“健康中国2030”规划纲要》，精心谋划、亮出实招，为“健康合肥”建设贡献人道力量。目前，由合肥市红十字会牵头负责的市政府为民办实事事项“公共场所医疗急救工程”已连续开展两年，2019年在机场、车站、学校、地铁、各类场馆、旅游景区等公共场所共安装133台AED（自动体外除颤器），已经全部投入使用；2020年计划安装的256台设备，年底前已安装完毕。这些拥有亮眼橙色机箱的AED设备智能化程度高，简单易操作，在关键时刻已成功挽救两人生命，赢得市民的广泛赞誉。

一、积极争取党和政府支持

（一）国内外公共场所设置AED现状

自动体外除颤器（Automated External Defibrillator，AED），或称自动体外心脏除颤器、自动体外电击器、傻瓜电击器等，俗称“救命神器”，是一种便携式的医疗设备。它可以自动诊断特定的心律失常，并且给予电击除颤，是可被非专业人员使用的用于抢救心源性猝死患者的医疗设备。

在很多发达国家，AED已成为与消防设施同样重要的公共安全设施，并在立法层面加以保障，确保发病者能够在第一时间获得除颤救治。以美国芝加哥机场为例，在安置AED之前，一年有30多人死于突发性心脏病，死亡率达70%；安装AED后，工作人员5分钟之内就能进行救助，极大提高了抢救率。目前，美国的AED配备水平达到了每

10 万人口拥有 370 余台。日本在公共场所已经拥有 AED 数量达 63 万台，实现每 10 万人口拥有量超过 500 台。我国与发达国家相比，在这个方面还存在不小的差距，即使与近邻的越南、柬埔寨、马来西亚等国相比，我国 AED 的配置数量和公众急救知晓率也处于较低的水平。

新闻报道显示，目前上海设置 AED 总数约 2000 台，“十四五”规划目标为每 10 万人配备 100 台。2019 年底，深圳市已经完成在全市公共场所设置 1500 台 AED，按照深圳市的规划，未来 5 ~ 10 年达到每 10 万人配置 300 台，总数预计将达到 6 万台。浙江省人民政府印发的《“健康浙江 2030”行动纲要》中明确规定，到 2030 年，全省公共场所每 1 万人 AED 配备率达到 1 ~ 2 台，公众应急救护知识普及率累计达到 40%。杭州市拟在“十四五”规划中，明确公共场所 AED 目标为每 1 万人配备 10 台。南京市目前 AED 已设置和正在设置的数量超过 2000 台。而在 2019 年之前，合肥市公共场所配备的 AED 仅有数台。

（二）公共场所 AED 项目推广的必要性

我国每年心脏骤停发病总人数为 54.4 万人，位居全球各国之首，这就意味着每分钟有 1 人发生心脏骤停。心脏骤停是医学上最危急的情况之一，表现为心脏跳动突然停止，患者对刺激无反应、无脉搏、无自主呼吸或仅有濒死喘息等，许多患者因未得到复苏抢救而丧失生命。我国的院外心肺复苏成功率极低，仅有 1.2% ~ 1.4%。心脏骤停发生时，心肺复苏救治流程的相关知识与技能培训，在群众中的普及率及公众知晓率也远远不够。AED 在公众场所的配备虽已启动，但实际配备率和使用率仍很低。

近年来，随着 AED 在各种公众场所的推广配备日益增多，已有众多突发心脏骤停病人在黄金时间 4 分钟内得到了第一时间的现场急救，从而挽救了生命。在公共场所加快 AED 普及推广进度，加大对公众急救知识普及培训的力度，人人学急救，急救为人人，面对紧急突发事件就可以让更多的心脏骤停患者“再次心动”！红十字会作为党和政府的人道工作助手，以保护人的生命和健康为宗旨，应当积极开展急救培训，普及急救知识，鼓励经过急救培训的人员积极参与公共场所急救服务，推进公共场所配备急救设备、设施。为认真贯彻落实“以人民为中心”的发展思想，保障群众生命健康，推进“健康合肥”建设，合肥市红十字会认真谋划公共场所设置 AED 项目。

（三）成功纳入市政府“为民办实事”项目

2019 年初，合肥市十六届人大二次会议期间，市红十字会专职副会长刘波建议，在人流密集的大型公共场所配备 AED 设备，并将项目的实施建设纳入为民办实事项目中加以落实。建议一经提出，便获得市委、市政府高度关注，明确要求由市红十字会牵头制定相关工作方案。市红十字会立刻着手进行调研，具体工作人员在一周内将医疗卫生、院前急救等法律法规的相关内容通读、吃透，顺利完成项目方案并报送市政府。

2 月底，2019 年合肥市政府 20 件为民办实事项目公布，其中一项为“公共场所医疗急救工程”，即在车站等人员密集的公共场所配备 AED 等医疗急救设备，并对设置点相关人员进行救护员培训。项目由市红十字会牵头，市财政局、卫生健康委、发改委、教育局等多部门配合。同时，市政府把工作落实情况作为部门目标管理绩效考核的重要内容，为兑现“把群众关心的关键小事当作政府的头等大事，努力增强人民群众幸福感”的庄严承诺提供了切实保障。

2019 年，由合肥市红十字会牵头在公共场所设置了 133 台 AED，配套救护员培训约 400 名，截至目前已成功挽救两人生命。2020 年，合肥市人民政府为民办实事工作方案中，在区属及开发区学校、公共场馆、博爱家园、部分国企服务大厅等地增设 256 台 AED，并培训设置点救护员约 800 名，扩大项目社会知晓度。每个人都应该掌握一定的急救能力，在关键时刻救人救己，项目推进的同时，合肥市红十字会还进一步加强宣传动员，加大救护员的培训力度，让更多的人了解并掌握急救知识，提高自救互救技能，充分发挥 AED 的功能和作用，为保护群众生命、推进“健康合肥”建设，打造有国际影响力的创新之都贡献力量。

二、扎实推进公共场所医疗急救工程

项目推进过程中，合肥市红十字会严格执行政府采购规定，按时、保质、有序推进项目建设，取得了良好的社会效益，受到了社会各界的认可。

（一）严格执行政府采购规定

一是进行市场调研。2019 年，市红十字会与国内多家 AED 代理商沟通，进行调研，并向其他地市学习，在了解产品功能特点、技术参数、智能管理平台、售后服务、投放国内市场业绩、行业情况等基础上，充分做好项目采购需求的前期基础工作。在2019年市场调查的基础上，2020年继续开展市场调查工作，了解行业最新情况，同时了解其他地市在政府采购AED项目方面的经验做法。

二是调整采购数量。经请示市财政局同意，在不高于政府预算经费标准和保证有3家以上产品供应商参加招投标的前提下，市红十字会对AED设置数量进行合理调整，2019年增加到133台，2020年增加到256台。

三是细化采购需求。市红十字会积极与国内多个品牌厂家沟通联系，鼓励他们参与采购项目招投标，尽量做到公平公正；对采购需求、综合评标法、售后服务等相关技术指标和内容进行多次修改，尽可能采购到质优价廉的理想产品，预防和解决项目实施后可能存在的产品质量、售后服务、智能管理等隐患问题。

四是进行专家论证。经市财政局和市公管局审核，市发改委同意，并进行了“允许进口产品参与招投标竞争和核心技术参数”的专家认证，在2019年招投标环节，共有5家国内外产品参加了招投标竞争。按照政府招投标法规的规定和程序，2019年久心AED产品中标；2020年增至7家产品参加招投标，迈瑞AED产品中标。

（二）安装培训按时保质

一是按时完成设备安装。2019年9月16日是第20个世界急救日，项目首台AED在地铁1号线高铁南站广场内启用，为市民出行增添了一份安全保障，获得市民广泛关注，并获得中国政府网、新华社等媒体报道，受到安徽省红十字会等省、市有关部门关注；至12月中旬，133台设备已经全部安装完毕并通过验收，覆盖合肥市地铁1、2、3号线，4A、5A级景区，机场车站、体育场馆、市属学校、城市红十字博爱家园等地，资金使用率100%。项目由政府出资投放公共场所的做法，在全省地市级中是第一家，在全国也不多见。2020年的256台设备已于11月底全部安装完毕。

二是做好配套服务工作。为更好地发挥设备作用，合肥市红十字会制定AED设置点救护员培训工作方案，2019年集中一个半月的时间举办8期救护员培训班，培训救护员约400人，确保每个设置点配备3名持证救护员；2020年10—11月举办10期AED专项救护员培训班，培训救护员约800名。

三是严格验收、智能管理。2019年12月初，合肥市红十字会制定《合肥市红十字会医疗急救工程项目验收工作方案》，组成验收小组，由孙伟带队进行所有设备的验收工作，对133套AED设备逐一进行实地现场检查验收，涉及70余家单位，对智能管理系统运行使用情况进行操作查验，确保设备正常待机和有效监管。时间紧、任务重，工作人员克服困难，在一周内跑了70多家单位、133个设置点，认真检查每台设备，并做好详情记录。项目还加强日常监管检查，确保设备正常运行。目前，通过物联网和互联网技术，利用智能云管理系统，已对2019年安装的133套AED设备进行后台多级监管，待机状态、是否离位、配件到期更换提醒、管理组织人员信息等一目了然，大大降低了后期维护管理成本。2020年安装的设备，也已完成验收并加入智能管理系统。

（三）挽救生命不折不扣

一是取用方式简便。目前，合肥市民只要搜索急救小程序就可以在线查看AED的分布图，知道自己所在位置的周边约2千米范围内设置的AED数量等情况，可选择距离最近的急救设备，直接导航至最近的一台取用，程序同时设有一键呼救功能，包括呼叫120和寻求周边人员帮助。如果在公共场所发生心脏骤停危及生命事件时，在救命的“黄金4分钟”时间内，附近的目击者可以利用这一“救命神器”，在第一时间进行快速抢救，从而可以大幅度提高抢救成功率。同时，工作人员会在系统后台对设备进行监控，一旦仪器显示异常，会第一时间赶往现场处理。此外，每台AED设备上方的显示屏还滚动播放红十字公益宣传视频。

二是成功挽救生命。设备投入使用至今，已有两例成功施救案例，均发生在高铁南站，发挥了公共场所急救设备的功能和作用。2020年1月13日上午，合肥高铁南站一位旅客的父亲晕倒，医护人员赶到后立即实施心肺复苏，后又借助站内AED设备对病人情况进行识别并提示按压节奏成功使老人恢复心跳；4月15日上午，合肥南站一名男性旅客在测量体温时突发昏厥倒地、不省人事，医护人员使用站内AED除颤器，对昏厥旅客进行心脏除颤，首次便除颤成功，旅客逐渐恢复心跳。两次AED救人事件都得到省市多家媒体报道，社会影响广泛。生命宝贵，能够为挽救生命贡献人道力量难能可贵，我们将继续把这件群众受益的实事办实、办好。

三、明确目标保障群众生命健康

普及全民应急救护知识，使公众掌握基本必备的心肺复苏等应急自救互救知识与技能，是红十字会的职责所在。在公共场所设置AED急救设备是一个系统工程，涉及覆盖区域分布、有效管理、高效使用、资金投入等方面，在三五年内，参照国内外经验做法，合肥市红十字会制定以下目标，以进一步保障群众生命健康。

（一）不断扩大AED覆盖率

市红十字会计划基本实现所有公共场所AED全覆盖目标（包括商超、交通枢纽、文化娱乐场所、酒店旅馆、企业等）。每1万人配置不少于10台，按照全市800万人口计算，需要设置8000台以上AED。市红十字会将探索采取政府投资、企业单位出资和捐赠等多形式投入资金，共同推进健康事业战略。

（二）集中统一管理

根据政府采购规定程序，每年中标的AED厂家不同，在投入使用后，如何进行统一管理也是我们重点关注的内容。通过技术手段，使AED设备通过后台管理系统实现统一管理，由项目牵头单位、设置点单位、供应商等多层次共同监管，以确保AED设备长期发挥效能。

（三）纳入市急救中心MPDS系统

医疗优先分级调度系统（简称“MPDS”）是以软件为主要使用形式，在急救受理和调度中实现医学模式的标准化、规范化和分级处置的专家系统，目前已在全世界范围内被广泛认可并使用。MPDS软件内置33种疾病预案，调度员将严格按照MPDS规定的程序与呼救者进行对话，选择相应的预案进行病情评估、急救指导和分级调派。市红十字会下一步目标是接入市急救中心MPDS医疗优先分级调度系统，充分发挥AED项目在院前急救生命链中的功能与作用，争分夺秒挽救患者生命；与市数据资源局合作，探索与安康码大数据融合，实现共建共享，体现智慧城市大数据融合的优势。

（四）加大群众性救护员培训力度

公民是自己健康的第一责任人，自救互救是应对各类突发事件的群众性基础工作。在国外一些发达国家，接受过培训的群众救护员占人口数的平均比例在40%以上，而我国的平均比例在5%以下，合肥市经过培训的应急救护员按800万人口计算，目前比例不到1%，与发挥AED急救功能作用的要求相差甚远。下一步，我们将争取党和政府支持，采取政府引导、媒体宣传、社会各界参与等多种形式，增强群众安全意识，达到更多群众愿意主动接受救护员培训的效果，争取至2025年我市救护员比例达到3%，有更多的群众成为急救现场的“第一目击人”，使群众性自救互救快捷有效。

（五）推进中小学救护培训工作

合肥市依据《健康中国行动（2019—2030年）》《中华人民共和国基本医疗卫生与健康促进法》《中国红十字会总会、教育部关于进一步加强和改进新时代学校红十字工作的通知》《安徽省红十字会　安徽省教育厅关于开展学校应急救护培训工作的通知》等文件精神，结合合肥市实际，制定《合肥市中小学校应急救护培训工作实施方案》，开展中小学校应急救护培训工作，旨在培养中小学校师生的安全意识，使其了解和掌握应急救护知识和技能，在意外伤害发生时能及时正确地自救互救，最大限度减轻伤害、挽救生命；总体目标是按照师生1∶50的比例对中小学校教职人员进行急救员公益培训，通过师资培训、救护员培训和普及培训等方式，到2022年和2030年使取得急救员培训证书的人员分别达到1%和3%。到2030年，实现全市中小学校均配备AED。

（作者系合肥市红十字会综合部部长）

观察思考

武汉战“疫”与中国红十字会人道救援

商东惠

2019年末，一场突如其来的新冠肺炎疫情侵袭武汉，并迅速向全国蔓延，成为新中国成立以来发生的传播速度最快、感染范围最广、防控难度最大的一次重大突发公共卫生事件。疫情发生后，党中央、国务院高度重视，连续召开多次应对新型冠状病毒感染的肺炎疫情联防联控工作机制会议。中国红十字会总会及地方各级红十字会也在党中央统一领导下，密切配合各部门，积极参与联防联控工作，为打赢疫情防控攻坚战做出了重要贡献。本文拟对中国红十字会在武汉战“疫”中开展的人道救援工作进行梳理，并作简要评析。

一、武汉新冠肺炎疫情的发展

开始于2019年末的新冠肺炎疫情，目前已经发展为全球特大疫情，不仅对人类生命健康构成重大威胁，也给世界经济文化的发展带来巨大损失。在国外疫情尚不稳定的时候，中国已复工复产，堪称各国疫情处置的标杆。作为国内疫情最严重的地区，武汉战“疫”的胜利在某种程度上代表着全国战“疫”的胜利。武汉新冠肺炎疫情的发展，大致可以划分为两个阶段：第一阶段，自2019年末武汉发现“不明原因的肺炎病毒”起，至2020年1月23日武汉封城；第二阶段，从武汉封城起，至2020年4月8日武汉解封。

第一阶段，主要包括新型冠状病毒的出现、确定与应对方案的制定。2019年末，湖北省武汉市陆续出现不明原因的肺炎病人。根据所查最早的一则通报，武汉部分医疗机构于12月份陆续接诊了多例与华南海鲜城有关联的肺炎病人，截至12月31日，“已发现27例”①。该情况

① 《武汉市卫健委关于当前我市肺炎疫情的情况通报》，武汉市卫生健康委员会网，2019年12月31日。

引起不少医护人员的关注，相关部门也迅速采取行动，对这一异常病毒进行研究。2020 年 1 月 7 日，“不明原因的病毒性肺炎”病原体被初步确诊为新型冠状病毒[①]。其后，国家及省市专家组立即对肺炎病例的诊疗、监测等方案进行了修订完善。1 月 20 日，国家卫健委发布一号公告，将新型冠状病毒感染的肺炎纳入《中华人民共和国传染病防治法》规定的乙类传染病，并采取甲类传染病的预防控制措施。1 月 23 日凌晨 2 时，武汉市疫情指挥部紧急宣布，自 1 月 23 日 10 时实施封城，正式吹响了武汉保卫战的号角。

第二阶段，是武汉新冠肺炎疫情从暴发、大流行到结束的过程。为有效遏制疫情蔓延，1 月 23 日武汉实施封城。根据湖北卫健委官网，自 1 月 23 日开始，武汉每日新增病例数直线上升，从两位数到三位数，再跃至四位数，武汉市迎来新冠肺炎疫情的大暴发。2 月 12 日，湖北省将临床诊断病例纳入确诊病例后，单日新增病例达到了 13436 例[②]。2 月 13 日后，武汉启动为期 3 天的大排查行动。随着大批方舱医院的投入使用和“应收尽收、应治尽治”政策的逐步落实，武汉每日新增病例数逐渐回落。2 月 19 日，武汉每日新增病例从四位数降至三位数，疫情形势开始向好。3 月 6 日，武汉新增病例降至两位数。3 月 11 日，武汉新增病例降至个位数。3 月 18 日，武汉出现 0 新增[③]，这也标志着武汉战“疫”的初步胜利。其后，武汉当地交通逐渐恢复，企业也陆续复工复产。4 月 8 日，武汉正式解封，向全世界宣告战“疫”的最终胜利。

二、中国红十字会的人道救援工作

（一）红十字会总会：统一部署　有力驰援

武汉新冠肺炎疫情发生后，中国红十字会总会迅速做出反应，派出工作组进驻武汉，就近指导督促湖北省红十字会、武汉市红十字会开展疫情防控工作。同时，充分发挥组织领导作用，集中全国红十字会系统力量，组建应急救援队、募集防疫抗疫物资，为武汉战“疫”带来一抹

① 《武汉病毒性肺炎病例的病原体初步判定为新型冠状病毒》，新华网，2020 年 1 月 9 日。

② 《2020 年 2 月 12 日湖北省新冠肺炎疫情情况》，湖北省卫生健康委员会网，2020 年 2 月 13 日。

③ 《武汉封城 56 天，新增病例首次为 0，战疫走势一图尽览》，《南方都市报》2020 年 3 月 19 日。

亮色。

1. 抗疫战略部署工作

疫情期间，中国红十字会总会多次发布通知，传达党中央、国务院关于防疫抗疫工作的指示精神，分阶段有针对性地对各级红十字会的联防联控工作做出指示。

疫情发生早期，由于捐赠物资数量井喷式增长，做好社会捐赠、保障物资供应系统的通畅成为红十字会工作的重中之重。1 月 21 日，中国红十字会总会向各省、自治区、直辖市和新疆生产建设兵团红十字会发布《关于认真配合做好新型冠状病毒感染的肺炎疫情防控工作的通知》①，对各级红十字会做好新冠肺炎疫情防控工作做出具体要求，包括确定防控工作负责人和联络员、开展社区防疫宣传、有序接收社会捐赠等。26 日，中国红十字会总会召开疫情防控工作会议，传达学习贯彻习近平总书记在中央政治局常委会会议上关于新冠肺炎疫情防控工作的重要讲话精神，研究部署全国红十字会系统贯彻落实工作②，再次提出规范款物使用的要求。28 日，中国红十字会党组成员、副会长兼秘书长王平与工业和信息化部党组成员、总工程师田玉龙召集两部门专题会商会，就建立疫情防控物资保障联动机制，畅通物资接收、采购、调配渠道等事项进行沟通对接。③

疫情发生中期，武汉抗疫取得初步成效，疫情蔓延得到遏制，红十字会社区联防联控工作的开展和对新冠肺炎康复者捐献恢复期血浆的招募动员成为该阶段的工作重点。2 月 15 日，中国红十字会总会办公室发布《关于进一步做好红十字会参与新冠肺炎疫情社区联防联控工作的通知》，对各级红十字会在社区联防联控中的主要任务做出详细部署。④ 2 月 20 日，国家卫生健康委、中国红十字会总会联合印发《关于做好新冠肺炎康复者捐献恢复期血浆招募动员服务工作的通知》⑤，对红十字会采浆献浆工作做出具体部署。

---

① 《中国红十字会总会发布做好新型肺炎疫情防控工作的通知》，中国红十字会网，2020 年 1 月 26 日。

② 《中国红十字会总会召开疫情防控工作会议》，中国红十字会网，2020 年 1 月 27 日。

③ 《中国红十字会就疫情防控物资保障与工信部建立联动机制》，中国红十字会网，2020 年 1 月 28 日。

④ 《中国红十字会总会办公室关于进一步做好红十字会参与新冠肺炎疫情社区联防联控工作的通知》，中国红十字会网，2020 年 2 月 15 日。

⑤ 《国家卫生健康委、中国红十字会总会：做好新冠肺炎康复者捐献恢复期血浆招募动员服务工作的通知》，中国红十字会网，2020 年 2 月 20 日。

在全国疫情基本稳定后，中国红十字会总会工作部署的重心放在了帮扶因疫情致贫的困难家庭方面。4 月 21 日，根据中央应对新冠肺炎疫情工作领导小组工作部署，中国红十字会总会印发通知，对各级红十字会帮扶受到新冠肺炎疫情影响的困难家庭、积极开展人道救助工作做出具体指示。①

2. 捐赠款物的接受与使用工作

一方面，严格规范疫情防控物资的接受、使用及管理办法。武汉新冠肺炎疫情的进展，一直牵动着全国人民的心。为支援武汉，各地捐赠的款物如雪片飞向中国红十字会。截至 1 月 25 日，全国红十字会系统累计接受爱心捐赠款物就达到了 3.4 亿元。② 在该背景下，1 月 28 日，中国红十字会总会发布通知，严格规范各级红十字会疫情防控捐赠款物的使用管理工作。③

另一方面，及时更新捐赠款物使用动态，明确款物去向。为回应社会关切，自 2 月 1 日起，中国红十字会总会保持捐赠款物使用动态每日一更新，并根据疫情防控需要及捐赠方意愿安排使用防疫抗疫物资。据中国红十字会官网，截至 2020 年 6 月 18 日 17 时，中国红十字会总会机关和中国红十字基金会共接受用于新冠肺炎疫情防控社会捐赠款物 249307 万元。其中，接受资金 174736.7 万元，物资价值 74570.3 万元。④ 其用途可概括为以下 5 个方面：一是用于援建承担防控救治任务的武汉火神山医院、雷神山医院，支持湖北省内各一线医院的抗疫需求；二是为武汉防控一线医务人员提供人道救助；三是采购、运送抗疫一线急需的防控物资；四是转赠给湖北及其他各省市，用于防疫抗疫；五是为抗疫提供国际人道援助、疫情防控科研、抗疫社会组织协作等。

3. 抗疫物资的采购、募集工作

武汉疫情的暴发，使一线医院防疫抗疫物品急剧缩减。中国红十字会总会与中国红十字基金会充分利用自身优势，积极争取国内外支持，募集、采购各类防疫物资支援武汉。

---

① 《中国红十字会总会印发通知要求对受新冠肺炎疫情影响的困难家庭积极开展人道救助工作》，中国红十字会网，2020 年 4 月 21 日。

② 《中国红十字会全力做好防控工作累计接受爱心捐赠款物达 3.4 亿元》，中国红十字会网，2020 年 1 月 26 日。

③ 《关于做好新型冠状病毒感染的肺炎疫情防控捐赠款物使用管理的通知》，公益时报网，2020 年 1 月 28 日。

④ 《中国红十字会总会接受使用新型冠状病毒肺炎疫情防控社会捐赠款物动态》，中国红十字会网，2020 年 6 月 19 日。

1 月 28 日，中国红十字基金会采购的 100 万只医用外科口罩从山东潍坊启运湖北黄冈。[①] 2 月 3 日凌晨 5 时 20 分，由中国红十字会总会协调防癌抗癌总裁圆桌会捐赠的一批医用急需物资运抵武汉，该宗物资包括 1. 18 万件医用防护服、20. 07 万只 N95 医用口罩、6. 75 万只 N95 防护口罩、172. 77 万只口罩、1 万只面罩和 56. 68 万副手套等。[②] 2 月 5 日晨，由中国红十字会总会利用社会公众通过网络捐赠的 1700 多万元采购的首批 5 辆负压救护车（含负压隔离舱）抵达武汉，其余 50 辆分别于 2 月 5 日晚、2 月 6 日晚抵达武汉，按照湖北省疫情防控指挥部安排交火神山医院、雷神山医院及湖北省各地抗击疫情工作一线使用。[③] 2 月 7 日，由中国红十字会总会使用社会公众捐赠资金 1348. 319 万元紧急采购的 598 台呼吸机、820 台监护仪，从北京、沈阳、南京、深圳、珠海等地运往武汉，用于支持湖北省患者救治工作。[④] 3 月 8 日，按照捐赠人意愿，中国红十字基金会向湖北省血液管理中心捐赠的 5 辆救护供血车全部运抵武汉，该批救护供血车均为冷链运输车，用于支持血液采集应急保障和临床用血运输，为及时救治新冠肺炎患者提供了保障。[⑤]

4. 组建红十字会救护转运车队

在此次新冠肺炎疫情中，负压救护车是重点需求物资之一，主要用于疑似或确诊病员的隔离运送。其与普通救护车最大的不同，在于增设了一个专用隔离仓，可以通过“负压隔离”，有效防止外部有毒气体进入舱体和舱内被污染空气的外泄，从而最大限度地避免医患人员的交叉感染。

武汉市新冠肺炎疫情发生后，根据武汉市疫情防控需要，中国红十字会总会先后从北京、上海、内蒙古、青海、云南、吉林等 6 省（区、市）抽调专业医务人员和救护车驾驶员组成中国红十字会救护转运车队，赴武汉开展患者转运工作。截至 3 月 8 日，中国红十字会救护转运车队已累计出车 374 车次，转运患者 1110 名，其中转运的重症及危重症

---

① 《中国红十字基金会拨付 3278 万元支持火神山医院建设，采购 100 万只医用外科口罩支援湖北》，中国红十字会网，1 月 28 日。

② 《中国红十字会总会紧急募集 20 吨湖北急需的医用口罩、防护服等物资已从美国运抵武汉》，中国红十字会网，2020 年 2 月 3 日。

③ 《中国红十字会总会向武汉捐赠 55 辆负压救护车》，中国红十字会网，2020 年 2 月 6 日。

④ 《中国红十字会总会使用社会捐赠资金采购呼吸机等急需医疗物资驰援湖北疫情防控一线》，中国红十字会网，2020 年 2 月 9 日。

⑤ 《3 月 8 日，中国红十字基金会援助 5 辆救护供血车送抵武汉》，中国红十字会网，2020 年 3 月 8 日。

患者达708名。[1]

5. 抗疫一线医护人员的人道援助工作

在武汉战“疫”中，一线的医疗工作者做出了巨大牺牲。他们冒着被感染的风险，以大无畏的勇气和无私奉献的人道主义精神，从死亡一线拉回无数患者，谱写了一曲曲悲壮的人道之歌。因此，做好一线医护人员的人道援助工作，为他们提供安全保障，显得意义非凡。

1月25日，北京字节跳动网络技术有限公司向中国红十字基金会捐赠人民币2亿元，发起设立中国红十字基金会“字节跳动医务工作者人道救助基金”，受助者包括但不限于确诊感染和因公殉职的一线医务工作者。[2] 该项基金于1月26日、28日先后向23名医务工作者进行了人道援助。截至6月19日，中国红十字会、中国红十字基金会投入防控一线医务人员人道救助金分别达到1120万元、58438.95万元。[3]

（二）地方各级红十字会：合力同心　携手抗疫

在武汉新冠肺炎疫情攻坚战中，地方各级红十字会积极响应中国红十字会总会号召，一方面，紧密配合地方政府的抗疫战略，根据当地疫情有针对性地制定各具特色的防疫抗疫策略；另一方面，始终心系武汉疫区同胞，积极募捐款物，组建地方红十字救援队、救护转运车队驰援武汉。

1月29日，上海市红十字会向武汉市红十字会拨付人民币2300万元，用于新冠肺炎疫情的防控。[4] 2月11日下午5时，应中国红十字会总会要求，上海市红十字会全力以赴通过各种渠道购入的80余件、1.5吨、可以装备10部救护车的车载医疗设备，在上海市瑞金红十字医院完成装车，向武汉驶去。[5]

2月3日，江苏省红十字会、四川省红十字会派遣11名骨干力量赶赴武汉。两省救援队连夜与湖北省红十字会、武汉市红十字会联络对接，制定工作方案，就当地红十字会做好捐赠款物接受使用、信息公开

① 《红十字救护转运队：安全转运患者的卫士》，《新华每日电讯报》，2020年2月22日。

② 《中国红基会字节跳动医务工作者人道救助基金资助首批医务工作者》，中国红十字会网，2020年1月27日。

③ 《中国红十字会总会接受使用新型冠状病毒肺炎疫情防控社会捐赠款物动态》，中国红十字会网，2020年6月19日。

④ 《上海市红十字会2300万元驰援疫情防控一线》，中国红十字会网，2020年1月30日。

⑤ 《上海红十字医院应急医疗物资送往武汉》，中国红十字会网，2020年2月14日。

等工作展开协作。[1] 2月9日晚，内蒙古自治区红十字会支援湖北一线救援队从呼和浩特东站出发，乘坐火车前往北京集中后奔赴湖北支援防疫工作，承担武汉市重症患者接诊转运任务。[2] 2月21日，中国红十字（广西）赈济救援队首批援鄂队员出发，赴武汉市协助当地红十字会开展疫情防控工作。[3]

2月9日晚上10时许，中国红十字会救护转运车队首批10辆负压救护车运抵武汉，来自北京、青海的11名驾驶员、5名医生正式接车，协助医院开展工作。[4] 2月11日早，上海市红十字会救护转运队抵达武汉，执行新冠肺炎疫情防控工作任务。[5] 2月19日下午4时50分，由云南省红十字会组建的第六支中国红十字救护转运队，从昆明出发奔赴武汉抗疫一线。[6] 截至3月25日，各支红十字救护车队累计出车3495车次，行程超过4万千米，转运新冠肺炎患者10572人次，赢得了人们对“生命摆渡人”的广泛赞誉。[7]

作为此次疫情的重灾区，湖北省抗疫工作的进展关系全国战“疫”大局。面对疫情，湖北省各级红十字会全力以赴，配合开展防疫抗疫工作。自1月23日武汉市新冠肺炎疫情防控指挥部发布第三号通告以来，武汉市红十字会工作人员全部取消年假，24小时在岗，全力配合武汉市人民政府做好社会各界捐赠款物接收、调配工作。同时，面向社会招募200多名青年志愿者，24小时轮班值守，开展捐赠咨询电话接听服务工作。[8] 1月26日，湖北省红十字会开通了免费疫情心理援助平台，选拔了一批具有国家心理咨询师职业资格、有较丰富的心理咨询实战经验、热心公益的专业红十字志愿者，为疫情期间出现情绪、心理问题的人提供科学、规范、有效的心理援助服务。[9]

湖北省各市红十字会志愿者也积极行动起来，哪里有需要就奔赴哪

① 《江苏、四川省红十字救援队赴武汉支援疫情防控》，中国红十字会网，2020年2月5日。

② 《内蒙古自治区红十字会支援湖北一线救援队今天出征》，人民网，2020年2月9日。

③ 《中国红十字（广西）赈济救援队首批援鄂队员驰援武汉》，中国红十字会网，2020年2月22日。

④ 《中国红十字会救护转运车队投入使用》，中国红十字会网，2020年2月10日。

⑤ 《中国红十字会总会调派上海市红十字救护转运队驰援武汉》，中国红十字会网，2020年2月11日。

⑥ 《第六支中国红十字救护转运队从昆明出征武汉》，云南省红十字会网，2020年2月20日。

⑦ 《武汉战“疫”中的人道力量》，中国红十字会网，2020年3月30日。

⑧ 《各地红十字会积极开展疫情防控工作》，中国红十字会网，2020年1月29日。

⑨ 《湖北省红十字会疫情心理援助平台开通》，湖北省红十字会网，2020年1月26日。

里，成为抗疫一线一抹动人的红色。在荆门，面对4车疫情防控物资，12名红十字志愿者仅用两个小时就把1100件消毒酒精卸完，并整理得井然有序。① 在襄阳，无论是需要卸菜、分菜的社区，急需防控疫情卡点服务人员的城区，还是需要转运酒精的医院②，都可以见到红十字志愿者的身影。

三、红十字会人道救援工作简评：问题与出路

（一）救援工作中出现的一些问题

自新冠肺炎疫情发生以来，中国红十字会系统上下一心，协力抗疫，为防疫抗疫攻坚战的最终胜利奉献了一份重要力量。红十字人在抗疫一线的牺牲奉献，更彰显出人道主义的光辉。但是，作为唯一一个在全国有系统分支的人道主义救援力量的组织，红十字会一直承载着全国人民对人道事业的高度期待。此次疫情，是对红十字会工作的一场巨大考验，处在疫情中心的湖北省红十字会、武汉市红十字会，更受到了前所未有的挑战。同时，此次疫情也暴露出红十字会在面临重大突发公共卫生事件时采取的人道救援措施中存在着不少问题。

1. 物资分发中的纰漏

就湖北省红十字会、武汉市红十字会在防疫物资分发中的表现而言，速度滞缓、程序复杂、优先级错误是较突出问题。在重大公共卫生事件面前，迅速调配物资，保证主力医院医疗物资需求的充足可谓重中之重。自武汉新冠肺炎疫情发生开始，来自社会各界的捐赠物资迅速涌向湖北省及武汉市红十字会。但自1月26日国家民政部指定湖北省红十字会、省慈善总会、省青少年发展基金会及武汉市慈善总会、市红十字会5家牵头，接收慈善组织为湖北省武汉市疫情防控工作募集的款物以来，除定向捐赠物资到达仓库后就可联系医院领走外，其他未标明定点捐赠的物资统一进入红十字会的仓库，由志愿者统计、归档，没有明细的则需要拆箱检查物资是否符合医疗标准。但是，由于红十字会工作人员不足、专业化志愿者缺乏，物资核查进度缓慢。

---

① 《阻击疫情　荆门市红十字志愿者在行动》，荆门市红十字会网，2020年2月17日。

② 高俊红：《襄阳市红十字会——穿行在抗“疫”一线的“最美红十字人”》，襄阳市红十字会网，2020年2月13日。

2. 信息公示难孚众望

第一，信息更新速度慢。新冠肺炎疫情发生后，随着各地捐往武汉物资的急剧增多，捐赠款物的使用再次成为公众关注的焦点。然而，通过湖北省及武汉市红十字会官网的公示信息可以看到，直至 1 月 30 日，湖北省红十字会才首次公布捐赠物资使用情况；2 月 1 日，武汉市红十字会才公布首个物资发放表。对于物资使用明细更新缓慢的原因，时任湖北省红十字会党组成员、专职副会长的张钦 2 月 2 日接受《中国新闻周刊》专访时表示：“我们公布的数字是捐赠方的物品接受方收到后再公布的。这其中就出现了时间差问题，红十字会公布的时间就会滞后于捐赠的时间。”① 这一说法未能获得公众认可。

第二，信息公示出现错误。该问题直接引发公众对湖北省红十字会工作能力的质疑。在 1 月 29 日和 1 月 30 日公布的第一批次防控新型冠状病毒肺炎捐赠物资使用情况中，湖北省红十字会发布的口罩数量及类型都出现错误。尽管这一失误在网友指出之后得到及时更正，但仍未能挽回公众的信任。

第三，公示信息不全面。自 1 月 23 日武汉各大医院公开向社会求助以募集抗疫物资后，全国各地的捐赠物资均向湖北省、武汉市涌去。然而，武汉市红十字会网直至 2 月 1 日才首次公布捐赠物资去向。并且，在此前发布的接收捐赠物资一览表中，对于公众关注的物资捐赠类型（定向、非定向），并没有做详细标注。这些都在一定程度上造成红十字会与公众之间的隔阂，为疫情期间武汉红十字会舆论危机的形成埋下隐患。

3. 危机公关处置不当

1 月 26 日至 2 月 2 日，数则关于武汉市红十字会的负面信息在微博、微信等平台得到大量转载。面对突发而又来势汹汹的网络舆情，武汉市红十字会并未对此进行及时回应，错过了危机公关的最佳时机。新媒体时代，网络信息的快速传播，往往为不法分子散播谣言制造便宜之门。在武汉战“疫”中，湖北省红十字会、武汉市红十字会在疫情防控物资收发的过程中频频出错，不仅加剧了其与公众的隔阂，更为谣言的传播提供了可乘之机。尽管之后采取了一些补救措施，但已无法平息公众情绪、挽回其形象。

公信力的建设需要经过漫长的努力，毁坏却在朝夕之间。湖北省红

① 周群峰：《专访丨湖北省红十字会专职副会长：我们工作中确有失误》，《中国新闻周刊》2020 年 2 月 2 日。

十字会、武汉市红十字会在疫情期间遭遇的舆论危机，足以成为红十字会危机公关建设之戒。

（二）未来的出路

2020年的新冠肺炎疫情，是自2003年“非典”以来红十字会遭遇的第二次重大公共卫生危机。对于中国红十字会而言，它不仅是一场挑战，更是一次契机。一方面，它暴露了红十字会在公共卫生领域应急救援体系建设中的不足以及各地红十字会建设参差不齐的情况；另一方面，也为红十字系统未来的建设方向提供了思路。

1. 改革：建立现代办公系统

传统的物资调度方式，在小批量物资方面卓有成效，但在重大突发公共卫生事件面前则收效甚微。此次战“疫”中，杭州市红十字会的表现则让人眼前一亮。杭州市红十字会及时转变思路，与市政府办公厅、卫健委、经信局、慈善总会合作，组成市防控领导小组捐赠专班，采取线上审批、现场办公等方式，实现了以需求为导向的高效物流供给体系，以信息公开及时、物资转运高效赢得了大家的一致肯定。这也为各级红十字会今后的工作提供了一条思路，即提升红十字会工作人员的专业能力，不断加强与政府及其他慈善力量的沟通合作，建立现代化办公系统，或可成为红十字会系统内应予以推广的工作模式。

2. 实践：做好危机公关处理

面临汹汹舆情，做好危机公关，红十字会的公信力建设也就成功了一半。因此，在日常建设中，各级红十字会不仅要提高应急救援能力，还要做好红十字宣传与应急公关工作，打破与公众之间的隔阂。首先，应提供尽量多的沟通平台。当前，红十字会与公众沟通的平台仅限于新浪微博和微信公众号两种，官方网站主要承担发布信息的职能，而开辟讨论和回复专区、对公众关注的问题进行全面解答以消除疑惑，不失为良策。其次，建立完善的新闻发言人制度。在危机处理中，推出专业的新闻发言人，以正确引导舆论的发展。在网络信息传播异常迅速的当下，建立一个专门的新闻发言人团队对红十字会的公信力建设十分必要。第三，增强与媒体间的互动，建立良好关系，及时发布正确信息，掌握舆论主导权。攻破谣言，独木难成舟，中国红十字会应主动寻求媒体帮助，借助其力量树立正面形象。

3. 优化：建立专业的志愿者队伍

专业化的志愿者队伍，对红十字会工作的顺利开展至关重要。湖北红十字会相关人员在接受采访时屡次提及“人手不足”，实际反映了其在后备力量建设中的缺失。在武汉疫情发生后，如果能够及时召集一批高质量志愿者（如退休的医务人员、军人、财务人员等），统一培训并有序地分配至各点，将极大缓解物资登记分发过程中的压力。

志愿者作为红十字会开展核心业务的主力军，其招募与培训工作的实效将直接影响人道救援的质量。因此，一方面，红十字会要加强自身建设，扩大正面影响，通过举办有益的活动争取个人、团体乃至其他组织的参与，吸引潜在的志愿者群体；另一方面，做好志愿者档案库，充分发掘具有专项技能的专业化志愿者，以备不时之需。

在武汉战“疫”中，各级红十字会的参与奉献有目共睹。虽有不足之处，但仍值得肯定。知弱而图强，知不足而奋进。在接下来的工作中，红十字系统仍要以加强自身建设为己任，除旧布新，与时俱进，为人民群众提供更加优质的服务，做好党和政府在人道领域的助手。

（作者系苏州大学社会学院研究生）

武汉战“疫”中红十字会力量

——以安徽省红十字会为例

李　敏

2020年春节期间，新冠肺炎疫情在湖北武汉肆虐，中国红十字会总会联合各省红十字会组织力量驰援武汉，为全面打赢疫情防控阻击战贡献了一份力量。其中，安徽省红十字会除了对武汉疫区输送应急物资，提供资金、人员方面的援助外，还组织安排中国科技大学附属第一医院（安徽省立医院）专家组抵达武汉，加强“托珠单抗”救治新冠肺炎临床患者的专业指导等，可以说为武汉战“疫”提供了安徽经验，为新冠肺炎的治疗提供了新的方案。

一、武汉新冠肺炎疫情概况

武汉疫情主要经历了3个发展阶段。第一个阶段，是“未知病毒肺炎”在武汉的蔓延到这种病原体初步判定为新型冠状病毒阶段。2019年末，武汉各医疗机构发现接诊的多例肺炎病例与华南海鲜批发市场有关，武汉市卫健委随即开展与华南海鲜批发市场有关联的调查，发现27例病例。① 2020年1月7日，专家组判定不明原因肺炎的病原体为新型冠状病毒。②

第二个阶段，是武汉市紧急布置新型冠状病毒肺炎防控工作，下达封城指令，全城戒严阶段。1月7日，“不明原因病毒性肺炎”被判定为新型冠状病毒肺炎；9日，出现患者经抢救无效死亡病例③；12日，追

① 《武汉市卫健委关于当前我市肺炎疫情的情况通报》，武汉市卫生健康委员会网，2019年12月31日。

② 《武汉不明原因肺炎病原体为新型冠状病毒》，央视新闻网，2020年1月9日。

③ 《专家解读不明原因的病毒性肺炎最新通报》，武汉市卫生健康委员会网，2020年1月11日。

踪与新冠肺炎病患密切接触者 763 人；21 日，单日新增病例首次超过三位数，武汉市疫情的严重性可见一斑。[①] 24 日，武汉全城暂停城市公共交通运营，关闭机场、火车站离汉通道并且在离汉、出省路口采取严格检测措施。

最后一个阶段，是从武汉全城封城到解封的阶段。武汉疫情的大暴发，引起各类物资紧缺。武汉市新型冠状病毒肺炎防控指挥部于 1 月 23 日发布第三号通告，开通 24 小时电话接收社会各界爱心捐赠，并面向社会征集青年志愿者。24 日始，武汉市红十字会于官网公布接收社会款物公告。27 日，武汉市新增病例 892 例，约为 26 日的 10 倍。[②] 2 月 2 日，单日新增病例增至四位数。12 日，单日新增病例达到 13436 例，是武汉暴发疫情以来确诊人数的峰值，此后呈现下降趋势。3 月 6 日，单日新增病例减至两位数。3 月 18 日，新增病例为 0，这标志着武汉战“疫”初步告捷。[③] 4 月 8 日，武汉全面解封，第三阶段结束，武汉市内外交通逐渐恢复。

二、安徽省红十字会助力武汉战“疫”

（一）财物援助

2020 年初，武汉疫情肆虐，各类医疗物资紧缺。随着封城指令的下达，武汉生活物资的运送也成了一大难题。安徽各地红十字会在省红十字会的牵头下积极募集爱心款物，其中接收的捐赠物资主要为医疗物资和生活物资两类。安徽省红十字会在官网上按照时间顺序对捐赠的物资、款项以及它们的使用受益方等信息及时进行了公示。

面向社会接收的医疗物资主要包括防护类、消毒类用品以及一些抗病毒药和辅助药，主要是各企业或者其他单位通过红十字会直接捐赠医疗用品，或捐赠用于购买医疗器械的定向捐款。例如，洽洽食品（泰国）有限公司通过合肥市红十字会捐赠了 107115 只防疫口罩，折合人

① 《湖北省卫生健康委员会关于新型冠状病毒感染的肺炎情况通报》，湖北省卫生健康委员会网，2020 年 1 月 22 日。

② 《2020 年 1 月 27 日湖北省新型冠状病毒感染的肺炎疫情情况》，湖北省卫生健康委员会网，2020 年 1 月 28 日。

③ 《2020 年 3 月 18 日湖北省新冠肺炎疫情情况》，湖北省卫生健康委员会网，2020 年 3 月 19 日。

民币约为966733.78元，这批物资迅速办理通关手续后紧急驰援武汉。[①]安徽安济实业有限公司捐赠了一次性医用口罩3397只。[②]省内援助给武汉的医疗物资，分定向与非定向两类。一部分定向物资由各个红十字会直接捐至对应医院，如省红十字会将医用低温保存箱32台捐给武汉市江夏区的7所医院；一部分非定向物资则捐至武汉市红十字会，由武汉市红十字会再行发放。[③]一般来说，安徽省大部分红十字会多将募集到的物资捐给武汉市红十字会。

面向社会接收的生活物资包括果蔬、净水设备、卫生用品等，主要用于保障武汉人民、援鄂医疗队基本生活需求。果蔬等由皖鄂两省工商联直接对接，从安徽省各地直接启运蔬菜、水果、粮油等至湖北省黄冈、黄石、孝感、武汉等地。早在1月30日上午，13辆满载300多吨蔬菜的大货车已从安徽省出发前往武汉市指定地点。[④]红十字会所接收的生活物资，一部分随援鄂医疗队带入湖北，如第七批支援湖北医疗队出发时携带了近900箱物资；一部分由安徽省各级红十字会运至武汉各地红十字会，再由当地红十字会或者其他组织进行分发，如2月24日，280台干衣机由武汉当地红十字会分发给第三批援鄂医疗队。此外，由于省内部分红十字会没有预先进行筛选，所以接收的生活物资略为驳杂，其中甚至包括智能马桶盖、电饭煲等。[⑤]

安徽省各红十字会援助武汉的物资主要通过3种方式运输：一是通过铁路，如通过铁路运输了约2万套防护服；二是果蔬等由大货车直接从批发市场通过公路运输至武汉市指定地点；三是随援鄂医疗队搭乘飞机直接运送至疫区。可以说，安徽省各红十字会本着人道主义精神，为武汉抗击疫情献出了重要力量。

众多爱心单位和个人对武汉疫区的捐款途径主要分为线上和线下两类。线上主要有微信公众号二维码捐款、银行转账、公益平台转账等。线下主要是到红十字会进行现场捐助。例如，涡阳县红十字会收到涡阳鸿路钢构公司捐款100万元，用于疫情防控[⑥]；安徽古井贡酒股份有限公司捐赠2000万元助力疫情防控，其中1000万元援助武汉，另外一部

---

① 《中国红十字会捐赠物资陆续送达防控一线》，中国红十字会网，2020年1月31日。

② 《防控肺炎疫情接收物资公示3号》，安徽省红十字会网，2020年1月31日。

③ 《5285880元，安徽天柱山义售门票捐赠武汉》，《长江日报》2020年3月1日。

④ 《安徽省民企向湖北对口捐赠农产品》，《安徽日报》2020年3月15日。

⑤ 《防控肺炎疫情物资使用公示5号》，安徽省红十字会网，2020年2月5日。

⑥ 《我市一企业助力武汉雷神山医院建设》，《亳州晚报》2020年2月2日。

分助力安徽本省抗疫①。旌德县红十字会将梓福禅寺 12512 元善款捐至武汉市红十字会。宣城市宣州区红十字会捐款 6 万元至武汉市红十字会。② 怀远县双桥办事处金杨社区村民到双桥派出所进行捐款，宣城一老妇人将 5000 元交给济川派出所民警，委托民警捐给武汉③，可见红十字会在宣传工作方面仍有欠缺。

除了线上线下公开筹措资金外，在安徽省红十字会的指导下，部分景区进行了门票义售，如天柱山义售 10 元门票，筹集善款 5285880 元捐给武汉抗疫医护人员子女。

（二）人员支持

安徽省红十字会对武汉的人员支持，主要体现为根据武汉需求，向武汉疫区派遣医护人员与公共卫生防疫人员。安徽省先后派遣 8 批医疗队伍共 1305 名医护人员驰援武汉，这些医护人员来自省内各地以及安徽省中西医结合医院等 4 所省属医疗机构。这 8 批医疗队人员主要包括疫区紧缺的疾控专业人员以及呼吸、重症、感染等科临床医生与护理人员等。

安徽首批支援湖北医疗队共 185 人，包含疾控人员 23 人，这支医疗队最先出发、最后撤离，在武汉奋战两月有余。第 8 批医疗队是安徽省派出的首批医学影像队伍。④ 除了派出相关人员，安徽与武汉两地的专家也针对疑似新冠肺炎患者利用视频进行多科会诊。

进入武汉疫区奋战的安徽医疗队公共卫生防疫人员主要前往武汉市区级疾控中心，以缓解武汉市公共卫生防疫人员不足的状况。他们协助排查武汉市可能存在传染风险的人群，在现场从事流行病学调查、疑似病例采样和防控措施落实巡回督导工作，采样后继续在疾控中心开展样本检测工作；还到确诊患者家中进行消杀工作，并积极安抚患者情绪，向患者讲解如何进行自我消毒等。截至 2 月 17 日，安徽省疾控中心已派遣 9 名公共卫生专业人员前往湖北展开对口援助工作。⑤

进入武汉疫区奋战的安徽医疗队医护人员积极从事各项医疗、护理工作。例如，武汉市肺科医院 ICU 一区，来自安徽与北京、江苏、浙

---

① 《古井贡酒捐赠 2000 万元助力疫情防控阻击战》，人民网，2020 年 2 月 1 日。

② 《武汉市红十字会接收社会捐赠资金公示第 19 期–1（2 月 10 日）》，武汉市红十字会网，2020 年 2 月 11 日。

③ 《民警退回老人捐款传递爱心》，《齐鲁晚报》2020 年 2 月 7 日。

④ 《首批医学影像队伍支援武汉》，《安徽日报》2020 年 2 月 22 日。

⑤ 《安徽省疾控派遣公共卫生专业人员奔赴武汉》，安徽财经网，2020 年 2 月 17 日。

江、湖北、内蒙古等地的12名专家联手为一名已经休克的急危重新冠肺炎患者进行治疗并取得了成功。[①] 安徽省立医院呼吸与危重症医学专家徐晓玲与中国科大生命科学与医学部魏海明团队合作研究发现，“托珠单抗”能改善重症COVID-19患者的临床症状，从而促使新冠肺炎疫情治疗中应用“托珠单抗”针对炎症因子风暴救治方案的产生，为新冠肺炎的治疗提供了常规加“托珠单抗”的安徽经验。[②] 中医特色护理手段也被用于治疗过程，庐江县中医院呼吸内科护士长、主管护师卢睿敏运用“耳穴埋豆”“穴位贴敷”等中医特色护理手段，以中医整体观念中的基本理论“内病外治”法，缓解患者心失所养、心脉不畅、心神不宁、惊慌不安等症状，为武汉体育中心方舱医院的近百名患者提供了中医辅助治疗方案。[③]

此外，安徽医科大学第一附属医院神经内科ICU主管护师霍佳佳为了增强患者肺部吐故纳新的功能，在武汉金银潭医院的病房内，教患者们练习“八段锦”健身。[④] 在方舱医院，每逢患者康复出舱，安徽医疗队也会为其准备出舱礼物，并送上祝福，从精神上宽慰康复者。中国科学技术大学附属第一医院（安徽省立医院）第3批援鄂医疗队还与武汉当地志愿者们一起成立了武汉方言翻译小组，将医疗队日常所需要用的对话用武汉方言进行标注，形成常用方言词典，供医疗队队员工作时使用，方便了医疗援助工作的开展。[⑤]

在武汉战“疫”中，安徽省援鄂医护人员各司其职，在治疗方案、临床诊治、疾控工作、病后康复等方面忘我工作、无私奉献，安徽省各级红十字会则秉承着关心爱护好战“疫”一线医务人员的宗旨，不断给予援鄂医疗队以物资帮助与人文关怀。到3月31日，安徽首批驰援武汉的医疗队最后返回合肥，历时两月有余的武汉防疫战进入尾声。

（三）其他援助

安徽与湖北交界，作为邻省，在武汉战“疫”中，安徽省红十字会

---

① 《为了5%生的希望！安徽等6地12名专家联手救治重症患者》，凤凰网安徽频道，2020年3月22日。

② 《中国科大：“托珠单抗”是治疗新冠重症患者有效方法》，凤凰网安徽频道，2020年5月6日。

③ 《安徽中医特色护理走进武汉方舱医院》，《安徽日报》2020年3月7日。

④ 《武汉前线要起了徽派“八段锦”》，《安徽日报》2020年2月16日。

⑤ 《安徽支援武汉医疗队“实用方言词典”出炉》，《安徽日报》2020年2月22日。

不仅在财物、人员上援助武汉疫区，对于武汉抗疫一线的其他需求也尽量满足。

新冠肺炎集中暴发在武汉，导致武汉当地血液采集比较困难，存血量比往年同期明显下降，武汉当地虽采取了很多措施，但仍然不能满足常规病患的临床需求，血库库存告急。安徽、湖南、河南等地采取紧急措施，对口支援武汉。因为血液机采集血小板的保质期只有 5 天，为此，武汉血液中心的工作人员需跨省奔波数百公里，从省外血站转运血液到武汉。安徽等省向武汉调取了 21 次血制品，基本满足了武汉医疗机构常规患者的临床需求。①

安徽还参与援建雷神山医院。位于武汉市江夏区的雷神山医院，仅用了不到半个月的时间就建设成功。这其中，也包括安徽援建者的巨大贡献。中建八局安徽分公司的 35 名员工，组成了雷神山援建队伍，从合肥等地前往武汉，主要负责部分病房区的电气、给排水、通风等机电安装施工任务。建设过程中，员工们克服了现场材料稀缺、天气多变、工序穿插多、后勤保障难等困难，在最短的时间内完成了全部设备的调试，圆满完成了雷神山援建任务。② 安徽涡阳鸿路钢构公司也为雷神山医院建设，制作了垃圾暂存间、液氧站车间、垃圾处理车间、救护车清洗车间 4 个单体，共计提供 266 件钢构件③。

三、安徽省红十字会战“疫”工作简评

在此次武汉战“疫”中，安徽为湖北战“疫”的胜利提供了大批款物以及公共卫生、医疗等方面的援助。其中，安徽省红十字会及各市（县、区）红十字会在此次救助行动中，不断完善救助体系，通过互联网等方式积极募集爱心款物，并做好款物账目与使用情况的信息公示。

安徽广大援鄂人员春节期间“逆行”，在武汉疫情一线工作两月有余。安徽省各级红十字会对他们的家属也进行了慰问工作，一来可以缓解后方家属焦虑的心情，二来能够宽慰一线工作者。例如，芜湖市开展“加油！抗‘疫’天使”关爱驰援武汉医护人员及其家庭爱心公益项目，分批将每只价值 800 元的“医护家庭关爱包”慰问品发放到 139 名芜湖

① 《武汉血库库存告急，湖南安徽等邻省“热血仗义相助”》，《安徽日报》2020 年 3 月 1 日。

② 《20 余名合肥建设者援建武汉“雷神山”医院》，安徽网，2020 年 2 月 10 日。

③ 《我市一企业助力武汉雷神山医院建设》，《亳州晚报》2020 年 2 月 2 日。

驰援武汉医护人员家庭，向抗“疫”一线白衣战士致敬。[①] 东方教育控股有限公司为一线医务人员本人、子女、配偶提供免费就读服务。诸如此类，不胜枚举。

安徽省红十字会武汉战“疫”行动，虽然存在宣传工作不到位、物资接收驳杂等问题，但就总体而言，中国红十字会总会统筹、各级分会协同配合，形成了较为完备的救助体系，保障了武汉一线战“疫”的最终胜利。

（作者系苏州大学社会学院研究生）

① 《芜湖市发放“医护家庭关爱包”，为驰援武汉战“疫”医护人员送温暖》，《安徽日报》2020年3月4日。

战“疫”中的一抹红

——以浙江省红十字系统为例

吴悠悠

自2019年12月8日国内出现第一例新冠肺炎病例开始，疫情蔓延，至今仍未结束。在人们无助无力之际，中国红十字会系统成为汇聚社会力量的重要平台，其通过集中社会捐赠资源，为疫区提供了有力帮助。其中，浙江省红十字会领导全省各级红十字组织积极抗疫，成为全国红十字会系统战“疫”中的“优秀课代表”。

一、浙江省新冠肺炎疫情概况

据国家卫生健康委确认，2020年1月21日，浙江省出现首例输入性新型冠状病毒感染的肺炎确诊病例。[①] 由于交通线发达、人员流动大，新冠肺炎疫情迅速在浙江省内蔓延开来。1月23日，根据《浙江省突发公共卫生事件应急预案》，浙江省政府启动重大公共突发卫生事件一级响应。至2月6日，确认感染新冠肺炎的病例达到1006例，追踪到密切接触者达22270人。在疫情地图上，浙江省与广东省一度成为除湖北省之外的两大“深红区”。其中，尤以杭州、宁波、温州、台州等市的疫情状况最为严重。之后，由于省内救治措施及时、防控措施到位，疫情逐渐得到控制。2月14日，浙江省内的新增确诊病例降至7例。但2月20日出现群体性感染现象，单日确诊人数反弹至28例，其中浙江省十里丰监狱感染27人。加强防控后，2月22日开始，浙江省无新增新冠肺炎确诊病例。此后，省内疫情渐趋稳定。

然而，随着国外疫情的加剧，浙江省开始出现境外输入性病例。3

① 《国家卫生健康委确认我省首例输入性新型冠状病毒感染的肺炎确诊病例》，浙江省卫生健康委员会网，2020年1月21日。

月2日，丽水出现7例意大利输入病例，随后省内不断有新增确诊病例，但大多为境外输入性病例。由于防控措施得当及时，浙江省疫情防控开始走向常态化。值得注意的是，这一系列成绩的取得，与浙江省红十字会系统的努力密不可分。

二、立足实际，有序抗疫

针对省内疫情发展情况，浙江省红十字会主要从依法接受捐赠资金和物资、落实联防联控措施、开展“三服务”助力企业复工复产、实施人道关爱等4个方面入手，助力社会恢复日常秩序。

（一）依法接受捐款和物资

2020年1月27日，浙江省红十字会发布向社会征集物资的公告，依法接受来自社会各界的捐赠款物。资金方面，主要通过省和各市、县级红十字会的捐款账号接受捐款，接受的途径灵活多样，包括银行、网站、支付宝、微信等。物资方面，主要是爱心人士通过官方发布的联系方式和省及各市、县级红十字会联络，进行捐赠。

另外，从1月28日开始，省红十字会每日在官方网站上发布接受的爱心捐赠情况。据统计，截至5月5日，浙江省红十字会系统共收到海内外捐款94029.92万元、捐赠物资价值36665.48万元，共计13.0695亿元。[①] 其中，在1月和2月的疫情严重期间，省红十字会系统接受的物资款项每日增长额在500万元以上。

（二）落实联防联控措施

4月14日，在腾讯医典联合“南山呼吸”的直播活动中，钟南山院士表示处理新冠肺炎疫情这类突发性传染事件有两种方法：一是抑制，二是舒缓。所谓抑制，即想尽各种办法，一方面把疫区封闭起来，另一方面在疫区之外进行联防联控，做到早防护、早发现、早诊断、早隔离。只要做到这几条，就会有很好的效果。[②] 疫情蔓延后，浙江省红十字会充分认识到联防联控的重要性，全系统的工作人员主动承担起联防

① 《我省红十字会系统累计接受社会各界支援“新冠肺炎”疫情防控捐赠款物约13.0695亿元》，浙江省红十字会网，2020年5月6日。

② 马作鹏：《钟南山：中国的联防联控机制对新冠肺炎疫情控制有借鉴意义》，澎湃新闻，2020年4月14日。

联控以及宣传的责任。

春节期间，省红十字会工作人员坚守岗位，在交通要道卡口提供防控服务并开展体温测量工作。同时做好安全保障工作，向11个设区市红十字会拨发一定数量的帐篷及配套桌椅等，为各地执勤卡点一线疫情防控人员提供临时值守场所。①

各市、区红十字会组织队员和志愿者值守岗位，协助公安干警和医护人员筹备物资，落实联防联控措施。红十字会的“红马甲”们分工合理，有序工作，除了在防控一线的交通入口处进行排查外，其他队员深入社区，做好社区人员的摸排工作，以求掌握各个社区的人员流动信息。此外，还针对不同群体进行新冠肺炎疫情防护知识宣传，为降低疫情传播和追溯疫情的传播轨迹起到了一定作用。根据浙江省卫健委发布的新冠肺炎每日疫情通报，2月22日开始，全省无新增确诊病例，疫情趋于稳定。可以说，这一成绩的取得，与工作在前沿阵地和社区大后方的红十字会“红马甲”们的无私奉献密不可分。

（三）开展“三服务”活动

随着疫情的逐渐好转，为响应帮助社会恢复正常运转的号召，浙江省红十字会系统集体展开“服务企业、服务群众、服务基层”的“三服务”活动，助力企业复工复产，红十字会志愿者在其中发挥了重要作用。

红十字会队员和志愿者走进企业，向企业讲解有关政策文件，了解企业难处，指导企业做好防疫物资采购、返乡员工隔离、员工健康监测、重点场所消毒等工作。德清县红十字会紧紧围绕县委、县政府“深化‘三进三服务’、助力企业开复工”活动部署，积极深入企业分类指导、精准施策，安全有序推进企业复工复产。② 临海市邵家渡街道红十字会组织会员和志愿者在招聘会现场开展求职人员健康登记排查、体温检测等服务，③ 为群众排忧解难。长兴县虹星桥镇红十字会组织会员和志愿者，帮助全村葡萄基地的农户拉皮纸搭大棚，在汛期前做好防雨措

① 《参与疫情防控工作，红十字人在行动（十三）》，浙江省红十字会网，2020年2月6日。

② 《参与疫情防控工作，红十字人在行动（二十四）》，浙江省红十字会网，2020年2月17日。

③ 《参与疫情防控工作，红十字人在行动（四十）》，浙江省红十字会网，2020年3月4日。

施，保证葡萄的开花结果不受影响。[1] 红十字会的工作人员还结合疫情的特殊情况，从实处为基层做实事。从浙江省红十字会各个平台发布的事例可以看出，此类深入基层的“三服务”活动不胜枚举。一个个穿着红色马甲的红十字志愿者，走进一线，力所能及地帮助企业，服务群众，给予基层信心，努力消除疫情所带来的消极影响。

（四）实施人道关爱

疫情初期，浙江省红十字会系统的工作人员面向公众提供心理健康咨询服务，有力缓解了省内的恐慌情绪。1 月 28 日，湖州红十字会心理健康志愿服务队全体队员值守岗位，恢复开通心理咨询热线，热线值守志愿者每日密切关注疫情动态，针对群众可能遇到的心理担忧、有顾虑不愿就医等心理问题，开展心理疏导服务，引导群众不信谣、不传谣、不盲目自信、不畏惧恐慌，以积极向上的态度响应市防控部署。[2] 同时，对于隔离的人群，各地有专门的服务队帮助他们克服心理困难。新昌县红十字心理救援队随同县疾控中心工作人员多次前往该县集中隔离医学观察点，对即将解除隔离的人员开展心理干预，及时消除他们因防控疫情隔离带来的个体和群体应激性不良反应，帮助其克服因隔离而引起的负面情绪。[3] 西湖、富阳等区县的红十字服务队也不甘落后，纷纷展开相关服务。除此之外，省红十字会和各基层红十字会响应落实“一人一帮扶”举措，拨付相应的资金与物资用于关爱援助武汉的医务工作者及其家人，将人道关爱进行到底。

三、支援湖北，协助海外

回顾整个抗疫过程，浙江省红十字会始终秉承着“人道、博爱、奉献”的红十字精神，并将其贯穿于整个抗疫的实践中。除了关注本省的疫情防控情况外，浙江省红十字会还积极参与支援湖北省与海外抗“疫”的工作。

根据浙江省红十字会防控新冠肺炎疫情捐赠款物公示数据，截至 6 月 9 日，省红十字会用于支援湖北省抗疫的社会捐赠资金和其他资金共

---

① 《参与疫情防控工作，红十字人在行动（二十六）》，浙江省红十字会网，2020 年 2 月 19 日。

② 《参与疫情防控工作，红十字人在行动（三）》，浙江省红十字会网，2020 年 1 月 28 日。

③ 《参与疫情防控工作，红十字人在行动（十二）》，浙江省红十字会网，2020 年 2 月 5 日。

3898.21万元，其中物资价值2111.49万元。[①] 来自海内外的部分捐款，通过浙江省红十字会转赠于湖北省各级红十字会，资金与物资主要用于支援武汉火神山、雷神山医院的建设，相关医疗设备的购买，浙江省援鄂医疗队的物资采购等。

此外，在武汉封城期间，浙江省还积极安置在浙江省内的武汉群众。1月24日，TR188次航班从新加坡到达萧山机场，机上335名乘客中有武汉客人116名。飞机着陆后，2名发烧人员被送往萧山区第一人民医院，其余武汉乘客在机场宾馆就地隔离，219名其他乘客在市委党校集中医学观察。市红十字会向杭州市委党校隔离点发出价值3万多元的冬季衣物[②]，引起社会的极大关注。

海外抗疫方面，浙江省红十字会本级共支出约610.24万元的资金与物资，用于支援意大利、巴基斯坦等国。3月11日，省红十字会接到中国红十字会总会通知，要求筹集10万只医用口罩、3000套医用防护服驰援意大利，省红十字会在6个小时内调集完这些物品，当晚23点前送达上海浦东机场。[③] 浙江省红十字会系统在疫情面前充分发挥了红十字运动的人道主义精神。

四、疫情期间浙江省红十字会系统的行动亮点

疫情期间，浙江省红十字会系统的一系列抗疫行动得到了社会的极大认可，中国红十字会党组书记、常务副会长梁惠玲专门致电，对浙江省红十字会系统防控工作予以表扬和肯定。[④] 浙江省红十字会系统能成为战“疫”中的优秀代表，与其科学化、公开化、数字化的工作方法分不开。

（一）科学化：合理接受与使用管理捐款和物资

新冠肺炎疫情开始呈现蔓延趋势后，浙江省红十字会系统迅速做出反应，制定出科学的应急工作方法。疫情期间，浙江省红十字会系统收

---

① 数据来源：根据浙江省红十字会网发布《浙江省红十字会防控“新冠肺炎”疫情捐赠款物情况公示》中的数据计算所得。

② 《参与疫情防控工作，红十字人在行动》，浙江省红十字会网，2020年1月27日。

③ 《浙江速度：6小时调集10万只口罩、3000件防护服连夜驰援意大利》，浙江省红十字会网，2020年3月13日。

④ 《全省红十字会系统参与新冠肺炎疫情防控工作成效显著》，浙江省红十字会网，2020年4月16日。

到的物资在全国排前列，截至4月15日，全省红十字会系统累计接收捐赠款物124071.03万元（资金93735.82万元，物资价值30335.21万元），位居除湖北以外全国各省级红十字会首位。[①] 截至5月5日，浙江省红十字会系统拨付12.5482亿元，其中资金88929.77万元、物品36552.01万元[②]，支出比例达到96%，其中物资拨付比例更是达到99.7%。这一高比例的拨付结果与科学高效的处理社会捐款和物资的举措分不开。浙江省红十字会建立了分类管理制度。首先，在开始接收捐款和物资时，就将捐赠款物分成定向、非定向两类，并仔细区分医用还是非医用物品，是属于急需的十大类主要物资目录中的产品还是普通民用防控物资，分别落实责任人进行跟踪落实。[③] 其次，建立物资虚拟进出库制度，实行点对点拨发捐赠物资，确认定向捐赠的物资，不需经过红十字会仓储，直接运送至受赠单位，科学高效；非定向捐赠物资，则听取捐赠人的意见，再拟制分配计划，经过相关程序后发往受赠单位。红十字会在充分重视捐赠者意向的同时，针对捐赠款项和物资的特殊性，科学高效地将物资及时送到了需要的地方。

（二）公开化：主动公布捐款和物资的来源及去向

作为接收巨额物资的平台，浙江省红十字会除了完成物资的接收分配任务外，还主动接受公众的监督，及时向公众公布每日收到以及拨付的物资信息，做到公开透明。省红十字会平台自1月27日起公开发布向全社会接收物资公告后，每日在省红十字会官网和微信平台发布接收及支出的捐款和物资情况。省红十字会官网特别通过《功德榜》和《捐赠款物接收和使用情况公示》栏目发布具体信息，《功德榜》栏目可以查询到个人和企业的每一笔具体捐款金额，将所收款项置于阳光下。杭州市红十字会将每日接收到的捐款信息公示在《杭州日报》上。在全国红十字会系统遭受公众质疑期间，杭州市红十字会则因为“连一元都公示”一度冲上微博热搜话题，杭州市红十字会因此成为浙江省内的优秀“课代表”。同时，浙江省红十字会系统还给予捐赠者及时的反馈答谢，

---

① 《全省红十字系统参与新冠肺炎疫情防控工作成效显著》，浙江省红十字会网，2020年4月16日。

② 《我省红十字系统累计接受社会各界支援“新冠肺炎”疫情防控捐赠款物约13.0695亿元》，浙江省红十字会网，2020年5月6日。

③ 《车俊书记批示肯定省红十字会捐赠款物接收使用工作并提出希望要求》，浙江省红十字会网，2020年2月8日。

并派专门的工作人员协助爱心个人和企业做好申报税收优惠的工作，在鼓励社会善举的同时也帮助爱心企业解压，实现了爱心的双向流动。

（三）数字化：互联网+公益

浙江省红十字会系统充分考虑到疫情期间人员不宜走动的情况，为方便捐赠者的工作和生活，利用线上平台，发布电子版捐赠证书。捐赠者通过关注浙江省红十字会微信公众号，根据相关步骤操作便可获得电子捐赠证书。为了改变捐赠物资与实际需求长期信息不对称、捐赠滞后以及捐赠信息模糊等情况，杭州市红十字会开发数字平台，实现“供需精准对接、一键快捷捐赠、全程透明可溯”。2020 年 5 月 8 日，在第 73 个世界红十字日，杭州市红十字会举办了“杭州城市大脑 · 杭红捐赠平台”的发布仪式，这是全国红十字系统第一个网络物资捐赠平台。该平台以需求为导向，发挥“互联网+公益”的优势，爱心人士和企业在平台上直接参与公益项目，让物资捐赠可跟踪、可体验，这让公益插上了数字化的翅膀。①

疫情前期，浙江省红十字会系统积极探索科学的工作方法，依靠平台的公信力汇聚大量资金和物资，用于湖北以及浙江省内的抗疫工作。疫情后期，全系统开始转变工作方式，进入常态化疫情防控状态，在做好前期收尾工作的同时，积极探索建立爱心捐赠长效机制，主动为捐赠方搭建奉献爱心的平台。② 在这次疫情大考中，浙江省红十字会无疑交出了一份令人满意的答卷。在接下来的工作中，浙江省红十字会将继续完善组织建设，不断创新工作模式，为人道事业发展做出更多贡献。

（作者系苏州大学社会学院研究生）

① 《杭州市红十字会举办纪念第 73 个“5 · 8”世界红十字日　暨杭州城市大脑 · 杭红捐赠平台发布仪式》，杭州市红十字会网，2020 年 5 月 8 日。

② 《用心用情做好抗“疫”捐赠“后半篇文章”》，《浙江省红十字会报》2020 年 7 月 27 日。

战"疫"中的红十字

——以上海市红十字会为例

郭静轩

新冠肺炎疫情发生后，上海市红十字会与全国人民一起，践行初心使命，筑起坚固防线，全方位助力打赢这场疫情防控阻击战。

一、上海市疫情概况

自2019年12月起，湖北省武汉市部分医院陆续发现多起不明原因的肺炎病例，感染者以发热、乏力、干咳为主要表现，现已证实为是由新型冠状病毒引起的急性呼吸道传染病，其传播途径为直接传播、气溶胶传播和接触传播。[①] 世界卫生组织将此次新型冠状病毒疫情列为国际关注的突发公共卫生事件。因感染人数迅速增加，武汉于2020年1月23日封城，全国各地相继采取重大突发公共卫生事件一级响应。

上海作为我国的经济中心，是一个拥有3000万人口的超大型城市，人口流动频繁，这也使国外专家预测上海是除湖北外最危险的国内城市之一。在1月23日武汉封城的当日，上海累计确诊病例已上升至20例；1月24日，上海启动重大突发公共卫生事件一级响应机制，吹响了抗击疫情的战斗号角。在接下来的2个月时间里，上海市政府紧急部署，联防联控，使得疫情逐渐稳定下来，到2月24日，新冠肺炎患者出院率已达78%。3月3日起，全市已无新增本地确诊病例，根据国家有关法律法规和《上海市突发公共卫生事件专项应急预案》，市政府决定，自3月24日零时起，将上海市重大突发公共卫生事件应急响应级别由一级

① 直接传播是指患者喷嚏、咳嗽、说话的飞沫，呼出的气体近距离直接吸入导致的感染；气溶胶传播是指飞沫混合在空气中，形成气溶胶，吸入后导致感染；接触传播是指飞沫沉积在物品表面，接触污染手后，再接触口腔、鼻腔、眼睛等黏膜，导致感染。参见《卫生防疫专家：新冠肺炎传播途径含气溶胶传播》，新京网，2020年2月8日。

响应调整为二级响应。[①] 此时上海疫情防控的重点已转为严防境外输入。从疫情发生到逐渐稳定，上海的疫情防控工作取得了阶段性的胜利，这份胜利是在市委、市政府的正确领导下，全市各个部门和广大市民协同努力的结果，其中上海市红十字会在此次战“疫”过程中也发挥了重要作用。

二、上海市红十字会战“疫”措施及亮点

（一）行动：全力以赴筑防线

疫情发生后，在上海市委、市政府的领导下，上海市红十字会迅速做出决策，积极部署防控措施、全面加强宣传动员、严格规范捐赠管理，坚决打赢疫情防控攻坚战。

1. 快速谋划部署

2020 年 1 月 23 日，上海市红十字会成立了新冠肺炎疫情防控工作领导小组，及时转发中国红十字会总会《关于认真配合做好新型冠状病毒感染的肺炎疫情防控工作的通知》，对全市红十字会系统进行动员部署：明确市、区两级红十字会领导 24 小时值班；各区红十字会全部落实联防联控分管领导和联络员；开通“防控新型肺炎”捐赠专项；要求红十字会全员行动，提前返岗，全力做好疫情防控工作。

2. 全面宣传动员

为营造良好的抗疫氛围，上海市红十字会通过官方微信公众号、网站、抖音号等，积极宣传相关政策、疫情防护知识和科普信息等，宣传报道战“疫”中涌现出的感人事迹、暖心故事，进一步引导和激励广大人民群众众志成城、共克时艰。如徐汇区红十字会在官微、官网发表抗疫推文，还广泛组织动员红十字工作者、会员、志愿者、青少年学生参加抗击新冠肺炎疫情暨红十字应急救护知识竞赛，积极推进抗疫宣传工作。[②]

3. 规范捐赠管理

1 月 27 日起，上海市红十字会在官方网站和微信公众号上先后发布

① 《上海市决定将重大突发公共卫生事件一级响应调整为二级响应》，上海市卫生健康委员会网，2020 年 3 月 23 日。

② 《筑牢战斗堡垒助力疫情防控——疫情防控徐汇红十字在行动》，上海市红十字会网，2020 年 5 月 7 日。

防控新型肺炎专项捐款公告、接受医疗物资捐赠公告、境外捐赠物资接受公告，明确捐赠途径、物资标准和工作流程，确立市、区两级捐赠信息日报告和专报制度，每天对收到的捐赠款物进行公示，并要求捐赠款物相关工作必须做到“公开、透明、及时、规范、安全”。同时，落实捐赠物资对接武汉市红十字会的具体工作，并派人入驻市疾病预防控制中心现场办公。①

4. 加强志愿服务

1月26日，为了确保科学防控措施的有力实施，上海市红十字会通过官网、微信公众号向社会招募红十字志愿者，为本市防控工作做好人员储备。在市、区两级红十字会党员干部的带领下，红十字志愿者们分赴铁路站点、高速道口支援一线疫情防控工作。② 在静安区，志愿者深入各社区进行防疫宣传、上门排查、健康检测及日常巡逻等志愿服务工作，最大限度地发挥了志愿服务作用。③

（二）发扬：防控疫情寻亮点

在此次抗击新冠肺炎疫情的战斗中，上海市、区两级红十字会协同运作，在战“疫”中做出了红十字人的贡献，抗击疫情取得了一定的成绩。梳理上海市红十字会战“疫”亮点，或对全国其他省市红十字会具有一定的借鉴意义。

1. 信息公示透明

新冠肺炎疫情发生后，上海市红十字会在严格执行相关捐赠制度要求的同时，建立了由财务、综合等部门和分管领导组成的“捐款捐物接收发放公示群”，邀请中国银行上海分行专业人士参与监督把关，每天利用门户网站及微信公众号向社会公示，确保捐款捐物接收、发放和使用及时地向社会公开。截至8月25日，市红十字会已发布爱心公示110期。在基层，各区红十字会也同样对捐赠物资款项及时公示，接受捐赠人和社会的监督。在“郭美美事件”后，凤凰网曾做过一个调查，结果显示，在回答“认为中国红十字会陷入信任危机的深层次原因是什么”

① 《上海市红十字会开通捐赠通道，全力投入疫情防控工作之中》，上海市红十字会网，2020年1月28日。

② 《上海市红十字会网，红十字志愿者驰援铁路、道口疫情防控一线》，上海市红十字会网，2020年2月6日。

③ 《他们在车站、小区、医院向疫情宣战，上海静安快速动员，志愿之心汇成支援之力》，东方网，2020年2月6日。

的问题时，46.2%的人表示“红十字会内部情况长期不透明、不公开、组织神秘”占所有选项的第一位。[①] 由此可见红十字会公信力在公众心目中的流失，而此次上海市红十字会及时全面地公开捐赠信息，对提高红十字会组织透明度以及公信力建设具有重要的现实意义，提升了社会公众对慈善事业的热情和信任。

2. 内外联动机制

上海市红十字会的联动工作机制主要包含两个方面：一方面是与外部的联动。上海市红十字会在备灾救灾工作中，十分重视物流体系建设，先后与东方航空公司、铁路北郊站集装箱服务部、上海长江轮船有限公司签订合作备忘录。同时，与中国铁路上海局集团有限公司（以下简称“上海铁路局”）建立了良好的合作关系。通过与以上各方建立联动机制，畅通了战“疫”物资接收、采购、调配等渠道。例如，2月10日，上海市红十字会根据中国红十字会总会通知，紧急协调上海铁路局，将选派的8名驾驶员连夜通过铁路运往武汉执行重症患者转运任务。当天晚上，市红十字会还收到中国红十字会总会关于协助筹措配置救护车上医疗设备的要求，后在上海铁路局支持下，市红十字会及时从江浙等地将部分物资运抵上海，11日下午即发往了武汉。[②] 另一方面是与内部的联动。比如，杨浦区红十字会在接到群众对武汉的定向捐款后，上缴上海市红十字会统一划转至湖北和武汉，而定向捐赠给上海市红十字会的也统一划转至市红十字会。由此可以看出，联动工作机制可有效提高工作效率，有助于解决新冠肺炎疫情这种突发性、复杂性局面下的物资调配等问题。上海市红十字会在以后的工作过程中还应加强与多部门联动工作的机制，以期达到效益最大化。

3. 战“疫”基层化

社区是疫情联防联控的第一线，也是外防输入、内防扩散最重要的防线。疫情发生后，大批机关干部走出办公室，加入基层防控队伍，缓解了基层人手紧张、应对不足的困难。1月30日开始，普陀区红十字会就积极响应区委关于启动“双结对直通车”赴275个结对居村以及下沉

① 张凌霄：《阳光透明，是慈善组织最好的天然养分——兼评〈慈善组织信息公开办法〉发布》，《中国社会组织》2018年8月26日。

② 《通道，是这样畅通的——上海市红十字会做好捐赠物资工作侧记》，上海市红十字会网，2020年2月27日。

街镇居委的号召，选派干部全力配合社区开展疫情防控工作。[①] 领导班子带头，党员干部冲锋在前，下沉至各居民区开展支援工作，用实际行动筑牢疫情防线，保障居民生命安全。随着疫情防控进入关键时期，杨浦区、黄浦区、宝山区等区红十字会，积极组织红十字志愿者进行社区防疫服务工作，解决群众食物问题，为社区群众派发口罩，进行科普防疫知识宣传；此外还在小区入口处逢人必问、逢车必查、体温必测、情况必报，坚持做到“守好门、看好车、管好人”。把社区这道防线守住，就能有效切断疫情扩散蔓延的渠道，从上海市总体防疫效果来看，基层战“疫”起到了重要作用。

三、上海市红十字会战“疫”评价

（一）成绩：疫情防控创佳绩

上海市在此次疫情大考中交出了合格的答卷。在疫情蔓延至全国后，上海投入了巨大的人力物力进行科学筛查，确诊人数在1月30号达到峰值后逐渐下降。截至2020年4月14日24时，上海累计报告本地确诊病例339例，治愈出院328例，死亡7例；境外输入性确诊病例283例，治愈出院140例；尚在医学观察中的无症状感染者为0例。作为特大城市的上海，在没有封闭进出城通道、未停运市内公交、超市正常营业的情况下取得这样的成绩，实属不易。

此外，面对“复工返程”的人员流动，上海市也没有经历想象中的二次疫情高峰。随着疫情的逐渐平稳，越来越多的企业复工，上海经济全面复苏。这与上海市委、市政府的科学决策、与市红十字会等部门的有效举措是分不开的。

（二）检视：疫情实战找不足

通过此次疫情防控战，上海市红十字会得到了锻炼，积累了经验，但同时也发现了不足之处，主要表现在应急管理能力、专业能力和监督机制建设等方面。

首先，应急管理制度还不够完善。上海市红十字会在此次疫情防控战中，虽已做到快速反应并积极部署，但由于缺乏处理重大公共卫生事

① 《下沉社区，党旗下的普陀区红十字人为基层一线防控添力》，上海市红十字会网，2020年2月28日。

件的经验，在物资储备、应急预案以及工作人手上都存在明显不足。尤其是各区级红十字会，管理体制虽已理顺，但面临突发事件的应急能力也还需进一步提升。这些都说明上海市红十字会应急管理能力还有待于进一步提升。

其次，志愿者队伍专业化能力不足。面对突然暴发的疫情，社会捐赠较之平常成倍增长，加之主要捐赠物为口罩、防护服等医用物品，具有较高级别的安全质量标准要求，而红十字会因没有相关专业人员，故无法保障验收工作。另外，因疫情扩大，上海市红十字会紧急招募了大批志愿者，但新招募的志愿者缺少相应的专业培训，专业能力自然无法得到保障。

最后，社会支持体系相对薄弱。因湖北省红十字会在处理捐赠物资方面存在不当举措，网络上出现了许多不利于红十字会的言论，直接影响了红十字会在社会各界的公信力。上海市红十字会虽主动做到信息公示透明，但仍不足以打破横亘在公众之间的信任壁垒。缺乏来自政府、社会多方面的监督，尚未建立完善的监督体系都直接影响到上海市红十字会的社会支持度。

（三）提升：固本强基补短板

在此次疫情防控中，上海市红十字会在展示出其优势亮点的同时，也暴露出一些问题，但这也为上海市红十字会的进一步发展提供了新的努力方向。

1. 完善应急救援协调机制

着力提升上海市红十字会的应急管理能力，首先要完善自然灾害和突发事件应急机制，经过科学分析与模拟预演，应制定红十字会系统应急预案，增强应急预案的可操作性，进一步提升组织的应急能力。其次应进一步健全基层网络信息平台建设，使市红十字会能在第一时间掌握应急事件信息，做到早发现、早处理，及时应对。最后，还应建立健全应急管理部门与区红十字会的联络机制，提升区红十字会应急能力，加强市、区红十字会信息共享；市红十字会对区红十字会定期指导，并给予资金、人员和装备上的支持，经常组织观摩交流和实战演练，在实践中不断提升应急能力。

2. 引入专业人才及管理理念

首先，应加强红十字会专业应急队伍建设，通过理论学习、科学实践等方式，使其在业务知识、应急理论及社会服务等方面得到长足进步，打造一支专业能力突出的常备队伍，日常协助各社区开展便民服务，提升上海市红十字会参与社会服务的能力；遇突发事件时，在市红十字会的领导下，成为一支专业化的应急救援队伍。其次，加强红十字会的人才储备，尤其要引进具有相关知识素养的专业人才，分别在组织统筹、国内外物流、医疗器械鉴别等方面发挥优势作用。最后，还应加强对红十字会工作人员的考核及培训，使其具备从事人道事业所需的专业能力及职业道德。

3. 建立高效监督问责机制

为重新焕发社会对红十字会乃至公益慈善组织的支持热情，上海市红十字会应完善自身监督管理体制，建立多维监督体系。一方面建立健全社会公众监督体系，加强媒体舆论监督引导作用，强化对信息公示、流程透明的监督，切实保障公民知情权、监督权；另一方面引入第三方监察机构，充分利用第三方机构的专业性，保障对红十字会监督的有效性，如上海市红十字会可引入独立第三方机构，对信息、资金使用等情况，进行审计并公示，接受政府、行业、媒体和社会监督。

上海市红十字会在应对新冠肺炎疫情中，反应迅速，积极部署，取得了不错的抗疫成绩，但上海市红十字会在应对此次疫情中也暴露出一些问题，希望上海市红十字会不断加强自身建设，以期更好地为国家、社会、人民服务。

（作者系苏州大学社会学院研究生）

信息化建设助力疫情防控

——以青海省红十字系统为例

青海省红十字会

2020年春，一场突如其来的新冠肺炎疫情打乱了社会正常的生产生活秩序，青海省红十字会作为党和政府在人道救助领域的助手，坚持以保护人的生命健康为宗旨，以推进红十字工作公开透明为主线，积极投身新冠肺炎疫情防控工作，切实为政府分忧、为百姓解难，彰显了红十字会的责任担当。

一、精心组织、科学谋划，全力参与疫情防控

（一）加强领导，彰显作为

在疫情防控大考中，青海省红十字会党组讲政治、顾大局，坚守防控一线，勇担责任，发挥领导核心和示范带头作用。

一是行动迅速。会党组第一时间启动了红十字会应急响应机制和预案，认真组织学习习近平总书记关于疫情防控工作的重要讲话和指示批示精神，及时成立领导小组，成立工作小组，明确责任分工，细化任务措施。

二是靠前指挥。会党组书记以高度的政治责任感，组织动员红十字会全体干部职工全力以赴投入疫情阻击战。会党组成员按照责任分工，主动领受任务，落实工作责任，团结协作带领分管部室同志，加班加点开展疫情防控工作。

三是组织有力。全会干部职工主动放弃休息提前返岗，勇于担当，满负荷连轴转，以实际行动践行初心使命。疫情期间，省红十字会的工作得到了中国红十字会总会的高度评价，并在全国红十字会工作视频会议上做了经验交流发言，前后两次受到陈竺副委员长肯定性批示和激

励。省红十字会工作也得到了省委书记王建军的两次肯定性批示，原省委副书记、省长刘宁，省委常委、省总工会主席马吉孝，副省长匡湧也多次批示和充分肯定省红十字会的工作。

（二）畅通渠道，实现突破

一是优化程序。立足适应疫情期间公众奉献爱心意愿，引导社会捐赠，省红十字会安排5万元资金，研发完善微信二维码直捐系统、手机端捐赠证书、手机短信通知等功能，完善网络捐赠公示平台，积极推进应急管理体系和应急能力现代化，及时向社会各界制作发送个性化直捐二维码，极大地方便了捐赠者，社会动员能力显著提升。据统计，网络直捐人数达63975人次，捐赠资金达1295万元。

二是把好关口。省红十字会严格把好款物进口关、分类关、出库关、公开关、监督关，注重社会效果，做好精准对接，做到款物“快进快出”，及时拨付防疫一线，切实提高效率，捐赠款物对疫情防控发挥了重要作用。

（三）集中力量，弥补短板

一是争取支持。省红十字会牢固树立大局意识和全省“一盘棋”思想，积极争取省委、省政府以及省委组织部、省发改委、卫健委、工信厅等部门和社会支持，积极协调沟通捐赠单位、个人，集中力量办大事，为弥补我省应对公共卫生事件硬件设施短板提供资金保障。

二是加强沟通。省红十字会积极与卫健、商务、民政等有关部门沟通协调，落实捐赠款物分配使用要求，规范捐赠款物使用程序；编印《捐赠信息速报》88期并及时报送审计等30余家单位，做到资源共享、信息互通、形成合力，高质量完成工作任务。

（四）严肃纪律，规范程序

省红十字会严格执行中国红十字会总会及我省的各项制度规定，规范捐赠款物接收管理使用。

一是落实要求。按照《中华人民共和国慈善法》《中华人民共和国红十字会法》规定，严格明确纪律要求，规范捐赠款物接收、发放、公示等各个环节，省红十字会印发《关于做好新型冠状病毒感染的肺炎疫情防控捐赠款物使用管理的通知》等，对各级红十字会依法、严格、规范管理捐赠款物提出明确要求；严格分类管理定向与非定向捐赠款物，严谨细致紧抓物资查验、清点等关键环节，充分尊重捐赠意愿，及时做好公示，及时拨付发放。

二是开展督查。成立了由省红十字会监事会、驻会纪检组和机关纪委工作人员组成的疫情防控捐赠款物监督检查小组，监督检查各级红十字会落实疫情防控责任、依法接收社会捐赠款物工作情况。会党组成员和纪检组长带队，组成6个工作组，深入一线及时指导检查，保障捐赠工作的公开透明、规范高效。

三是主动接受监督。为保证捐赠款物接收和使用更加公开透明，对捐赠款物接收和使用情况，通过《青海日报》、青海电视台等新闻媒体每日进行刊发和滚动播出，主动接受审计监督、舆论监督、社会监督、群众监督。

（五）勇于担当，锻炼队伍

省红十字会依托卫生医疗、心理咨询专业团队、救援队和群团组织力量，合力开展疫情防控工作。

一是组建救护转运队。青海省赴武汉救护转运队3小时完成集结、6小时整装待发，奔赴一线。在武汉期间，累计转运患者2417人，其中重症患者1794人，危重症患者585人，占中国红十字会系统全部转运危重症任务的80.4%，多次得到全国人大常委会副委员长、中国红十字会会长陈竺，省委、省政府和中国红十字会总会领导的批示表扬与肯定。

二是开展心理疏导。省红十字会组建了疫情防控心理援助志愿服务队，开通了4部热线电话，为社会公众提供疫情防控心理支持、心理疏导、危机干预等服务，帮助求助者预防和减轻疫情导致的心理困顿，促进心理健康。目前，热线接入量为318通，总服务时长为2286分钟，疏导服务效果明显。

三是选派救援队。根据省疫情防控指挥部要求，省红十字会选派省红十字救援队和车辆前往西宁机场，转运发烧疑似患者270人次，积极开展疫情防控工作。

四是推进协同化。按照青海省推进群团组织协同化建设的实施方案，根据省委常委、省总工会主席马吉孝的指示要求，省级各群团组织选派12名文秘、财务、物资保障和宣传人员充实到省红十字会，协同开展疫情防控和接收社会捐赠款物等工作。以协同化凝聚疫情防控强大正能量，在推进省级群团组织协同化进程中落地落实落细，在推进群团改革中探索出了新路子。

（六）注重宣传，扩大影响

一是加强引导。省红十字会冷静沉着有效应对湖北及武汉红十字会的舆情影响，加强正面宣传和舆论引导，重视舆情管控，充分运用新闻媒体和报刊、网站、“两微一端”等，深入宣传习近平总书记关于新冠肺炎疫情防控重要指示精神和党中央、国务院决策部署。

二是主动作为。省红十字会制作音视频、编辑刊发短文，通过微信公众号等推送疫情防控政策、科普知识类文章，广泛动员基层红十字组织及其会员、志愿者参与联防联控。在网站及时推出了“土登说防疫”系列节目13期，为广大农牧区的藏族群众介绍疫情防控知识，扩大宣传普及面。

二、信息化建设为红十字会公信力建设提供了有力保障

疫情防控是检验省红十字会治理能力的一次大考，省红十字会疫情防控工作之所以能够得到全社会的广泛赞誉，其中一个重要原因在于省红十字会新一届党组，深刻汲取“网络事件”教训，以加强红十字会公信力建设为突破口，积极致力于以“三外一内”为内容的信息化建设，即面向社会公众的官方网站、面向全体捐赠人或组织的公示平台、一个互动有效的新媒体宣传网络以及一个内容全面、功能强大的内部管理操作系统。把加强信息化建设作为提升红十字会公信力建设的一个重要举措，作为提高红十字会系统管理水平的有效方法，作为实现红十字会系统公示自律、规范捐赠等行为的有效途径，全面促进青海省红十字会系统综合能力的提升。

（一）官方网站

官网是红十字会对外宣传的第一阵地，它集资料性、政策性、公示性、指导性、操作性和整体性为一体。资料性体现在为社会公众和各级红十字会工作人员、会员和志愿者提供资料参考。政策性是指网站所收集发布的国家相关政策法规具有权威意义。公示性是指通过官方网站公示红十字会相关业务、捐赠款物分配及项目执行情况等。指导性是为基层红十字会开展好工作提供依据。操作性是指在网站上为基层红十字会开展工作提供方便。整体性是指全国红十字会一盘棋，相关内容自上而下整体规划与发布。

（二）公示平台

与官方网站相比，公示平台的公示功能更为全面合理，信息更为准确精细，内容更为翔实可信，查询功能更为包容强大，管理内容更为齐备。社会公众可通过平台及时掌握红十字会募集资金、物资的去向和项目的进展，更对募集资源的使用效能及结果能够有一个清晰的认识。它体现了信息发布的及时性，款物收支的高效管理，信息存储功能的安全强大，资料归整的准确无误。平台将救助数据库和求助数据库的同步建设作为努力方向，将实现救助资源和求助资源的高度匹配作为提高省红十字会公信力的法宝之一。及时公开，方便查询，过程监管，结果公示，体现了红十字会和社会公众、相关部门与组织间的良性互动，更是青海省红十字会信息化建设或公信力建设目标所在。

（三）新浪微博、腾讯微博、微信等实名认证的新媒体宣传网络体系

在当今信息化时代，社会公众对微博、微信等新媒体关注度高，红十字会必须高度重视且需加以广泛应用。我会管理发布微博信息并持续跟进，微博主要内容包括及时、准确、有效的信息公布，方便、快捷、负责的救助体系，友好、强大、合作的志愿队伍，共享、共助、共益的合作体系，高效、快捷、务实的应对系统，安全、掌控、自主的发布体制等 6 个方面，以期通过新媒体建设，掌握红十字会舆论宣传主导权和宣传工作先机。

（四）内部综合信息管理系统

红十字会工作涉及范围广，工作对象多，业务拓展强。提升红十字会公信力，提升内部科学管理水平，必须有赖于建设一个设计科学、功能强大、操作简便、流程合理的综合信息管理系统，以解决公益组织信息难公开、公开难查询、查询欠准确；公益捐赠资金、物资的分配、发放、落实过程失察、失真，不能及时透明公开；掌握捐赠项目管理过程进展难，开展监管、规范管理不易；红十字系统内部管理资料及数据积累不易、分析困难等 4 个方面的难题。

青海省红十字综合信息管理系统的基本框架包括：捐赠资金管理模块、捐赠物资管理模块、捐赠项目管理模块、内部人财物管理模块、众益信息网外网管理模块、公益系统维护管理模块、相关部门和组织联系管理模块。这些模块可以根据不同的情况进行组合式管理；每个业务及

流程实现科学分类，合理导向；追求细化管理，并与相关政策、法规或政府的管理系统相连接，共用共享。

具体而言，首先，青海省红十字综合信息管理系统平台建设的总体思路是：整体规划、整体设计、分步实施、不断完善。

整体规划，必须做好全省红十字系统的信息化建设，软件、硬件配置，兼容多种接口，系统上下贯穿，内外统一等总体规划。

整体设计，是指对红十字会整个业务流程进行科学合理的设计开发，实现各业务软件之间兼容并包、流程合理、相互支持、整体推进。

分步实施，即制定完整的开发内容、时间推进、人员培训、上下融合各个层次的发展目标，分年度、分地区、分层次、分轻重缓急加以实施。

不断完善，指对系统的完善持长期态度，随着时间的推移，科学技术的发展，新产业、新设备的更新，业务不断拓展并逐步完善。

其次，青海省红十字综合治理信息管理系统基本框架可以简单地概括为“三大核心，三个基点，若干延伸”。

三大核心：捐赠资金管理为公开透明、提高筹款能力的核心，捐赠物资管理为科学落实救灾救助措施的核心，捐赠项目管理为发展红十字会品牌效应的核心。

三个基点：机构人事管理为事业发展基点，机构财务管理为事业兴旺基点，机构会文管理为事业规范基点。

若干延伸：与相关部门的联系与延伸，与社会其他公益组织的联系与延伸，与公共服务部门的联系与延伸，与相应国际研究机构或公益组织的联系与延伸，与社会其他 NGO（非政府组织）或 NPO（非营利组织）的联系与延伸，与企业商家的联系与延伸。

最后，青海省红十字综合信息管理系统的基本功能，可以概括为实现系统管理“三化”，体现系统运行“四要素”，满足系统功能“五性”。

“三化”：①智能化管理功能：始终领先的系统管理先进理念，满足信息管理多重要求与条件，具备先进思维的人道、博爱救助需求，与日益发达先进的时代要求接轨，充分应用新技术优势及拓展技术。②人本化服务理念：必须紧紧围绕服务对象各种需求，实现需求资源与施助资源相统一，时时体现红十字会事业中“以人为本”的理念。③简单化操作界面：把简单明了的全中文网页式界面和结构复杂的软件开发技术有效结合起来，通过菜单式管理或经纬度分级、分项目录，实现便捷操作，满足简单明了操作的要求。

“四个要素”：①规范性红十字会文档：通过规范性文档，实现上报或积累工作文档的规范化，完善系统文档管理。②组合式统计表格：各类数据既要符合逻辑，科学录入，又能在一定条件下实现多重组合，提供多项数据查询。③直观性分析图示：对全省红十字会事业发展过程中产生的各类数据资料库，可通过多种图示，如饼图、锥体图、立柱图、曲线图等进行表述和说明。④多媒体资料演示：通过先进的视频、网络和通信技术，可及时将相关资料录入本管理系统中，为公众提供直观的第一手资料。

“五性”：①统计性：以各种统计数据为基础，以红十字会工作中资金、物资、人力、信息等数据为补充，以基本数据库为依托，做到整个红十字会工作的各项数据可有效统计、积累和引用。②资料性：工作全过程尤其是捐赠管理工作的资料及其他相关资料均能实现系统管理，可以上报、引用、积累、存储和查询。③分析性：在数据库完备的条件下，输入的各种数据由网络系统自动分析捐赠效益、期望结果、需要继续跟进内容等。④预测性：系统进行项目等累计资料的分析，能够总结并提出相关工作的规律等，对红十字会事业的发展及促进、实施及管理提供预测。⑤管理性：使红十字会工作的各个环节、各个层次、各项内容均能实现计算机管理和网络运行，实现对红十字会工作的全方位、多层次、多需求的科学化管理。

总之，在推进青海省红十字会信息化建设过程中，我们着重在以下几个方面做出不懈努力：一是强化系统安全性，做到公示内容和系统安全相统一，保障涉及公民或单位的隐私、保密事项等不泄漏；二是拓展性规划，从一开始就坚持高标准、新技术、好设备；三是部门合作与融合，平台具备相对强大的兼容性，保证相关部门和组织的信息对接与共享；四是开放界面，既能向社会公众公示，同时也能面向社会公众提供服务，保证红十字事业全民化推进，确保全省红十字事业永葆青春，不断发展进步。

三、疫情防控工作成效显著

信息化建设对红十字会的公信力建设产生了直接的影响，使得红十字会社会影响不断扩大，社会公众对红十字事业的理解更为深刻，参与人道救助事业的自觉不断增强。

一是接收社会捐赠创造新纪录。截至目前，省红十字会累计接收捐赠款物共计 3.3 亿余元，累计使用捐赠款物共计 3.25 亿元，使用率为 98.48%。其中，接收捐款 2.25 亿余元，累计支出捐款 2.2 亿余元，支出率为 97.77%；接收捐物折价 1.05 亿元，累计发放捐物折价 1.05 亿元，发放率为 100%。我省社会各界和群众为这次疫情防控捐赠达到人均 55 元，全省接收捐赠款物总量在西北居于前列，按人口和经济总量平均来算居全国前列，青海各族人民的爱心得到了彰显，“新青海精神”得到了传承，并由此汇聚成为青海人民的磅礴力量。

二是网络捐赠热情高涨。省红十字会立足适应疫情期间公众奉献爱心意愿，研发完善微信二维码直捐系统等，完善网络捐赠公示平台，网络直捐人数和捐赠资金均创造了网络捐赠款额新高。

三是改善卫生医疗条件实现新担当。在做好湖北重疫区款物保障的同时，按照省指挥部的要求和捐赠方意愿，安排资金 6650 万元，为我省 74 家医疗单位购置负压救护车 68 辆、普通救护车 4 辆、移动 DR 8 台、呼吸机 33 台、心电监护仪 20 台，集中力量，补短板强弱项，有力提升了全省医疗系统应对突发公共卫生事件的能力和水平。

四是宣传红十字会工作实现新突破。疫情防控期间，省红十字会积极协调各类新闻媒体，加大对爱心捐赠中涌现出的先进事迹和感人故事的宣传报道力度，通过中央、省级主流媒体和省红十字会的官网、“两微一端”等新媒体宣传报道新闻稿件 1877 篇。新华社客户端刊发的《他们的世界只有“雾天”》阅读点击量达 8000 余万人次，有力地扩大了省红十字会的影响力。

五是党和政府对红十字会疫情防控工作高度肯定。省红十字会赴武汉救护转运队临时党支部荣获中共中央、国务院、中央军委表彰的“全国先进集体”“全国先进基层党组织”称号，红十字志愿者王楷博获得“全国抗击疫情先进个人”表彰。

新冠肺炎流行期红十字会在社区疫情防控中的职能发挥

姜志浩

2020 年春节前后，新冠肺炎疫情蔓延全国，我国进入了新冠肺炎疫情的大流行期。面对这场重大突发的公共卫生事件，在以习近平同志为核心的党中央坚强领导下，中央应对新冠肺炎疫情工作领导小组迅速成立，在全国范围打响了疫情防控攻坚战。在全民参与的背景下，我国疫情防控工作取得积极进展。2020 年 3 月 23 日，中央应对新冠肺炎疫情工作领导小组强调，将“外防输入、内防反弹”作为今后疫情防控的重点工作，这标志着我国疫情防控形势进入平稳期，新冠肺炎流行期基本结束。

在新冠肺炎流行期间，社区疫情防控是重中之重。习近平总书记指出：“社区是疫情联防联控的第一线，也是外防输入、内防扩散最有效的防线。”① 在新冠肺炎疫情攻坚的总体战中，社区防控首当其冲，对抗疫全局至关重要，是对社区治理效能的一次考验。构建完善的社区治理网络，必须坚持以政府为主导，并协同社会力量参与。红十字会作为国内最大的社会慈善组织，拥有自上而下的红十字会组织架构、遍布全国的组织网络及深入社区的基层组织阵地，红十字会的组织优势使其蕴藏着巨大的治理效能，是不可忽视的社区抗疫力量。在新冠肺炎疫情流行期的社区防控中，红十字会从危机宣传、社区服务、工作队伍建设等方面协同政府参与社区治理，起到了不可忽视的作用。

① 《习近平在北京市调研指导新型冠状病毒肺炎疫情防控工作时强调以更坚定的信心更顽强的意志更果断的措施坚决打赢疫情防控的人民战争总体战阻击战》，新华网，2020 年 2 月 10 日。

一、开展多群体社区危机防控宣传与培训

“这次新冠肺炎疫情，是新中国成立以来我国发生的传播速度最快、感染范围最广、防控难度最大的一次突发公共卫生事件。”① “三个最”充分表明了疫情防控难度之大，同时作为“突发公共卫生事件”，其突发性特点决定了社区民众对其知之甚少，这对街道（社区）工作人员防控工作造成重大挑战。新冠肺炎疫情流行期，红十字会深入社区展开多群体危机防控宣传，帮助居民提高自我防护能力；对基层防疫人员进行培训，提高了社区防疫人员疫情防控和自我保护能力。

（一）社区居民防疫知识宣传

在社区居民防疫知识宣传中，红十字会充分利用会属资源阵地及社区宣传资源展开疫情防控知识普及，并采用多种形式、针对不同群体进行精细化宣传，大大提升了宣传效果。

首先，红十字会积极向社区居民普及疫情防控知识，线上线下多渠道开展疫情知识、法律法规的宣传，使社区居民了解疫情，增强自我防护能力。由于红十字会自身所属机构深入基层社区，且有特殊的服务群体，因此距离群众更近。《中国红十字会章程》中规定，“城市街道（社区）、农村乡镇（村、组）、企业和事业单位、学校、医疗机构和其他组织中建立的红十字会为基层组织”，“举办应急救护培训、群众性健康知识普及”等活动是这些基层组织的主要职责。② 在新冠肺炎疫情流行期，红十字会充分利用红十字服务站、红十字救护站、生命健康安全体验馆等基层阵地，凭借联系群众密切的特点展开疫情知识宣传。另外，红十字会还充分利用社区资源，采用社区黑板报、标语、公示栏、LED 电子屏、农村广播站等宣传形式以及原有的“社区微信群、社区公众号、社区 QQ 群、智慧社区客户端等社区信息平台”开展宣传，扩大了宣传覆盖面③，取得了比较好的效果。

其次，红十字会采用多种方式确保宣传效果。红十字会的宣传模式

① 《习近平在统筹推进新冠肺炎疫情防控和经济社会发展工作部署会议上的讲话》，《人民日报》2020 年 2 月 24 日。

② 《中国红十字会章程》，中国红十字会网，2019 年 9 月 18 日。

③ 《中国红十字会总会办公室关于进一步做好红十字会参与新冠肺炎疫情社区联防联控工作的通知》，中国红十字会网，2020 年 2 月 15 日。

体现出精准化、覆盖面宽的特点，例如，在少数民族社区开展宣传时，内蒙古红十字会借助通晓蒙古文的志愿者，向牧民详细宣传病毒传播特点、自我防护措施等，起到了良好的宣传效果。[①] 疫情防控的知识难免科学性比较浓，社区居民接受存在困难，河南等地红十字会充分考虑到这一点，采取创作疫情防控视频、编创“顺口溜”的方式，使其更容易为大众接受，红十字会还将救援车改装为“疫情防控宣传车”，深入社区开展宣传，大大增强了宣传效果。[②] 甘肃兰州红十字会在社区防控工作中，专门成立“爱心驿站疫情防控秘书组”，将疫情防控相关信息整合成稿件、剪辑成视频，以可视化技术为手段，“让防疫知识既实用又接地气”，这就促进了公众的理解，更易于传播。[③]

（二）社区防疫工作人员培训

社区防疫是多方面力量参与的攻坚战，参与社区防疫的工作人员接受疫情防控的相关培训必不可少，这对提高其应急反应能力、工作的胜任能力大有裨益。

在疫情防控中，信息传导容易形成滞后性，基层执行者接受信息往往存在不及时的问题，这大大制约其灾害应对的反应能力，突发性新冠肺炎疫情也容易造成其手足无措。然而社区工作者、街道办事处工作人员等作为社区治理的一线参与者、执行者，必须具备出色的应急反应能力。因此，社区一线的防疫者必须接受及时、有效的培训，且《中华人民共和国红十字会法》也规定，将“开展应急救护培训，普及应急救护、防灾避险和卫生健康知识，组织志愿者参与现场救护”作为红十字会的重要职责之一。[④] 红十字会可以凭借其自身专业性优势，对社区工作人员进行相关培训，以弥补相关突发性灾害信息传导慢的缺陷。

《中国红十字会章程》将“开展备灾救灾工作”作为和平时期红十字会的第二大职责[⑤]，这就决定红十字会本身应具有相当的救灾专业知识。在新冠肺炎流行期中，红十字会充分发挥专业优势，凭借其组织影响力凝聚了具有专业防疫知识的人才，在基层防疫工作人员防疫知识培

① 《内蒙古红十字会基层组织参与一线抗疫》，中国红十字会网，2020 年 3 月 24 日。

② 《河南省红十字志愿者：参加新闻发布会，为红十字代言》，中国红十字会网，2020 年 3 月 5 日。

③ 《甘肃省红十字志愿者：青年有担当》，中国红十字会网，2020 年 3 月 11 日。

④ 《中华人民共和国红十字会法》，中国红十字会网，2019 年 1 月 23 日。

⑤ 《中国红十字会章程》，中国红十字会网，2019 年 9 月 18 日。

训方面发挥了积极作用。例如，作为多年从事急救护理工作的护士，北京红十字会志愿者祁秀华担任了朝阳区红十字会应急救护培训讲师，在疫情流行期内，对来往于社区和医院的转运车组人员进行消毒，并监督、指导其“脱防护服、浸泡护目镜”等，这为避免一线工作人员感染病毒做出了贡献。① 除专业人士对一线人员的指导培训外，红十字会及其所属的专业救灾组织，也开展了相关培训工作。例如，内蒙古包头红十字会下属的蓝天救援队，凭借其多年救灾经验积累，帮助街道制定应急预案，从宣传、演练等方面对社区工作人员开展业务培训，做好人员、物资、经费保障，帮助其掌握疫情防控的主动权。② 对于直接参与社区防疫的红十字会一线志愿者而言，得到相关培训对于保障其自身安全、完成防疫工作至关重要。红十字会也注重对于基层志愿者的培训，中国红十字会总会训练中心上线了疫情防控的相关课程，内容集“新冠肺炎相关知识、个人防护、居家防护、出行防护、特定场所防护、就医相关知识”为一体，广大志愿者通过线上学习的方式，接受疫情防控相关工作和技能培训，增强了自我保护能力。③

要言之，新冠肺炎流行期内，各级红十字组织依靠其密切联系群众的特点及“备灾救灾”的专业知识，在社区开展多群体疫情危机宣传，不仅提高了居民自我防护的意识，而且对于社区疫情防控人员提高疫情应对和自我保护能力，具有重要意义。

二、搭建社区生活多元服务网络

重大突发性疫情给社会正常秩序带来严重冲击，产生了一系列的连锁反应。反应在社区这一微观的治理层面，表现为生活问题、心理问题、弱势群体等问题突出。同时，社区一线防控投入了巨大人力，一线工作者的后勤保障也成为疫情期间社区治理的重要工作内容。红十字会依托自身优势，构建起以社区居民、社区工作者、志愿者、一线工作者家属为服务对象的，集物质生活、心理辅导、困难帮扶、后勤保障为一体的社区多元服务网络。

① 《北京市红十字志愿者：做好防疫消毒，守护白衣天使》，中国红十字会网，2020 年 4 月 3 日。

② 《内蒙古包头市红十字志愿者：参与社区疫情防控》，中国红十字会网，2020 年 3 月 20 日。

③ 《抗击新冠肺炎疫情工作动态》，中国红十字会网，2020 年 2 月 20 日。

（一）物资供应

在新冠肺炎疫情流行期间，社区一线物资供应面临的问题具体表现在两个方面：一是生活必需品采买不便；二是防疫物资缺乏。在疫情流行期内，红十字组织依托自身优势，建构起一套社区物资供应模式，并且为基层防疫物资供给提供了帮助。

疫情期间，居民难以外出，生活物资采买不便。红十字会运用互联网资源，通过“代为采买—送货上门”的方式为居民日常生活提供保障，大大便利居民的采购。如重庆红十字祥云志愿服务队为解决居民生活物资采买不便的问题，创办“汇惠选”网上采买平台，志愿者根据订单需求购买生活物资，并在居民小区设立领取点，该服务队还对配送人员进行测温，以保障居民使用安全，整个采购过程实现了“零接触”，大大降低了感染风险。① 同时，社会爱心人士为抗击疫情捐献生活物资，红十字会也畅通运送渠道，主动充当“快递员”角色，如南充市顺庆区红十字会，帮助捐赠油菜的爱心人士，采摘油菜送至城区的各街道办事处，用于供应隔离家庭的日常生活需要。② 另外，在新冠肺炎疫情流行期内，红十字会也为社区提供了口罩等防疫物资供应。例如，2020 年 3 月 23 日，北京市西城区红十字会与西城区妇联共同将口罩 1500 只和防护服 50 件送到西城区天桥街道、椿树街道、广内街道及白纸坊街道 4 个基层妇女组织代表手中。③ 实际上，在疫情期间，依照《慈善组织、红十字会依法规范开展疫情防控慈善募捐等活动指引》的规定，相关物资可以在红十字会协调下“直接送达最终使用单位或指定地点”④。这表明，红十字会防疫物资可以直达基层社区，对社区防疫工作意义重大。

（二）心理辅导服务

为社区居民提供心理辅导，是社区疫情联防联控工作的重要一环。红十字会凭借组织优势，凝聚和联系了一大批具有专业素养、拥有国家

① 《重庆市红十字志愿者：送去“教科书”填满“菜篮子”》，中国红十字会网，2020 年 3 月 6 日。

② 《四川：疫情阻击战，我们心连心》，中国红十字会网，2020 年 2 月 7 日。

③ 《北京市西城区红十字会助力基层抗疫》，中国红十字会网，2020 年 4 月 3 日。

④ 《慈善组织、红十字会依法规范开展疫情防控慈善募捐等活动指引》，中国红十字会网，2020 年 2 月 17 日。

心理咨询师职业资格证书的人才，这就使其心理疏导工作体现了专业化的特点，为疫情流行期内社区心理辅导工作做出重大贡献。

突发性的新冠肺炎疫情不仅对民众的生命造成威胁，而且对人民的心理健康产生极大影响。亲人确诊离世的悲痛、患感冒不敢就医的恐惧心理以及因出行不便生活物资缺乏产生的窘迫感、一线抗疫工作者的巨大心理压力等都是疫情导致的连锁心理反应。因此，可以说心理辅导工作不仅面向社区居民，更应该面向社区一线工作者。各地红十字会及时组织心理救援队、开通心理服务热线，开展对社区居民的心理疏导等工作。例如，昆明市五华区红十字会组建心理治疗队，投入社区疫情联防联控中，通过电话、邮件、微信等方式在普及心理健康知识、提供自我排解方法等方面为社区一线抗疫工作者提供24小时服务[①]。红十字会还为确保社区心理辅导的专业化，创新工作模式，调配社区抗疫人员，如甘肃红十字会创建了“1+1+N”的战“疫”工作模式，每个社区“安排1名专业的医护人员、1名心理咨询师和N个红十字志愿者与社区工作人员坚守”[②]。可以说，红十字会在开展心理辅导服务方面，有着明确的服务对象、专业队伍及工作机制，充分体现了红十字组织的专业救灾优势。

（三）弱势群体帮扶

红十字会注重疫情期间的社会弱势群体救助。从社会治理的角度而言，加强对社区弱势群体的救助有助于维持社区稳定。疫情加剧了社会弱势群体的窘迫程度，在新冠肺炎疫情流行期内，各地红十字会对贫困户、孤寡老人、残疾人等弱势群体提供积极的人道救助。首先，红十字会注重在疫情流行期内做好贫困户的走访、救助。例如，2020年3月18日，内蒙古鄂尔多斯市鄂托克旗红十字会工作人员深入哈马日格太嘎查开展走访工作，通过谈心交流、政策宣讲、摸底调查等方式了解疫情期间贫困户家庭生产生活的情况，以便为他们平稳度过特殊时期提供人道帮助。[③] 其次，红十字会注重对于疫情期间精神障碍患者的管理和救助。例如，重庆市渝中区红十字会给社区内精神病患者提供居家监护、按月

① 《云南省昆明市五华区红十字志愿者：心理咨询　助力抗疫》，中国红十字会网，2020年3月19日。

② 《甘肃省红十字志愿者：贴近社区，主动服务时间》，中国红十字会网，2020年3月3日。

③ 《内蒙古红十字会疫情期间关爱困难群众》，中国红十字会网，2020年4月3日。

送药、陪同就诊服务，保证疫情期间社区的和谐稳定。[①] 最后，疫情期间人员流动减少，红十字会为使老人掌握必要的自救技能，还依托红十字应急救护志愿服务队送救护培训和急救包上门，教授老人、保姆掌握简单的自救互救技能。[②] 红十字会在疫情期间通过富有人性化的救助措施，让弱势群体感受到社会关怀，对社区稳定及抗疫大局具有重要意义。

（四）一线工作者的社区后勤保障

疫情期间红十字会重视对于一线工作人员的生活后勤保障。这项工作是社区抗疫的保障性工作，有利于形成抗疫的向心力，对战“疫”全局大有裨益。疫情阻击不仅仅是人力的投入战，更是资源消耗战，一线工作者的防护需求和物质需求必须得到基本保证。红十字会充分利用自身资源为社区工作者发放口罩，为社区值守卡点搭建帐篷、赠送御寒的衣帽，同时也为社区工作者提供理发、发放盒饭等人性化服务。红十字会不仅为一线工作者提供保障，同时也为其家庭服务，解决一线工作者的后顾之忧。中国红十字会总会要求：“对基层医疗卫生机构工作人员进行关心支持，对于家庭成员有医务人员且承担隔离治疗任务的，协助社区做好其共同居住的父母、子女照顾工作，主动了解、帮助解决在疫情防控期间遇到的生活困难。”[③] 各地红十字会通过辅导孩子上网课、照顾老人、提供物质帮扶等方式帮助一线工作者解决家庭困难，有利于其全身心投入抗疫工作。有些地区的红十字会还为落实一线防疫人员家庭帮扶，成立工作组进行统筹。例如，泰州市红十字会成立工作组，建立微信群，把每一位抗疫“勇士”的家庭成员拉入群中，把握其动态需求。[④]

概括来说，在新冠肺炎疫情流行期间，红十字会依托会属资源优势及其常规工作，结合疫情形势，在社区物资供应、弱势群体帮扶、心理辅导救助、一线工作者的社区后勤保障等方面，面向社区居民、社区工作者、志愿者、一线工作者家庭构建起社区抗疫的多元服务网络。

---

① 《重庆市红十字志愿者关爱特殊群体》，中国红十字会网，2020 年 3 月 5 日。

② 《河北省石家庄市红十字会：四项服务暖人心　援鄂人员请放心》，中国红十字会网，2020 年 3 月 5 日。

③ 《中国红十字会总会办公室关于进一步做好红十字会参与新冠肺炎疫情社区联防联控工作的通知》，中国红十字会网，2020 年 2 月 15 日。

④ 《累计接收捐赠款物 5800 余万元，泰州市红十字会用好每一分“爱心款”》，中国红十字会网，2020 年 3 月 27 日。

三、组建一线社区战“疫”协同工作队伍

疫情防控是一场人民战争，决胜疫情防控战离不开党领导下的社会多方力量的参与。红十字会作为社会力量，依托自身组织组建起了一支一线社区战“疫”协同工作队伍，并协助政府执行具体抗疫任务，发挥社区疫情防控中党和政府“协同力量”的作用。

（一）构建红十字会抗疫工作队伍

在新冠肺炎疫情流行期内，红十字会通过组织指派、常设工作队伍转化、社会动员等方式凝聚起一支社区战“疫”协同工作队伍，并对志愿者工作队伍进行培训，打造红十字会抗疫战线，为社区抗疫提供人力支撑。

疫情发生后，卡点值守、体温测量、入户排查、来往车辆登记、健康宣传、物资搬运等大量社区防疫工作所需人力巨大，“不漏一人”的任务目标更是需要投入大量的社区工作人员，为此大批机关干部下沉社区，协助承担社区防疫工作。除公务机关外，还必须发挥社会组织的协同作用。红十字会作为我国最大的人道救助组织，通过自身救灾机制，积极投身红十字会抗疫战线。

首先，通过组织指派，大批红十字会干部下沉社区。例如，内蒙古科尔沁左翼中旗红十字会机关有工作人员 7 人，其中 6 名下沉社区执行任务，仅留 1 名工作人员承担日常工作[①]，体现了红十字会为社区抗疫所做出的贡献。其次，红十字会作为长期从事社会救助的团体，拥有众多常设的服务团队，如蓝天救援队、水上救援队、红十字会造血干细胞捐献志愿服务队、无偿献血志愿服务队等，红十字会依托其组织优势，进行号召动员，短时间内能聚集起各行业、各领域的志愿者团队，将其转化为抗击疫情的协同队伍。例如，广西红十字会所属的搜救队在疫情发生后，迅速依托自身组织优势，响应政府以及红十字会的号召，转化为一支防疫消毒工作队伍，开展市场、车站、学校、小区等人员聚集场所的消毒防疫工作。[②] 最后，红十字会长期从事公益事业，其社会声望和地位具有强大的号召力，在社会各个层面都具有一定影响力，能够广

① 《内蒙古红十字会基层组织参与一线抗疫》，中国红十字会网，2020 年 3 月 24 日。
② 《广西红十字搜救队：红十字盾牌守卫抗疫一线》，中国红十字会网，2020 年 2 月 24 日。

泛凝聚起社会各行各业人士加入“全民抗疫”阵营中。例如，内蒙古锡林郭勒盟就组建了由企业职工、退伍军人、个体老板等不同从业群体参加的志愿者队伍，扩大了抗疫战线；重庆人文科技学院16名青年学生，通过红十字会的网站及其社区的招募通知等加入了社区的疫情防控，承担起了守护的责任与使命。①

在构建起社区抗疫队伍后，必然要对抗疫队伍进行培训、规范以保证这支队伍的专业化，与其他社区抗疫队伍形成协同正效应。红十字会十分重视对志愿者的专题培训工作。例如，天津市红十字会出台了《天津市红十字会疫情防控志愿服务管理办法》，从招募、培训、管理等层面对志愿者提出明确要求，并采用“线上线下相结合”的方式，系统地对志愿者进行培训，对其志愿服务班次做出明确规定，保证志愿服务工作依法有序开展。②

概括来说，红十字会通过组织指派、常设机构的动员转化、个体志愿者资源整合、志愿者规范化的方式，为社区抗疫提供了人力支撑。

（二）协同政府部门执行抗疫任务

除打造自身抗疫战线外，在具体执行抗疫任务时，红十字会更是与政府相关部门展开积极合作。

2020年2月11日，中国红十字会总会召开会议，学习贯彻习近平总书记在北京市调研指导疫情防控工作时的重要指示精神，会议指出：“各地红十字会要按照当地党委和政府的统一部署，组织动员红十字基层组织和机关干部、会员、志愿者，积极参与社区联防联控，深入社区，有序参与科学防护知识宣传普及、入户排查等工作，助力构筑疫情防控的人民防线。”③ 这就明确了红十字会在社区疫情防控中作为政府“协同者”的地位。

一方面，在宣传战线中，红十字会作为社会组织参与政府新闻发布会，对于最大限度地凝聚民心具有重要意义。例如，2020年2月27日，郑州市红十字水上义务救援队的成员参加了河南疫情新闻发布会，对救

① 《渝红“竭尽全力，绝不退缩”》，中国红十字会网，2020年3月20日。

② 《打造让百姓放心的公益平台》，中国红十字会网，2020年2月21日。

③ 《中国红十字会总会学习贯彻习近平总书记在北京市调研指导疫情防控工作时的重要指示精神》，中国红十字会网，2020年2月12日。

援队开展的相关防疫工作进行介绍，引发广泛关注。[①]

另一方面，在一线工作中，红十字组织更是与政府部门通力合作。如黑龙江省齐齐哈尔市在开展居民区排查工作时，红十字会就协同卫健局、街道办事处等政府工作人员展开工作。[②] 红十字会还专门成立工作队协助配合政府部门开展工作，如郑州市金水区红十字会帮助金水区疾控中心进行消毒防疫，依托其所属的志愿者服务队成立消杀工作组，对办公楼、居民楼、隔离区、确诊病患居住地等场所进行消毒防疫。[③] 在实际工作开展中，红十字会与街道办联合成立指挥中心也是红十字会与政府合作协同抗疫的重要体现。如在上海，自疫情发生以来，为精准掌握社区返沪人员情况，小东门街道红十字服务总站便和街道部门组建起"社区健康管理呼叫中心"，密切关注相关人员的隔离情况；为做到精细化管控，该中心从核查信息、体温记录、健康宣传等多个层面着手，切实落实好社区疫情防控的责任。[④] 呼伦贝尔市鄂温克旗红十字会派遣志愿者和工作人员参与社区值守，同时完成了秀水花苑等社区的疫情摸排工作，主动承担了秀水花苑疫情防控具体工作，"统筹领导小区物业、包片民警、卫健委工作人员形成合力，进行地毯式摸底排查，做到不漏一户一人"[⑤]。

四、结语

综上所述，红十字会在社区疫情防控中，凭借自身的组织优势及号召力，发挥了重要作用。无论针对社区居民和社区工作人员开展的防护知识普及和工作培训，还是其打造的集生活服务、心理疏导、弱势群体帮扶、抗疫人员后勤保障为一体的服务网络，或是其建立的协同工作队伍，都对疫情期间的社区防控工作发挥了重要作用。疫情期间，红十字会社区抗疫的贡献，对于国家探索社会组织等社会力量参与今后的救援活动以及如何进行精细化社区治理具有启发意义。但不

---

① 《河南省红十字志愿者：参加新闻发布会，为红十字代言》，中国红十字会网，2020 年 3 月 5 日。

② 《中国红十字会抗击新型肺炎疫情工作动态》，中国红十字会网，2020 年 1 月 29 日。

③ 《河南省郑州市金水区红十字志愿者：助力消杀转运工作》，中国红十字会网，2020 年 3 月 24 日。

④ 《上海市黄浦区小东门街道红十字服务总站：精细化服务助力社区疫情防控》，中国红十字会网，2020 年 3 月 16 日。

⑤ 《闻令即动，听令即行》，中国红十字会网，2020 年 3 月 24 日。

可否认的是，红十字会在疫情防控期间也饱受质疑，相关负面新闻报道频频冲上热搜，这对其社会形象产生不利影响。因此，对于红十字会而言，加强内部管理、探索良好公信力的现代生成机制成为不可回避的问题。

（作者系中国海洋大学中国社会史研究所研究生）

新冠肺炎疫情下红十字会工作的优势与问题

——以苏州市红十字会为例

陆嘉旭

2020年春节前后，从武汉开始暴发的新冠肺炎疫情来势汹汹，并蔓延全国。面对疫情，苏州市红十字会积极协助政府部门，及时采取了一系列措施，取得了一定成效，但同时也暴露出不少问题。本文即围绕此进行考察。

一、苏州市新冠肺炎疫情概况

2020年1月22日，苏州市确诊首例新冠肺炎患者，这也是江苏省首例确诊患者。1月24日，根据《江苏省突发公共卫生事件应急预案》，苏州市政府启动重大公共突发卫生事件一级响应。截至2月17日24时，苏州市累计报告新冠肺炎确诊病例87例，追踪到密切接触者945人。其中，工业园区和昆山的疫情状况较为严重，累计确诊人数最多，分别达到24例、19例。之后，由于苏州市救治措施及时、防控措施到位，疫情逐渐得到控制。加强防控后，2月18日，苏州市无新增新冠肺炎确诊病例。此后，苏州市疫情渐趋稳定。3月10日，随着3名新冠肺炎确诊患者走出定点收治的苏州市第五人民医院，苏州市的87名新冠肺炎确诊病例已全部出院。

但是，随着国外疫情情况的不断恶化，3月21日，苏州市出现首例境外输入确诊病例。截至3月28日，苏州市累计报告境外输入确诊病例4例。此后，苏州市再无新增确诊病例，疫情渐趋稳定。苏州市疫情防控也开始走向常态化。

二、疫情下的红十字会防控工作

作为中国最大的从事灾害救助的社会组织，红十字会在疫情发生后积极承担起救灾的职责，充分发挥了自己在疫情防控中的优势。这一点，从苏州市红十字会的疫情应对行动中可见一斑。

疫情发生后，苏州市红十字会积极进行疫情防控宣传工作，全力整合社会资源和力量，在疫情防控过程中，认真学习贯彻中央和省委、市委以及中国红十字会总会有关会议精神，抓紧抓实防控工作，并在此基础上推行了一系列重要举措。

一方面，苏州市红十字会在此次新冠病毒疫情中积极动员社会群众、稳定社会情绪。例如，苏州市红十字会积极组织群众进行献血、捐款、捐物，并一一进行了公示。截至3月5日，苏州市共有10位新冠肺炎康复者成功捐献了血浆，为正在与病毒抗争的患者带去康复的希望。截至6月28日，苏州市红十字会本级接收捐款累计22382512.71元，其中单位捐款251笔，合计人民币16942488.80元，个人捐款1281笔，合计人民币5440023.91元。所接收的捐赠资金按照疫情防控需要及捐赠方意愿安排使用。

另一方面，红十字会在疫情防控中充分发挥专业性优势。作为从事人道主义工作的社会救助团体，红十字会的核心任务即社会救助。在此次疫情中，为支援湖北抗击疫情，苏州驰援湖北医疗队先后分4批赶赴疫区一线，参与患者救治。与此同时，苏州市红十字会救援队全体队员奋不顾身、迎难而上，不畏艰险、不计得失，积极投身于抗击疫情第一线，圆满完成了捐赠物资接收、转运、分发和高速公路、社区卡口执勤等志愿服务。不少来自医疗战线的队员更是日夜奋战在战“疫”最前沿，其中关宏磊、杨康二位队员还主动请战，参加了援鄂医疗队并出色完成了任务。苏州市红十字会也积极将社会捐赠物资快捷准确地发往灾区，确保每一份善款善物及时高效送达最急需的地方。

在疫情防控工作中，苏州市红十字会还组织动员下属各区、市的红十字会员、志愿者，组织救援队及志愿服务队进行了24小时的值班备勤，积极开展防护知识宣传、社区联防联控、运送捐赠物资等工作。据不完全统计，疫情发生以来，苏州市红十字会应急救援队志愿者出勤千余人次，志愿服务时长超过5000小时，人均60小时以上。

在苏州市医疗队驰援武汉的工作日记中，有救援队员这样写道：“时刻铭记，身为医务工作者应有的果敢与担当；永生不忘，作为红十字人应该发扬的‘人道、博爱、奉献’红十字精神，坚决打赢这场没有硝烟的战争。”

三、疫情应对的余声：问题与反思

在此次疫情防控工作中，社会舆论中既有对红十字会的赞扬，同时也有批评和质疑。就苏州市红十字会在新冠肺炎疫情防控中的表现来看，仍存在以下 3 点问题。

第一，应急管理能力有待提升。在疫情防控过程中，红十字会的应急管理能力短板已露出端倪。例如，截至 2020 年 6 月 28 日，苏州市红十字会已接收捐赠超过 2000 万元，但周转不够快、调拨不够及时等问题同时也很突出。

第二，社会动员能力有待提高。红十字会的社会动员能力主要包含了红十字会的资源动员能力和人员动员能力两个方面。具体来看，资源动员能力主要是指筹资能力，它是社会组织生存和发展的基础和生命线，直接反映了红十字会的工作能力与公信力。人员动员能力主要是号召人民群众自觉参与救灾工作的能力。在此次疫情防控中，苏州市红十字会在接收和调配新冠肺炎捐赠物资方面受到了不少质疑，在网络负面消息的冲击下，不少爱心人士甚至认为红十字会在每笔捐款中收取了手续费。群众对红十字会的质疑、猜忌和不信任无疑削弱了红十字会的社会动员能力。

第三，协同治理能力有待增强。协同治理能力即红十字会协助政府各部门处理事务的能力。在灾害防控过程中，这一能力指协助政府救灾的能力。在救灾中，红十字会是联系政府和社会救助力量的桥梁。社会各界自发捐款捐物，红十字会接收捐赠款物，并在政府统一调配下及时向需求方（如医院）按需拨付，最后通过公开公示的手段，让社会公众了解到捐赠款物的流向和使用情况，从而增强公众对抗疫胜利的信心。但是从实际效果来看，苏州市各级红十字组织在协同治理能力方面的表现还有不小的提升空间。

从苏州市红十字会在新冠肺炎疫情防控中的一系列人道行动中可以发现：红十字会的功能和作用集中体现为整体的互动机制，其不仅促进了国家和社会的互动、个体与整体的互动，也促进了专业与非专业的互动。同时，每一个互动都指向人道主义，而人道主义在灾害救治中的表现就是救灾赈灾、维护国家和人民的利益。

联系到此次抗疫中红十字会面临的一次次舆论风波，互联网时代使这种舆论风波充斥着一些不理性的声音，一时之间关于中国红十字会的流言四起。毋庸讳言，现实生活中红十字会还存在诸多不够完美的地方，在这种情况下，如何正确、客观、理性地认识红十字会，不断提升红十字会的灾害救助能力，是每一个关心红十字会的人都需要认真面对和思考的问题。

（作者系苏州大学社会学院研究生）

志愿者服务战“疫”研究

樊　群

在疫情防控中，“广大志愿者等真诚奉献、不辞辛劳，为疫情防控做出了重大贡献”①。本文拟以志愿者服务战“疫”为研究对象，梳理志愿者参与抗疫服务的内容，并进行总结与反思。

一、形势需要与个人选择：志愿者服务战“疫”的背景

新冠肺炎疫情具有突发性与破坏性，因而将其归为非常态事件是合适的。虽然政府高度重视疫情防控，但防控工作在初期的开展较为困难。这一方面是由于新冠病毒的传播非常迅速，并伴有人传人和无症状感染的现象，这使疫情更加难以控制；另一方面则是防控所需要的人力、物力等资源无法得到及时的补充。另外，防控工作面对的更为严峻的挑战是，疫情发生时正处在春节假期，全国各地人流量十分巨大，而集中资源，“尽最大可能切断传染源与控制疫情波及范围”正是打赢这场疫情阻击战的关键之一。因此，熟悉社区、有很强灵活性和较强专业性的志愿者便作为重要的战“疫”力量投入防控工作中。在疫情发生以后，各省市纷纷发布动员志愿者参与疫情防控的倡议书，并得到民众的积极响应。据不完全统计，截至5月31日，全国参与疫情防控的注册志愿者达到881万人，志愿服务项目超过46万个，记录志愿服务时间超过2.9亿小时。②

除形势需要和其本身具有的优势外，志愿者以积极的姿态参与抗疫

① 《习近平在统筹推进新冠肺炎疫情防控和经济社会发展工作部署会议上的讲话》，《人民日报》2020年2月24日。

② 《〈抗击新冠肺炎疫情的中国行动〉白皮书（全文）》，国务院新闻办公室网，2020年6月7日。

还与自身价值观驱动、群体驱动等有着紧密的联系。

志愿者是泛指在不计任何物质报酬的前提下，不受法律的强制，不受私人利益的驱使，完全出于信念、良知、道义、同情心和责任感而为公益事业贡献个人时间、精力的人或人群。[①] 由此可见，志愿服务的本质是个体出于自愿而主动参与。在广东省社工与志愿者合作促进会发放的调查问卷中曾有涉及志愿者参与志愿服务的动机的问题，被调查者中有71.67%（7114名）的人表示“在灾难面前我希望做一些力所能及的贡献”[②]。可见，多数志愿者参与服务是处在一种由内在价值和公益精神驱动进而提供服务的情境。[③] 同时，受到从众心理的影响，群体成员之间会互相影响和带动，共同参与到疫情服务中来。而且，曾接受过服务的人也会在志愿者志愿精神的影响之下加入队伍中。留学生曹元元被机场检疫志愿者的付出打动，隔离期结束以后她选择在上海嘉定区一隔离点提供服务，她的行为也带动着其他留学生加入志愿行列。[④]

二、参与有序、服务面广：志愿者服务战“疫”的展开

面对此次重大突发公共卫生事件的考验，志愿者及志愿服务组织在政府的指导下有序地开展志愿服务，协助党和政府做好疫情防控工作。

（一）有序参与，规范保障

为保障战“疫”任务顺利完成，各级政府、防控组织、志愿者组织大都发布了面向志愿者的疫情防控工作指引，或是在通告中予以明确规范，其内容主要包括以下几个方面。

一要服从统一部署。各志愿者及志愿者组织要严格按照国家疫情防控工作的整体部署，在当地疫情防控指挥部的统一指挥和统筹协调下积极参与疫情防控，协助党和政府依法、科学地开展相关服务。

---

① 张军、刘雨：《新冠肺炎疫情防控中的“志愿者+社区社会组织”模式服务效力及其反思》，《天津行政学院学报》2020年第3期。

② 谭建光：《疫情与慈善：中国志愿者防疫服务调查报告——基于万名志愿者问卷调查数据的分析（下）》，《公益慈善学园》2020年3月9日。

③ 张军、刘雨：《新冠肺炎疫情防控中的“志愿者+社区社会组织”模式服务效力及其反思》，《天津行政学院学报》2020年第3期。

④ 《“入境泪崩”留学生当上志愿者》，《北京青年报》2020年4月22日。

二要立足服务本地，配合社区防控。应发挥志愿服务扎根社区、熟悉社区、联系群众的优势，积极配合当地社区疫情防控，开展防控宣传、疫情排查、疫情报告等相关工作。在原则上，各志愿服务组织不得跨区域开展服务。

三要发挥专业优势，动员社会力量。志愿服务组织应根据疫情防控实际需求，招募必要数量的志愿者，开展各项志愿服务项目。应鼓励具有医疗、物流、社会工作等专业知识背景和能力的志愿者参与，并依据专业医护、便民服务、秩序维护等不同需要进行编组，使志愿服务效果最大化。

四要关爱弱势群体。应将弱势群体作为重点服务对象之一，通过多种形式为孤寡老人、低保人群、残障人士、困境儿童等群体提供关爱和支持，对生活困难的确诊患者要通过协助落实相关政策，“链接”社会资源，在物质和心理上为其提供援助。

五要协助宣传教育。志愿者要及时了解掌握当地关于疫情防控的部署和要求，准确解读有关政策，纠正不明不实言论，以积极宣传来引导群众，增强群众自我防护意识和防护能力，稳定群众情绪。

六要做好自身防护。志愿服务组织要做好服务场所的现场消毒和卫生防疫工作，暂停开展讲座、展会、论坛等各类聚集性活动。志愿者要学习掌握新冠肺炎的相关防护知识和救治措施，同时严格落实个人安全防护措施。

（二）助力前线

新冠肺炎疫情作为一次重大突发公共卫生事件，防控难度极大，切断感染源和控制传播范围是防控工作的关键，因此，以多种形式进行宣传和排查便成为志愿者前线战“疫”的主要任务。从数据来看，宣传与排查也是多数志愿者参与的服务类型。

1. 协助开展宣传教育

在疫情发生之初，焦虑情绪伴随疫情滋生并传播。同时，不实信息开始在网络上大肆传播，这不仅加重了民众的不安情绪，而且导致防控工作更为艰难。因此，在全社会范围内进行宣传教育、做好舆论引导和氛围营造显得尤其重要。

疫情期间，志愿者进行宣传的形式多样，可以概括为积极利用网络平台开展科普宣传、整合设施与人员开展实地宣传、进行文艺宣传3种。值得注意的是，志愿者在实际宣传过程中会植根当地，适当创新，以民众易接受的形式进行。例如，广西百色市是壮族、瑶族等少数民族聚居区，部分少数民族志愿者利用在线平台，使用瑶话、壮话、山歌等开展疫情防控宣传与动员工作，收到了良好的成效。[1]

文艺宣传因覆盖面广、易于被接受的独特优势成为此次防控宣传的重要形式。中国文艺志愿者协会发出倡议，呼吁广大文艺工作者贡献文艺志愿服务力量，用群众喜闻乐见的方式广泛宣传相关疫情防控法律法规、防控理念和防护知识，以引导形成正确舆论，稳定民众情绪。[2] 如湖南省津市的本土曲艺家便与志愿者携手，用唱大鼓的形式号召市民“不走亲不访友，不到外面把门串，电话微信可问候，自我防护是重点”，使群众听得懂、记得住、做得到，收到了良好的宣传效果。[3]

2. 以社区（村）为重点进行排查、防疫和监测

疫情期间，各社区（村）陆续在各出入口和路口设置疫情监测站。各志愿者在此与党员干部和物业工作人员一同排查、管理出入人员，并通过微信等平台建立“疫情报告”及时通道、“隔离检测”实时通道、“健康居家”定时通道[4]，保持与居民和其他防疫点的联系，以及时发现、治疗并组织隔离。另外，还协助社区（村）工作人员为滞留及居家隔离的群众提供日常生活物资的采买、配送服务。在具体的推进过程中，各地纷纷探索合适的模式，如深圳市南山区建立了“青年突击队+志愿者”工作模式。在社区党委的领导下，“青年突击队+志愿者”深入一线，通过建立多部门沟通联络机制，构建了“党员干部+志愿者”的督查工作方式和“物业公司工作人员+志愿者”的排查工作模式，一方面对各街道物业小区进行指导检查，另一方面补充体温检测人手，同时与各街道进行对接，开发“需求统计”二维码，收集居民的防控需求，在老旧物业小区、城中村及园区等区域出入口协助体温监测、督促居民佩戴口罩。[5]

① 《广西百色：志愿者以实际行动构筑抗击疫情的“红色长城”》，中国志愿服务网，2020 年 2 月 10 日。

② 《中国文艺志愿者协会发出倡议：弘扬志愿精神，贡献文艺志愿服务力量》，中国志愿服务网，2020 年 2 月 7 日。

③ 《湖南：一群“红马甲”温暖“一座城”——津市 1.3 万志愿者为 28 万市民撑起“防护伞”》，中国志愿服务网，2020 年 2 月 10 日。

④ 崔胜男：《发挥志愿者在社区疫情防控中重要作用》，《奋斗》2020 年第 5 期。

⑤ 《广东深圳：志愿者全力投入战“疫”》，中国志愿服务网，2020 年 2 月 14 日。

3. 进行心理辅导

一方面，医务人员作为战胜疫情的中坚力量，工作任务重、感染风险高、工作强度大，为了使他们始终保持强大战斗力与昂扬斗志，有必要对其开展心理干预和疏导，进行心理健康评估，强化心理援助措施。另一方面，疫情期间，民众尤其是武汉地区民众，由于长期居家隔离，容易滋生焦虑、恐慌、抑郁情绪以及由此导致的行为异常现象。因此，也有必要向公众提供心理支持、疏导、危机干预等服务，以预防和减轻疫情所导致的心理困顿，防范极端事件发生。为此，各地纷纷鼓励、组织有关心理卫生机构和专家志愿者开展疫情防控心理援助志愿服务行动，如南昌大学第二附属医院组织省内心理咨询师、志愿者线上驰援武汉，开展“安心计划”，为社区居民提供线上服务。①

（三）保障后方

1. 为抗疫一线医务人员排忧解难

党中央对一线医护人员非常关心，要求各地各有关部门务必高度重视对医务人员的保护、关心和爱护，加强各方面支持保障，解除他们的后顾之忧。② 为贯彻要求，团中央青年志愿者行动指导中心与中国青年志愿者协会秘书处联合起来，建议有条件的高校发动研究生支教团、青年志愿者社团和有条件的青年志愿者，以抗疫一线医务人员家庭中的“一老一小”为重点对象，开展“手拉手专项志愿服务”，即在科学编组与有效沟通的基础上，制定被服务家庭乐于接受的方案，服务内容包括生活用品采买、学业辅导、读书交流、亲情陪伴、生活照料等。③

2. 提供后勤服务

疫情期间，抗疫前线对口罩、防护服、消毒液等医疗用品的需求巨大。为了满足抗疫前线的需求，各地与各企业纷纷组织义务运输队，投入防控物资的运输中，如昆山市尚升危险废物专业运输公司协助昆山市

---

① 《江西：凝心聚力　筑牢战疫防线　志愿服务一直在行动》，中国志愿服务网，2020 年 3 月 20 日。

② 《中央应对新型冠状病毒感染肺炎疫情工作领导小组关于全面落实进一步保护关心爱护医务人员若干措施的通知》，中国政府网，2020 年 2 月 23 日。

③ 《团中央青年志愿者行动指导中心、中国青年志愿者协会秘书处发布〈关于组织高校青年志愿者开展“与抗疫一线医务人员家庭手拉手专项志愿服务”的工作建议和指引〉》，中国志愿服务网，2020 年 2 月 13 日。

慈善基金会，组建义务运输队，日夜兼程，将捐赠的消毒液第一时间运抵武汉。[①]

3. 协助推动复工、复产与复业

2月中旬以后，在继续做好疫情防控工作志愿服务的同时，各地文明实践中心、文明实践志愿服务队伍积极探索“复工复产复业”服务举措，为中小企业和务工人员提供支持、提供帮助，如佛山市南海区新时代文明实践中心开设网络“复工慕课”，由志愿者介绍南海区支持复工复产的政策措施，并就经营者和员工的各种问题进行解答。[②] 另外还出现了财税服务志愿者，他们深入企业免费开展财务、税收、金融及法务的相关辅导和咨询，利用他们的专业知识为社区内的企业提供帮助。[③]

4. 保护与关爱：战“疫”志愿者的权益保障

此次志愿服务与日常志愿服务的区别在于其针对的是非常态事件中的公共卫生事件，其潜在的危险性使志愿者非常重视自身的权益保障，而保障志愿者权益同样也是各省市与各组织在组织志愿服务时非常关注的。

（1）在战“疫”前为志愿者提供保护。根据广东省社工与志愿者合作促进会收集的数据，86.79%（8615名）的志愿者最看重的权益是避免感染，认为在开始服务之前志愿组织一方应向其告知风险、明确服务规范与加强组织管理。有鉴于此，民政部办公厅在《志愿服务组织和志愿者参与疫情防控指引》中提出，志愿者应做好个人防护，在“保证自身安全的情况下参与志愿服务”[④]，其实质是向志愿者告知参与风险。另外，各省市也很重视志愿服务的规范与管理问题，大都要求各级部门、志愿服务组织在依法有序开展疫情防控志愿服务的同时，严格落实志愿者的防护措施和安全培训，实现“谁招募使用志愿者，谁负责安全保障”，并保证交通餐饮、休整场所等后勤供应。

（2）在战“疫”中为志愿者提供保险与支持。在志愿服务过程中，志愿者可能会感染新冠肺炎，或遭受到意外伤害，而对于这些伤害，志愿服务组织及志愿者本人很可能无力承担治疗与康复费用，因此专项保险的出现就显得尤为重要。3月5日，民政部与腾讯公益慈善基金会联合启动“携手同心助战疫——志愿者、社区工作者、社会工作者和湖北

① 《江苏苏州：志愿服务力量铭记志愿初心　冲锋战“疫”一线》，中国志愿服务网，2020年3月3日。

② 《文明实践志愿服务做好“四个促进”》，中国文明网，2020年5月13日。

③ 《战疫情，促复产，“90后”志愿者在行动》，中国志愿服务网，2020年6月30日。

④ 《民政部办公厅关于印发〈志愿服务组织和志愿者参与疫情防控指引〉的通知》，民政部网，2020年3月18日。

省养老机构工作者关爱保障行动”，为全国参加抗疫工作的志愿者提供关爱保障金，由志愿者自主申请，免费领取。[①] 在各省市，如浙江省、广东省等也纷纷联合保险公司为参与疫情防控的志愿者提供专项保险。总体上看，这些保险主要包括3个方面：一是意外伤亡保险，二是特殊疾病保险，三是相关疾病保险。[②] 它们的出现为志愿者解除了后顾之忧，使他们能更加全力地投入抗疫工作中。

(3) 除为志愿者提供保护和保险以外，各省市、企事业单位、志愿组织还通过多种方式关爱防疫志愿者，为其营造良好的工作环境。其一，关注志愿者身体和心理健康，切实为志愿者送温暖，如“人民网·人民健康”联合北京市二十一世纪公益基金会等多家企业发起“人民战‘疫’——关爱志愿者健康”专项公益捐赠，在全国对13336名志愿者展开慰问行动。[③] 其二，营造尊重志愿者、理解志愿者、支持志愿者的浓厚氛围，如浙江省志愿者协会曾发布《关于支持配合抗疫志愿者工作的倡议书》，强烈谴责伤害志愿者的行为，并呼吁群众尊重、积极配合志愿者工作。[④] 其三，建立激励机制，如宁波市委市政府曾就志愿者的无私与辛勤奉献致公开信，以表达感谢与敬意[⑤]；民政部与国家卫生健康委联合印发通知，要求各地为参与疫情防控工作的志愿者适当发放补贴[⑥]。

三、参与特点与发展探索：志愿者服务战“疫”的反思

（一）疫情之下志愿者服务的参与特点

此次新冠肺炎疫情中的志愿服务主要呈现以下3个特征。

---

① 《民政部、腾讯基金会启动全国志愿者社区工作者等战疫关爱保障行动》，中国志愿服务网，2020年3月6日。

② 谭建光：《从保护到保险：疫情之下的志愿者权益保障》，《中国社会工作》2020年第4期。

③ 《“人民战‘疫’——关爱志愿者健康”专项公益捐赠活动近1200万元物资已陆续寄出》，中国志愿服务网，2020年7月13日。

④ 《浙江省志愿者协会〈关于支持配合防疫志愿者工作的倡议书〉》，中国志愿服务网，2020年2月7日。

⑤ 《浙江省宁波市委市政府致信感谢全市广大志愿者》，中国志愿服务网，2020年2月7日。

⑥ 《两部门争取为参与疫情防控工作的社区志愿者适当发放补贴》，中国志愿服务网，2020年2月19日。

第一，服务方式在线化。由于疫情本身有传染性，防护设备有限，志愿活动有一定的危险性，国家并不鼓励志愿者或志愿组织自行贸然前往疫区。在这种情况下，以网络为依托、以各社交媒体为平台的线上服务便发挥了重要的作用。线上服务所涵盖的内容非常丰富，如宣传与发布信息、监控与管理社区、远程开展心理辅导等，并与线下志愿活动相配合，使志愿服务的效力实现最大化。

第二，服务场域以社区为主，实现本地服务。社区作为社会治理的基本单元，自然成为本次抗疫中的主战场，也是志愿服务的关键领域。立足社区不仅体现在社区对志愿服务的需求上，还反映在志愿者与社区工作者等多元主体在社区服务体系里的有机融合。①

第三，服务内容专业化，但是专业志愿者仍较为缺乏。新冠肺炎疫情是一次突发性重大公共卫生事件，它本身的特点需要志愿者具有一定的公共卫生知识和医学、防疫、物流、管理等专业素养，但在实际的服务过程中，“由于缺少来自不同领域的专业志愿者，很多志愿服务组织在疫情防控中无法提供更精细、更有质量的服务”②。

（二）志愿服务发展路径探索

此次重大疫情暴露了志愿服务中存在的问题和缺陷，如动员和协调机制有待完善、后勤保障制度有待健全、志愿者专业素养和技能有待提高等，但从长远来看，此次冲击也是一次机遇。同时，在疫情得到有效控制以后，志愿者的战“疫”工作开始转向常态化，因而也有必要对我国志愿服务发展的方向和路径进行反思与探索。

1. 依托现代信息技术，组建更为专业、成熟的志愿者队伍

首先，各部门、各企事业单位、各志愿组织要规范志愿者招募和注册工作，明确准入条件，要鼓励有专业背景与技术能力的人士积极投身于志愿服务。其次，要积极收集志愿者个人信息，确定个人志愿服务领域并以此为基础建立数据库，储备高素质志愿者。再次，要建立志愿服务信息资源共享平台，使志愿服务透明化，并充分利用现代信息技术管理志愿队伍、拓展服务范围、补充服务方式，进而提升服务水平。最后，在志愿力量与社会力量之间建立协调联动机制，以有效整合资源，

① 张强、张元：《中国应急志愿服务发展现状与前瞻——基于新冠肺炎疫情应对的观察》，《杭州师范大学学报》2020 年第 4 期。

② 《全国人大代表、政协委员建言：志愿者权益亟待保障，志愿服务体系亟须完善》，中国志愿服务网，2020 年 5 月 25 日。

避免混乱与无序。

值得注意的是，此次志愿服务的性质为针对重大突发公共卫生事件的应急志愿服务，我国应急志愿服务存在的问题也在此次疫情防控中有所暴露，如没有建立常态化应急志愿者队伍，临时招募志愿者又会出现应急能力不足、响应能力缓慢等现象。因此，各省市应急管理部门应加强应急志愿服务队伍和机制建设，着手打造一支长效化、专业化的公共事件应急救援志愿服务队伍和行之有效的机制、指南、预案，以有效、精准、科学应对重大突发事件。①

2. 进一步保障志愿者权益，弘扬志愿精神

保护志愿者就是保护社会的良心。志愿服务组织应建立风险评估和管理机制，加强对志愿者有关防范风险的知识和能力培训，提供必要的防护用品以及餐饮和交通保障。政府应完善志愿者保险制度，健全保险资金保障机制，加大财政保障力度。同时，志愿者和志愿精神需要肯定和鼓励，政府可以通过多种方式激励志愿者，如建立、普及志愿者星级评定制度，在升学、就业、贷款等方面给予一定倾斜等。另外，在疫情期间曾发生过志愿者遭辱骂殴打的恶劣事件，因此，应通过多种渠道和形式加大对志愿服务典型的宣传报道力度，对表现突出的志愿者和志愿组织给予表彰和激励，以形成尊重、崇尚志愿服务的社会风气。

（作者系苏州大学社会学院研究生）

① 《全国人大代表孔涛：加强公共事件应急志愿服务队伍和机制建设》，中国志愿服务网，2020年5月25日。

华侨华人与武汉战“疫”

孙 慧

在中国的革命、建设和改革开放中，华侨华人历来都发挥着重要作用。延至当下，华侨华人不仅积极投资中国，推动中国经济的高速发展，而且每每在危急关头，向中国伸出援手。无论是2003年的“非典”疫情，还是2008年的汶川大地震，华侨华人都挺身而出，与中国人民共克时艰。在今年的武汉新冠肺炎疫情中，他们再次行动起来，以各种形式向中国伸出援手。尤其在疫情发生之初，面对抗疫物资匮乏的严峻形势，华侨华人更是发挥了重要作用。

一、华侨华人对武汉战“疫”的突出贡献

2019—2020年的岁末年初，一场新冠肺炎疫情在武汉迅速扩散。随着感染人数的不断攀升，1月23日起武汉封城。在此背景下，全国各地医疗队紧急驰援武汉，医用防护服、医用口罩和护目镜等医疗资源一时极为短缺。武汉抗疫的严峻形势牵动着世界各地华侨华人的心，他们积极捐款捐物、引导舆论、联系海外医疗专家等，以实际行动支援武汉疫情防控。

（一）立足实际，积极捐款捐物

各地侨界面对武汉战“疫”一线物资短缺的情况，积极筹备医用物资。2020年1月28日，一架满载口罩、防护服、护目镜、手套等防疫急需物资的波音747货运包机从美国芝加哥飞往中国无锡，所有物资将运抵武汉，支援武汉一线的抗疫工作。[①] 此次运往武汉的防疫物资，即由美国华盛顿州、纽约州、伊利诺伊州等20多个州的华侨华人共同筹

① 《美一架防疫物资包机从芝加哥启程飞往中国》，人民网，2020年1月29日。

集。此外，根据南方航空公司的相关统计，从1月24日到2月4日，仅南航就收到了来自日本、荷兰、德国、新西兰、意大利、法国、泰国、马来西亚、阿联酋、韩国、肯尼亚等国家和地区共计536吨的医疗物资，其中很大部分是海外华人捐赠的。①

面对严峻的抗疫形势，中国国内许多生产抗疫药品和物资的侨资企业，也纷纷取消休假，复工复产，全力支援武汉抗疫工作。上海运佳黄浦制药有限公司主动对接武汉，无偿捐赠一批其公司生产的消毒液；此外，为确保抗疫工作的后续需要，该公司决定加班加点生产消毒剂，用于支援抗疫一线②。浙江省台州市黄岩区侨界政协委员郑懿，将原本休春节假的企业紧急复工，除高薪聘请本地员工返岗外，车间负责人也亲自上生产一线，积极动员一切人手，生产抗疫前线所需的防护服。③

（二）借助媒体，正向引导舆论

在抗疫的特殊时期，广大华侨华人还通过正面引导舆论，支援武汉战“疫”。面对外国媒体对中国抗疫行动的“妖魔化”描述，许多海外华人挺身而出，利用自身外语娴熟、了解当地风俗等优势，予以批驳，同时以此为阵地，积极宣传中国的抗疫行动。

针对美国众议院少数党领袖麦卡锡把新冠病毒称作“中国冠状病毒”的错误言论，美国国会亚太裔党团副主席、民主党众议员孟昭文当面予以批评，指出围绕该病毒的错误信息使亚裔美国人遭受欺凌和种族主义袭击。④ 有的海外侨胞身挂“我不是病毒”的宣传牌，站在街头与当地居民拥抱，以期获取海外民众和当地媒体对疫情和中国抗击疫情行动的正确了解；同时，向当地民众示范正确的抗疫方式。譬如，海外贵州侨胞在当地侨界发出倡议，减少或者延缓侨团的集体活动，并积极向居住国宣传中国抗击疫情的有力举措，这些在一定程度上抵制了反华情绪的蔓延，减少了全球恐慌。

---

① 《海外华人在全球战“疫”中发挥独特作用》，中国社会科学网，2020年4月7日。

② 《众志成城，防控疫情！侨界在行动》，中华全国归国华侨联合会网，2020年1月30日。

③ 《抗击“新型冠状病毒感染肺炎”疫情，浙江侨界在行动！（一）》，中华全国归国华侨联合会网，2020年1月30日。

④ 《美国疾病控制中心主任公开回应：说“中国病毒”是错误的》，观察者网，2020年3月11日。

（三）邀请专家，协助武汉抗疫

疫情发生后，有的华侨华人还利用自己的关系网络、人脉资源，邀请海外专家协助武汉进行疫情防控战，如美国哥伦比亚大学研究员赵凤娴博士，早在2003年“非典”期间，就曾受中国驻美国大使馆的委托，拜访了哈佛、耶鲁等知名大学，力邀美国顶级传染病专家利普金前往中国支援抗疫。在此次疫情中，除了再次邀请到利普金外，她还利用自身人脉资源，联系到美国免疫学方面的专家来到中国，协助研究和抗击疫情。

二、华侨华人参与武汉战“疫”的主要特点

纵览华侨华人在武汉疫情防控战中的行动，可以概括出以下几个特点。

（一）参与广泛，主体多元

中国侨界对武汉战“疫”的广泛参与，首先体现在地理范围上。据统计，至少有100多个国家和地区的华人参与到此次援助中国抗击疫情的行动中，范围遍及世界五大洲。其次，还体现在救助主体的多元性上。在此次抗击疫情的行动中，世界各地的华侨华人组织都参与其中，救助团体既有商会、企业、个人，也有各名校校友会与侨社社团。如位于阿布贾的尼日利亚中国总商会，为支持湖北武汉抗击疫情，在1月28日发布了《众志成城，驰援武汉——尼日利亚中国总商会倡议书》①，鼓励尼中资企业、机构、华人向武汉市慈善总会捐款捐物，截至当晚就收到了超过200次的捐赠。印尼著名侨商林文镜创办的融侨集团，以林文镜慈善基金会的名义，捐赠11.6万件医疗防护物资以及1000万元人民币，其中部分物资和捐款指定用于武汉市疫情防控。此外，融侨集团内部还发起了“爱心驰援，共抗疫情”的慈善项目，开展员工专项募捐活动，短短两天时间，融侨全国员工爱心捐赠已多达60万元人民币。② 世界各地的校友会也在行动，如美国南加州中华高校校友会联盟成员单位

① 《尼日利亚中资机构及华侨华人献爱心支援武汉》，人民网，2020年1月29日。

② 《首批约11.6万件医疗防护物资抵福州，侨企助力抗击疫情》，人民网，2020年1月30日。

在征集物资消息发布后的两天内就已经募集到4万美元，并且在美国境内紧急购得2.5万个医用口罩和5000个护目镜，这些物资即刻分批运往武汉。[①] 英国剑桥中国学生学者联谊会和牛津中国学生学者联谊会联合全英华中科技大学校友会、北大英国校友会，共同发起“驰援湖北，刻不容缓”的行动，先后为湖北捐赠了3批物资。

（二）信息互通，方便快捷

随着互联网技术的发展，跨国交流、国际信息的互通变得越发便捷。在华侨华人的交往中出现了多种多样的即时跨国交往圈，其中最普遍的方式就是微信群及朋友圈，通过这些渠道，他们可以在第一时间了解到国内疫情的发展状况，获取国内资讯，并通过这些渠道开展募捐。

譬如，浙江省侨联通过微信公众号、微信联谊群等网络平台发布倡议书，在浙江侨界开展捐赠活动，仅一天时间就收到捐赠资金180多万元[②]。一家侨企公司总经理通过发动自己的朋友圈，积极采购1万副防护镜捐往武汉等地区。再如，阿联酋华侨华人在疫情发生后，迅速建立中阿协作小分队、海外采购群、物流通关群等多个微信工作群，密切沟通、通报物资的购买及运输状态[③]。有些国家和地区，为积极协助国内抗疫，不仅及时发布重要信息，还特别设立“值班人员”，及时传递消息，协调各方处理问题，尽一切力量，以最快的速度支援抗击疫情一线。

（三）侨联引导，积极协调

面对国内发生的严重疫情，各级侨办和侨联积极行动起来，在华侨华人参与武汉战“疫”中发挥了协调推动作用。首先，侨联及时向华侨华人发布国内疫情状况，发起捐赠物资及爱心的倡议。在疫情发生后，侨联通过官网发布《中国侨联关于号召海内外侨胞为打赢“新型冠状病毒感染的肺炎”防控阻击战捐赠款物的倡议书》[④]，倡议书中明确说明了

---

① 《心系祖国，武汉加油！美国加州华人在行动》，中华全国归国华侨联合会网，2020年1月30日。

② 《共同抗击“新型冠状病毒感染肺炎”疫情，浙江侨界在行动！（二）》，中华全国归国华侨联合会网，2020年1月30日。

③ 《侨界在行动：“前线”物资告急，华侨华人同心施援手》，中华全国归国华侨联合会网，2020年1月30日。

④ 《中国侨联关于号召海内外侨胞为打赢“新型冠状病毒感染的肺炎”防控阻击战捐赠款物的倡议书》，中华全国归国华侨联合会网，2020年1月26日。

捐赠物资的流程、渠道和接收对象，为海外侨胞的捐赠活动提供指导。其次，侨联还积极协助海外侨胞解决运输困难，如浙江省侨联组织开辟“战疫物资抢运通道”，联系货运包机将海外侨胞筹集到的医用物资运回国内抗疫一线。最后，侨联积极联系相关部门，特事特办，为海外捐赠医用物资开辟绿色通道，如武汉侨联在与省侨联沟通后，积极与省市相关部门对接，为境外捐赠物资开通绿色通道，使大量物资迅速通关并陆续送至武汉各定点医院。①

三、华侨华人参与武汉战“疫”简评

华侨华人在此次武汉战“疫”中做出了重要贡献。但是，相较于国内援助，无论是路程上还是涉及部门及人员上，海外援助都更为复杂和烦琐。为更好地发挥华侨华人的作用，笔者提出以下建议。

首先，进一步完善应急救济系统。将海外援助制度化，制定相应的海外捐赠办理流程，并尽可能简化手续，提高效率，为医用物资运往抗疫一线节省时间。例如，在货运物资上随附《捐赠物资清单》，以确保货物快速安全到达国内。又如，指定受捐部门的等级，开辟捐往省慈善总会的“绿色通道”，可即刻给海外物资开具证明，免交税收。此外，还可以针对海外华侨华人在购置、清关、运输等方面可能遇到的困难，及时提出解决方案，甚至成立专项小组，专门负责协调、解决相关问题。

其次，建立数字化信息平台。武汉疫情发展迅猛，医用物资又属于快速消耗品，这就决定了国内疫情信息和物资需求信息的千变万化。因此，国内外信息的及时对接就显得十分重要。加强涉侨网络平台的建设，除日常为侨胞服务外，在特殊时期可单独设立应急信息系统，公布应急信息及需求。另外，海外侨胞也可通过信息平台公布已购得物资及拟救助地，避免物资重叠，以更加合理地分配有限的资源。有关部门也可以在平台上整合有关需求和采购捐赠流程供华侨华人参考，对于大量医用物资，相关部门可以公开委托华侨华人进行海外采购，另行付款，最大限度地做到信息公开、共享，使资源分配更加合理。

最后，发挥国内外联动机制。历经千辛万苦运回国内的医疗物资和捐款，除定向捐献的物资及款项外，还有大量的非定向物资和款项的分

① 《武汉侨联迎难而上联手侨胞同心战疫》，央广网，2020 年 2 月 6 日。

配使用问题，因此要尽量与国内既了解疫情发展状况，又具公信力的慈善组织合作，使物资和款项用到最需要的地方，形成国内外联动机制，红十字会便是最佳选择。在疫情迅猛发展阶段，受信息传播影响，很多华侨华人只知道武汉市内各大医院疫情严重，物资奇缺，但是湖北省内其他市、县的医院物资缺乏也很严重，而且尚未得到社会的更多关注和援助，而中国红十字会所属组织遍布全国各地，深入基层，信息获取方便，有利于信息沟通，便于将物资发放至所有需要的地方。

积力之所举，则无不胜也；众智之所为，则无不成也。在此次武汉战“疫”中，海外华侨华人频频施以援手，展现出团结一心、勇于担当的良好形象，进一步加深了国家与侨民间的感情。在武汉战“疫”取得阶段性胜利的同时，国外疫情又大面积暴发，华侨华人化身为沟通的桥梁，在居住国积极宣传武汉战“疫”的经验，协同中外，共同面对人类的困难，以实际行动践行了人类命运共同体的理念，在中外交往史上留下了浓墨重彩的一笔。

（作者系苏州大学社会学院研究生）

武汉战“疫”与国际援助

蒋芳芳

2020年注定是不平凡的一年。在中国农历新年即将到来之际，一场突如其来的新冠肺炎疫情在湖北武汉暴发，并在短短的一个半月时间里，造成了8万多人感染，一时之间，“肺炎”“发热”让无数人闻之色变。就在中国人民抗击疫情的艰难时刻，国际社会给中国送来了支持和援助，不仅缓解了疫区人民抗疫的压力，也增强了我国战胜疫情的信心和勇气。

一、武汉战“疫”中国际援助的具体内容

2019年年末，一场突如其来的新冠肺炎疫情牵动了无数中国人的心。随着疫情的迅速扩大，湖北告急、武汉告急，医用防护服、医用口罩和护目镜等医疗资源一时间极为短缺。面对这种情况，国际社会积极行动起来，支援武汉人民抗击疫情。

（一）捐款捐物，打破物资短缺困局

针对武汉抗疫物资短缺的局面，各国政府纷纷伸出援助之手。1月28日晚，日本政府派出载有大量支援物资的一架包机前往武汉[①]，飞机上除了乘坐日本政府官员和医疗队员等约10人外，还装载了口罩、防护服、护目镜及手套等大量支援物资。1月30日，韩国外交部也紧急向中国提供了200万只口罩、100万只医用口罩、10万件防护服和10万副防护眼镜的防疫物资，总价值约合500万美元，其中一部分在当天晚上包机运往武汉。[②] 同日，来自白俄罗斯的20吨防控援助物资抵达北京首

① 《日本派包机赴武汉支援物资　日本网友：当年中国也这么帮过我们!》，光明网，2020年1月29日。

② 《韩国向中国提供500万美元防疫物资》，腾讯网，2020年2月8日。

都国际机场，据悉，此次“捐赠物资主要包括药品、个人医疗防护用品、消毒液和其他医疗用品”①。随后，2月1日，巴基斯坦政府举全国之力，从各地医院库存中调集30万只医用口罩、800套医用防护服和6800副手套，派遣军机将这批援助物资运到我国。② 除此之外，泰国、马来西亚、印度尼西亚等国都对中国进行了物资援助。据统计，“截至2月5日中午，韩国、日本、泰国、马来西亚、印尼、哈萨克斯坦、巴基斯坦、德国、英国、法国、意大利、匈牙利、白俄罗斯、土耳其、伊朗、阿联酋、阿尔及利亚、埃及、澳大利亚、新西兰、特立尼达和多巴哥等21个国家政府和联合国儿童基金会向中方捐助了疫情防控物资”③。

除医疗物资外，不少国家还根据自身国情向中国捐赠了资金、食品等，如赤道几内亚政府向中国政府捐款200万美元④，吉布提政府向中国政府捐款100万美元⑤，科摩罗友协向中国捐款100欧元⑥，蒙古国向中国捐赠3万只羊，马尔代夫捐赠100万罐金枪鱼罐头，智利捐赠水果，等等。

（二）派遣专家，助力防疫抗疫研究

除了抗疫物资及资金方面的援助外，国际社会还通过派遣医疗专家的形式协助武汉抗疫。1月24日，德国专家罗尔夫·希根费德启程前往武汉。希根费德是全球知名的生物化学专家，长期从事冠状病毒阻滞药物方面的研究，在17年前就曾援助中国抗击SARS病毒。据悉，他此行携带了两种抑制剂，用以帮助中国进行此次新冠肺炎的治疗研究。⑦ 2月5日，俄罗斯向中国派遣了一支由7名防疫专家组成的医疗组，与中方一同研制相关疫苗，帮助中国抗击疫情。这是疫情发生后第一支援助

① 《这次疫情对中国最好的国家！家底掏空送给我们口罩，美俄无可奈何》，腾讯网，2020年2月3日。

② 《巴铁正闹严重蝗灾，却举全国之力支援兄弟国家！果然患难见真情》，腾讯网，2020年2月14日。

③ 《国际社会高度关注中国抗击新型冠状病毒感染的肺炎疫情　多个国家纷纷表示愿提供支持和帮助》，东方网，2020年2月6日。

④ 《赤几向中国捐助200万美元支持抗击疫情》，外交部网，2020年2月6日。

⑤ 《患难与共的中非友谊历久弥坚》，光明网，2020年7月13日。

⑥ 《非洲岛国科摩罗友协捐助100欧元支持中国“抗疫”，背后的故事更让人感动!》，环球网，2020年2月11日。

⑦ 《德国教授携新型病毒抑制剂奔赴中国，支援武汉！他究竟啥来头?》，北晚新视觉网，2020年1月25日。

武汉的国外医疗队。[①] 此外，坦桑尼亚、几内亚等国也表示愿尽绵薄之力，派医生和专家来华协助抗疫。[②]

与此同时，由世卫组织牵头的联合专家组也积极展开工作。据国家卫健委消息，2 月 18 日至 20 日，中国—世界卫生组织新冠肺炎联合专家考察组在广东省和四川省开展现场调研，了解新冠肺炎疫情形势、防控措施、医疗救治、社区防控、科研攻关、出入境检验检疫、旅客筛查、野生动物销售管理等工作[③]，并决定于 2 月 22 日前往武汉，在这场疫情的中心继续开展工作。世卫组织总干事谭德塞表示，专家组汇聚了来自全球 9 个机构的流行病学、病毒学、临床管理、疫情控制和公共卫生领域的顶尖专家。专家们致力于汇集他们的科学专业知识，以更好地了解疫情并拯救生命。

（三）各方声援，营造抗疫正面形象

面对国际上部分媒体对中国抗疫情况的不实报道和肆意污蔑，许多国家的政府代表与民众积极发声，肯定中国抗击疫情的努力与贡献，在国际上营造了中国良好的抗疫形象。

2 月 5 日，在中国政府全力抗击疫情的关键时刻，柬埔寨首相洪森来华访问，以实际行动对中国防控疫情能力投下信任票。在双方的会谈中，洪森高度评价了中方为抗击疫情采取的各项措施，坚信中方会迅速解决当前的问题，表示柬埔寨人民将同中国人民患难与共。同一天，俄罗斯总统普京在接受多国使节递交国书时也表示："俄方愿向友好的中国人民提供一切帮助，共同抗击疫情。"[④] 在此之前，普京曾 3 次在不同场合力挺中国。除此之外，印度尼西亚、卡塔尔、斯里兰卡等国领导人也通过与习近平主席通电话或致信的方式表达对中国抗击疫情的支持，愿与中国团结合作共同战胜疫情。

除政府外，世界各地的民众也纷纷行动起来，以各种形式声援武汉，迪拜世界第一高楼、阿联酋地标建筑、米兰街头、泰国暹罗广场、普吉岛、韩国最高大楼等处都可以看到"武汉加油""中国加油"的字样。日本松山芭蕾舞团用中文高唱《义勇军进行曲》并用中日双语为武

① 《多个国家和国际组织全力支持中国抗击疫情"中国加油，我们在一起"》，《当代县域经济》2020 年第 3 期。

② 《患难与共的中非友谊历久弥坚》，光明网，2020 年 7 月 13 日。

③ 《中国—世界卫生组织新冠肺炎联合专家考察组访问广东和四川》，中国金融信息网，2020 年 02 月 21 日。

④ 《普京再表态：愿向友好的中国人民提供一切帮助》，环球网，2020 年 2 月 6 日。

汉加油、为中国加油，让更多人了解中国正处于艰难时刻。俄罗斯各地的网友纷纷录制视频用中文为中国加油，其中一家企业上千人用中文高呼“中国加油”，最后还集体“比心”，场面相当壮观。

二、武汉战“疫”中国际援助突出特点

纵观此次武汉战“疫”中的国际援助，以下两个特点尤为突出。

（一）主体广泛

在疫情期间，支援中国的援助方非常多。截至3月2日，共有71个国家9个国际组织向中国捐赠物资。① 援助国家遍布世界各大洲，这一方面说明了世界各国对人类命运共同体认同感的加深，另一方面也体现出中国与各国间的友好关系。

除各国政府和国际组织的官方援助外，包括外国企业、商会、基金会和个人等在内的民间力量也在此次援助中发挥了重大作用，如英国利洁时集团向中国捐赠价值5000万元人民币的现金及物资，哈萨克斯坦斯卡特航空公司为三亚捐赠20万只一次性医用口罩，匈牙利丽水商会紧急采购47箱医用口罩运往武汉，盖茨基金会宣布提供500万美元紧急赠款，并提供相应的技术和专家支持②，等等。

与此同时，一些国际友人也积极发挥自身力量支援中国，如以色列人高佑思，其通过联系当地的特拉维夫医疗中心，顺利筹集到10万只口罩、护目镜以及防护衣等并紧急送往中国。同样的还有长期居住在中国的美国人郭杰瑞，他在返回美国后，一方面积极联系美国的专家，邀请他们赴华协助中国抗击疫情，另一方面尽可能地筹集口罩运往中国。③

（二）形式多元

此次援助除了常见的物资、人员外，还突出表现为“精神援助”。当中国全力抗击新冠肺炎疫情时，有的西方国家媒体却利用谣言混淆视

---

① 《清单曝光！71个国家9个国际组织援助中国抗疫物资》，《人民日报》2020年3月7日。

② 《盖茨基金会：捐款500万美元、技术和专家支持抗击疫情》，钛媒体，2020年1月27日。

③ 《“他从以色列筹集10万只口罩支援武汉”：这届外国“网红”太优秀》，腾讯网，2020年2月1日。

听，借着疫情“妖魔化”中国，如2月3日，美国《华尔街日报》将中国人称为“亚洲病夫”，丹麦《日德兰邮报》将五星红旗上的“五星”恶意修改成冠状病毒的图样，英国《泰晤士报》和法国《费加罗报》在其独家报道中多次使用“鬼城”“地狱”这样的字眼来形容武汉，等等。这些谣言和诋毁严重伤害了中国人民的感情，也使中国的国际形象大受影响。

针对这种情况，一批具有良知的国际组织、国家政府及民众站了出来，公开声援武汉，肯定中国人民在抗疫中做出的巨大努力，如俄罗斯外交部发言人玛丽亚·扎哈罗娃在新闻发布会上说，自己对那些“不仅认为自己文明而且还标榜民主理想并在国际平台上维护人权的国家里却发表了这类文章”感到震惊；这些作者利用虚假信息，胡编乱造，不但没有表现出对一个国家及其人民的尊重，而且缺乏必要的同情心，在中国和中国人民遭遇史无前例的新冠肺炎疫情之际，却对其进行直接挖苦，“如此做法，我简直闻所未闻”①。一名意大利裔美国作家马意骏于2月5日发表了一篇题为“各位，这里有点不对劲，对比美国2009年的H1N1病毒和中国2020年的冠状病毒”的文章，就一些西方国家在应对新冠肺炎疫情时的过激反应、对中国人的歧视以及一些西方媒体对中国政府控疫努力的诋毁进行了驳斥。②

三、武汉战“疫”与国际援助简评

在全球化日益发展的今天，没有哪个国家能够关起门来搞建设，也没有哪个国家可以拒绝国际社会的支持和帮助。在武汉疫情发生以后，世界人民给中国送来的援助和支持，对中国的抗疫工作、国际形象以及协同合作等方面都产生了积极影响。但是，也暴露出当前国际援助领域的一些弊端。

（一）积极作用

众人拾柴火焰高。在武汉疫情发生以后，国际社会对中国的医疗物资援助，有力缓解了疫区人民抗疫的压力。疫情期间，来自世界各国的

---

① 《俄罗斯外交部发言人扎哈罗娃在12日举行的例行新闻发布会上用中文声援》，新浪网，2020年2月14日。

② 《中国抗疫努力被诋毁　美国作家：厌倦了西方媒体抹黑中国》，光明网，2020年2月14日。

口罩、防护服、护目镜等医疗物资不断送往中国。这些物资缓解了中国人民抗疫初期医疗物资短缺的状况，使正处于痛苦中的中国人民倍感温暖。

此外，在部分媒体颠倒黑白、抹黑中国时，全球多个国家领导人和国际组织负责人先后向中国领导人来函致电，公开发表声明，肯定中国人民为抗击疫情做出的努力，在舆论上支持中国抗疫斗争。这些声明帮助中国树立了正确的抗疫形象，引导了国际舆论，减轻了抗疫期间中国在国际社会上面临的压力。同时，各国政府对中国的援助也在一定程度上加强了国家间的经济政治交流，为今后国家间的团结合作奠定了基础。

（二）存在问题

一方面，抗疫物资跨境运输存在问题。疫情发生后，很多国家制定了严格的出入境管制措施，使得跨境物流出现“堵点”“断点”，包括医疗物资在内的许多国外援助物资在边境长时间滞留①，而无法运抵武汉。因此，国际社会有必要搭建一个数据共享的全球应急物流平台，加强各国海关、运输公司之间的联系，同时加快建立医疗物资应急管理通道，以保障医疗物资的运输畅通。

另一方面，民间力量没有得到有效发挥。纵观此次疫情中的国际援助行动，民众的参与颇为亮眼。随着时代的发展，民间救援在国际援助中将占据越来越重要的位置，其“基于国际人道主义的救援更为纯粹，影响力更为持久”②。与官方援助相比，民间援助不具有“政治性”，更易为民众所接受，也有利于促进两国民众间的交流与理解。但是，目前各国的民间救援普遍存在法律法规不健全、组织领导缺乏、宣传力度不到位等弊端。因此，各国政府应重视民间力量在国际援助中的作用，加快建立法规体系，培养专门人才，大力进行宣传，努力建立各国民间救援力量的交流渠道，实现民间救援的直接对接。

（作者系苏州大学社会学院研究生）

---

① 《海外网评：全球疫情危急，更需打通医疗物资跨境“堵点”》，海外网，2020 年 4 月 3 日。

② 金锦萍：《疫情应对，民间救援当为国际救援主要方式》，《中国红十字报》2020 年 3 月 24 日。

新冠战“疫”与中国红十字会的国际援助

钟鑫鑫

随着新冠病毒的迅速传播，2020 年 3 月 11 日，世界卫生组织表示新冠肺炎疫情的发生已经成为一次全球性“大流行”，是一场全球性的公共卫生危机。4 月，中国在疫情得到控制后，为了履行人道主义使命，中国红十字会总会召开抗疫援外工作专题调度会，以便更好地开展战“疫”国际援助。会议明确：一要完善畅通援外工作流程，明确每个环节的责任人和时限要求，加大力度，加快进度，提高援外工作效率；二要结合相关国家红十字会需求，精准拟定援外工作方案，向有关国家提供力所能及的帮助；三要严把援外物资质量关，按照相关规定和程序选择符合国家要求的供货企业，签订供货合同后要加强跟踪，以最快的速度采购国外急需医用物资，确保企业按期供货，确保物资质量合格、价格合理；四要充分利用各种渠道，多措并举，畅通物资运输渠道，解决援外工作堵点、难点；五是相关部门、单位要密切配合，改进工作方式方法，以钉钉子精神，切实把援外工作抓紧抓实抓到位。[①] 随即中国红十字会秉持国际人道主义精神有序开展国际人道救援行动。

一、人力援助

中国作为新冠肺炎疫情最先大规模暴发的国家，积累了防控疫情的经验。为了帮助其他国家战胜疫情，中国红十字会多次组织中国医务人员走出国门，分享战“疫”经验，助力新冠肺炎疫情防控。

2020 年 3 月 5 日，中国红十字会志愿专家团队走访伊朗德黑兰医疗

① 《中国红十字会总会专题调度抗疫援外工作进展》，中国红十字会网，2020 年 4 月 22 日。

机构与伊朗卫生部进行工作交流，在MASIH DANESHVARI医院，志愿专家团队重点考察了该医院针对新冠肺炎设立的急症留观病房和重症监护病房，详细了解了新冠肺炎患者收治救治情况，并与医院医护人员就诊疗方案进行了深入交流。在德黑兰北部社区公共卫生服务中心，志愿专家团队详细询问了卫生服务中心工作人员对新冠肺炎病人密切接触者或疑似病例的登记上报、信息管理分享、追踪管控等有关情况，同时分享了社区防控的措施经验。志愿专家团队还结合我国《新型冠状病毒肺炎防控方案（第五版）》，重点突出“四早”和“联防联控”“群防群控”等防控策略，向伊方详细介绍了中国在新冠肺炎疫情防控方面采取的主要措施。同时依据我国《新型冠状病毒肺炎诊疗方案（试行第七版）》，向伊方介绍了使用恢复期患者血浆输注以及相关治疗新冠肺炎患者方案。①

3月12日，中国政府派遣由国家卫生健康委和中国红十字会组建的专家组一行9人，携带大批医疗救治及防护用品等物资从上海飞赴罗马，支援意大利新冠肺炎疫情防控工作。这是继支援伊朗、伊拉克之后，中国派出的第三支专家团队。② 这些专家在到达后都对各国的疫情进行了调研，为缓解控制疫情提出了中国意见与建议。

除此以外，中国红十字会、国家卫生健康委还多次与赴意大利、伊朗、伊拉克的医务人员进行视频会议研讨，以加强对各国不同疫情的把握，更好地应对疫情新变化。如伊拉克卫生部部长贾法尔·阿拉维、伊拉克红新月会会长亚辛·艾哈迈德·阿巴斯及伊拉克有关医学专家团队与钟南山及国内专家团队进行视频会议，钟南山介绍了中国抗击新冠肺炎疫情的防治经验，并就伊拉克方面提出的有关新冠肺炎疫情的相关问题进行了问答交流。双方专家积极参与、分享了抗疫的经验，为进一步推动中伊两国疫情防控技术合作，促进两国医疗卫生事业的交流与发展做出了积极贡献。③

① 《中国红十字会志愿专家团队走访德黑兰医疗机构与伊朗卫生部进行工作交流》，中国红十字会网，2020年3月5日

② 《中国政府派遣的抗疫医疗专家组赴意大利支援新冠肺炎疫情防控工作》，中国红十字会网，2020年3月12日。

③ 《中伊两国红会召开抗疫经验交流视频会议》，中国红十字会网，2020年4月24日。

二、物力援助

面对扩散的疫情，中国红十字会对一些国家给予了不同程度的物力援助。在全球疫情最为严重时，按照中国红十字会援外工作整体部署，中国红十字基金会设立“抗疫国际人道援助基金”，广泛动员社会力量募集资金和防护物资，援助受新冠肺炎疫情影响较严重的国家，这项人道主义工作得到了社会各界的广泛响应，截至2020年8月24日，中国红十字会基金会已先后向伊朗、伊拉克、意大利、巴基斯坦、阿尔及利亚、布基纳法索、埃塞俄比亚、新加坡、法国、美国、日本、蒙古、韩国、克罗地亚、波黑、科威特、墨西哥、斯里兰卡、希腊、菲律宾、孟加拉国、黑山、阿尔巴尼亚、格鲁吉亚、刚果（金）、海地、马拉维、乌干达、英国、津巴布韦、葡萄牙、阿富汗、科特迪瓦、吉布提、吉尔吉斯斯坦、中非、尼日尔、赤道几内亚、克罗地亚、缅甸、几内亚、古巴、基里巴斯等43个国家发运抗疫援助人道物资，总价值达8049.5万元，为全球疫情防控提供了有力支持。[①] 中国红十字会对各国的物资援助至今仍在持续中。这些援外的防疫物资主要包括防护物资，如医用N95专用防疫口罩、一次性医用防护口罩、医用护目镜、医用防护头罩等；医疗物资，如排痰机、呼吸机、病毒采样试剂盒、医用监护仪、输注工作站等。这些援助物资在很大程度上缓解了各国疫情发生之初的燃眉之急，为各国控制疫情和治疗感染者提供了帮助。

三、国际援助简析

中国红十字会积极履行人道主义使命和职责，对一些疫情严重的国家进行援助，具有重大意义。

一是履行大国责任，彰显国际人道主义精神。新冠肺炎疫情在全球蔓延再次表明人类的命运休戚与共，只有团结协作才能共渡难关。2020年9月30日，习近平总书记在与越共中央总书记阮富仲通话时再次提到团结合作的重要性：“团结合作是最有力的武器”“唯有相互支持、团结

① 《全球战“疫”——中国红十字会基金会已向43个国家提供人道援助》，中国红十字基金会网，2020年8月24日。

合作才是战胜危机的人间正道。”[①] 此次中国红十字会国际援助充分体现了中国主动承担大国责任、履行大国担当，为推动世界各国战胜疫情恢复和平与发展贡献出大国力量，也彰显出人道主义精神。

二是传播中国友谊，扩大中国红十字会影响力。中国红十字会向有关国家提供人道主义援助，体现了中国人民的深厚情谊以及与各国人民携手抗疫、共克时艰的坚定决心。国际抗疫工作启动以来，中国红十字会已陆续收到受援国红十字会发来的致谢函，对中国红十字会在此次抗疫期间的人道主义善举表示高度的肯定和赞誉。蒙古国红十字会会长和秘书长表示，在抗击疫情的关键时刻，感谢中国红十字会对蒙古国的慷慨捐赠和及时援助，同时感谢中国政府和中国人民为抗击新冠肺炎疫情所付出的辛勤劳动和奉献；日本红十字会会长大塚义治在来函中表示，中国红十字会是疫情防控方面的领跑者，此次捐赠不但满足了日本疫情防控的部分需求，也充分激励了日本红十字会的人道主义工作；克罗地亚红十字会执行会长罗伯特·马克特指出，中国红十字会的支持在这一时刻非常重要，帮助克罗地亚增强了应对疫情的防控能力。由此可见，中国红十字会的国际人道援助加深了中国与援助各国之间的国家友谊，也增强了中国红十字会在国际社会中的影响力。[②]

值得一提的是，这次中国红十字会进行的国际人道援助离不开国家卫健委的支持、医疗卫生工作者及专家的付出、社会各企业团体的捐赠以及中国红十字会各地方分会的参与，恒大集团、石家庄以岭药业股份有限公司、上海绿谷制药有限公司、爱眼公益基金会、陈绍常慈善基金会、山西省红十字会、内蒙古自治区红十字会、贵州省红十字会等都先后向中国红十字基金会提供资金及物资援助。因此，重视调动社会各界的人道力量，至关重要。

（作者系苏州大学社会学院研究生）

① 《中国元首外交的这个高频词，彰显大国责任与担当》，新华社，2020 年 9 月 30 日。

② 《全球战“疫”——中国红十字会基金会已向 43 个国家提供人道援助》，中国红十字基金会网，2020 年 8 月 24 日。

2020年洪涝灾害与中国红十字会人道救援

商东惠

2020年入汛以来，全国多地出现持续性强降雨，广西、贵州、四川、江西等省（区、市）遭受不同程度的洪涝灾害。灾情发生后，各级红十字会迅速采取行动，与应急救援部门密切配合、互联互动，有力保障了受灾群众的生命安全。

一、2020年洪涝灾害概况

2020年6月以来，我国暴雨洪涝灾害多地频发，汛情紧急。

受强降雨影响，湖北省293.05万人受灾，因灾死亡3人、失踪2人，紧急转移安置1.73万人；农作物受灾面积为30.626万公顷，其中绝收面积为1.996万公顷；因灾倒塌房屋529间，不同程度损坏4100间；直接经济损失达19.74亿元。

重庆市开州、万州、綦江等31个区、县60余万人受灾，紧急转移安置44571人，需紧急生活救助5000余人，农作物受灾面积17644公顷，倒塌房屋643间，直接经济损失达12亿元。

贵州省铜仁、遵义等6个市州38县（市、区）受灾，全省共26.12万人受灾，其中紧急转移安置人口16300人，房屋倒塌151间，房屋受损3747余间，直接经济损失5.28亿元。[①]

安徽省宣城、铜陵、池州、黄山、安庆等多地不同程度受灾，受灾人口240.1万人，因灾死亡人口2人，紧急转移安置42.2万人，农作物受灾面积22.39万公顷，因灾倒塌房屋843间，严重损坏房屋1886间，

① 《防汛救灾　全力以赴》，《中国红十字报》2020年7月7日。

直接经济损失93.2亿元。[1]

据统计，2020年江淮流域梅雨季持续时间62天，为1961年以来历史第一位；全国70%的县（市）出现暴雨，41个县（市）日降雨量突破当地历史极值；72条河流发生超历史洪水，多条江河同时发生流域性洪水，长江三峡水利枢纽迎战自建库以来遭遇的最大洪峰。截至9月5日，全国28个省份遭受洪涝灾害影响，共有7098.4万人次受灾，比近5年同期均值上升17.6%[2]，成为1998年以来我国遭遇的最为严重的一次汛情。

二、红十字会的人道救援行动

对于全国多地频发的暴雨洪涝灾害，中国红十字会总会高度重视，与国家减灾委、应急管理部等密切合作，以保卫人民的生命财产为己任，立足灾区需求、发放救灾物资，同时，向洪涝灾害重灾区派驻工作组，指导开展防汛救灾工作。各级红十字会也在中国红十字会总会的指导下，密切关注地方灾情动态，及时上报灾情信息，协助地方政府有序开展救援工作，救助受灾、受困群众，成为灾区一抹亮眼的“红”。

（一）及时启动应急响应，发放救援物资

入汛以来，由持续性强降雨引发的洪涝灾害致多地受灾，人民生命财产安全遭到严重威胁。面对严峻的汛情，中国红十字会总会迅速采取行动，根据各地灾情，及时启动应急响应，调拨救灾物资，并在第一时间发放至灾区，支持当地开展灾害救助工作。

6月2日开始，江西省遭遇今年以来持续时间最长、影响范围最广、面雨量和雨强最大的一次连续性暴雨天气。截至6月5日16时30分，洪涝灾害已致南昌、景德镇、萍乡等10个设区市49个县（市、区）37.8万人受灾，紧急转移安置2.1万人。[3] 面对江西严峻的灾情，6月6日，中国红十字会总会启动四级应急响应，紧急从陕西备灾库调拨赈济家庭包2500个、毛巾被2500条用于支持灾区灾害救助工作。[4] 其后，

① 《安徽红会全力开展救灾工作》，中国红十字会网，2020年7月21日。

② 《一切为了人民——写在全国防汛救灾取得阶段性重大胜利之时》，新华网，2020年9月6日。

③ 《中国红十字会总会调拨91.5万元物资支援江西抗洪》，江西省红十字会网，2020年6月8日。

④ 《中国红十字会总会驰援云南、江西受灾地区》，中国红十字会网，2020年6月7日。

又连续4次向江西洪涝灾区调拨了赈济家庭箱、毛巾被、折叠床、帐篷等救灾物资。同时期，受强降雨影响，贵州、湖南、广西多地也发生洪涝灾害。6月9日，中国红十字会总会针对贵州、湖南洪涝灾情启动四级应急响应，针对广西洪涝灾情启动三级应急响应，紧急向三省、区调拨赈济家庭包5300个、棉被4400床、毛巾被3000条、服装2220件，并拨付应急救助金15万元，支持当地开展灾害救助工作。[①]

8月以来，四川、陕西、山东、重庆、甘肃等省、市接连遭受洪涝灾害。针对灾区需求，中国红十字会总会先后向四川、陕西洪涝灾区追加调拨赈济家庭包6500个、棉被6500床、毛巾被2000床、服装7900件；向山东、重庆洪涝灾区调拨单帐篷250顶、赈济家庭包500个、棉被3000床、毛巾被2000床；向甘肃洪涝、泥石流灾区调拨赈济家庭包2000个、棉被3000床。[②]

针对南方发生的洪涝灾害，6月起，中国红十字基金会持续开展“天使之旅——2020抗洪行动”，在对各地洪涝灾情进行评估的基础上启动应急响应。6月9日，中国红基会在评估江西洪涝灾情发展情况后启动应急响应，向江西省赣州市支援1000只赈济家庭箱，共同应对洪涝灾害。[③] 6月12日，这批物资从中国红基会赣州备灾仓库发出，运往南康、赣县、上犹、龙南、全南、兴国、宁都、于都、会昌、寻乌等10个受灾县、区。针对重庆市洪涝灾情，中国红基会从四川眉山备灾库紧急调配1000只赈济家庭箱进行支援。[④] 7月13日，根据救灾赈济需求，中国红基会向湖南省受灾严重地区支援2000只赈济家庭箱，向湖北省受灾严重地区支援1000只赈济家庭箱。[⑤] 8月14日，中国红基会又紧急支援四川受灾地区2000只赈济家庭箱。[⑥]

据统计，入汛以来，中国红十字会总会共启动应急响应36次。中国红十字会总会及中国红十字基金会先后向江西、安徽、湖北、湖南、

---

① 《中国红十字会总会驰援南方暴雨洪涝受灾地区》，中国红十字会网，2020年6月11日。

② 《中国红十字会向5省市调拨救灾物资》，中国红十字会网，2020年8月21日。

③ 《中国红基会1000只赈济家庭箱支援江西》，中国红十字会网，2020年6月9日。

④ 《1000只赈济家庭箱支援重庆　中国红基会持续开展“天使之旅——2020抗洪行动”》，中国红十字会网，2020年7月4日。

⑤ 《中国红十字基金会向南方洪涝受灾六省份累计援助万只“赈济家庭箱”》，中国红十字会网，2020年7月13日。

⑥ 《中国红十字基金会紧急支援四川2000只赈济家庭箱》，中国红十字会网，2020年9月3日。

重庆、贵州、云南、广西、四川、河南、黑龙江、内蒙古等12个受灾省份调拨赈济家庭包、毛巾被、棉被、服装、单帐篷、折叠床等救灾物资及紧急救灾备用金，款物价值共计4122万元。[①]

在中国红十字会总会紧急救灾的同时，地方红十字会也积极援助受灾地区。例如，上海市红十字会从市红十字会人道救助基金“外省市灾害救灾救援项目”中划拨资金150万元，提供棉被、毛毯、帐篷、家庭应急包等物资（价值74.02万元），分别对启动防汛Ⅰ级应急响应的江西，启动防汛Ⅱ级应急响应的江苏、安徽、湖北、浙江等受灾严重地区以及上海对口支援地并遭受灾害的云南、贵州共7个省红十字会给予支持，援助款物共计224.02万元。[②]

救灾物资的到来有力支援了灾区抗灾，为灾区人民提供了生活保障。尤其是赈济家庭箱，作为红十字会打造的一款标准化救灾产品，不仅在受灾群众生活保障方面发挥了积极的作用，也在无形中扩大了红十字会在群众中的影响力。

（二）积极参与抢险救援，助力灾后重建

灾情就是命令。在中国红十字会总会的指导下，灾区各级红十字会立即采取行动，多方求助、募集救灾物资，同时组织派遣红十字会志愿者、救援队赶赴灾区，按照当地党委、政府统一部署开展救援工作，如搜救遇险受困人员、协助转移安置受灾群众、运送发放救灾物资、为临时安置点提供志愿服务等，充分发挥了红十字会作为党和政府在人道领域的助手作用，弘扬了红十字“人道、博爱、奉献”的精神。

在湖北，自6月8日入梅以来发生的连续9轮强降雨，引发了严重的洪涝灾害。黄冈市红十字会成立防汛工作突击队，由秘书长郭荣琳带队，在黄州区防汛指挥部安排下，负责六福湾段江堤值守工作，巡堤、查险、装沙石、扛沙袋、固堤坝，24小时坚守大堤。为避免学生在高考前后淋雨而影响考场发挥，英山县红十字会主动向中国红十字会总会争取帐篷115顶，冒雨在县一中、县长冲高中搭建总长约450米的帐篷走廊。同时，在城区主干道设立高考集中乘车便民服务点9个，以方便考生及家长乘车、避雨。

在重庆，连续发生的“6·11”“6·20”“6·27”洪涝灾害，造成

① 《中国红十字会积极开展防汛救灾工作》，《中国红十字报》2020年8月7日。
② 《上海红会积极支援各地防汛救灾》，中国红十字会网，2020年7月28日。

31 个区、县 60 余万人受灾，农作物受灾面积达 17644 公顷，倒塌房屋 643 间，直接经济损失达 12 亿元。灾害发生后，重庆市各级红十字会立即采取行动，全力投入抗洪救灾与恢复生产生活中。开州区红十字会领导亲自参加救灾物资发放，到受灾户家中慰问。綦江区红十字会在做好救灾物资发放的同时，积极参加社区、街道的卫生消杀和环境恢复整治。黔江区红十字会承担双重任务，不仅配合市红十字会调运救灾物资，同时还积极参加当地抗洪救灾工作。[①] 8 月 18 日至 20 日，2020 年长江 5 号洪水、嘉陵江 2 号洪水通过重庆中心城区，重庆市长江、嘉陵江及涪江沿线局地发生洪涝灾害。市红十字会火速召开救灾专题会议，并于 19 日由领导班子带队，兵分四路奔赴受灾严重的区、县察看灾情并慰问受灾群众。

在内蒙古乌兰察布，为做好防汛救灾工作，市红十字会重新组建了应急救援队，配备相应装备，并做好各类救灾物资储备等工作；同时制定 24 小时防汛救灾值班制度，确保在灾害发生后能及时掌握群众需求，减少人民群众的生命和财产损失。

在江苏南京，栖霞区红十字会组织志愿者 30 余人，赴八卦洲防汛避险人员撤离安置点参与志愿服务，帮助撤离老人开展心理疏导。

在陕西商洛，洛南县红十字会紧急组织红十字救援志愿服务队，赶赴发现险情的尾矿库等地区，协助转移安置受灾受困群众 9200 多人。

在四川，省红十字会以及受灾市（州）红十字会协助当地党和政府开展受灾受困群众转移安置、城市内涝路段排险等工作，并组织红十字救援队和志愿者，深入受灾群众家中走访慰问，全面了解和评估灾情影响，做好受灾群众救助和灾后恢复生产准备。

在山东，临沂市红十字会党组书记、常务副会长战祥春，党组成员、副会长孙文婷带领相关部室负责人一行 4 人前往河东区汤头街道，走访慰问受灾群众，考察受灾情况。

在安徽，宿州市红十字志愿者分 3 批驰援桐城市双港镇，共转移受灾群众 200 多名；六安市红十字志愿者奔赴裕安区西河口乡开展救援，转移安置受灾群众 100 多人；宣城市红十字志愿者在受灾群众安置点设立爱心影院，为群众讲解饮食安全、消毒防疫和应急救护等防病知识。

在受灾尤为严重的江西，全省各级红十字会上下一心、主动作为，迅速组织开展了一系列防汛救灾活动。首先，在全省紧急启动防汛救灾

① 《抗洪救灾，红十字在行动》，重庆市红十字会网，2020 年 6 月 30 日。

一级响应后，省红十字会迅速启动自然灾害二级应急响应，并加强了24小时值班值守制度。其次，积极争取救援物资，并及时安排下发。一方面争取中国红十字会总会、中国红十字基金会以及中国澳门红十字会的救灾物资和紧急救助金；另一方面在腾讯公益、轻松公益、新浪公益、水滴公益发起“水灾无情　赣红有情”人道救助项目，积极自筹救灾资金和物资。最后，组织红十字救援队快速驰援灾区，转移安置受灾群众。7月7日，景德镇市红十字瓷都救援队联合赣州市红十字救援队开展抗洪抢险、人员安全转移等工作，连夜救援10多个小时，共疏散转移群众400余人，营救被困人员60余人。[①] 7月8日，上饶市红十字会蓝天救援队200余名队员前往鄱阳县谢家滩、响水滩、油墩街、古县渡、田畈街等乡镇实施救援，两天共转移近千名群众。[②] 7月11日，江西省启动防汛一级应急响应，萍乡市红十字应急救援队连夜集结，在红十字水上救援队副队长彭中萍、李迅带领下，队员们带着2辆救援车辆、2艘动力冲锋舟、25件救生马甲，于11日凌晨3时出发前往重灾区鄱阳县油墩街镇，连续工作十几个小时，紧急转移了100多名被困群众。[③] 在鄱阳的临时安置点，来自各行各业的红十字志愿者，用自己的行动，抚慰了受灾群众内心的不安。在上饶市鄱阳受灾转移群众集中安置点，来自兄弟美业与爱尔眼科的红十字志愿者，分别为灾区群众提供了义务理发、眼健康检查服务。来自陶母堂的十几位小红十字志愿者，也在老师的带领下表演节目，活跃了原本压抑的气氛。

在此次防汛抗灾中，红十字救援队发挥的作用有目共睹。据不完全统计，江西、安徽、浙江、福建、贵州、湖北、湖南、广东、山西、四川等受灾地区各级红十字会共向灾区派出水上救生、搜救、赈济等救援队伍450队次，救援队员和志愿者共计1.51余万人次参加救援工作，直接或协助转移受灾、受困群众2.32万余人。[④]

---

① 《水灾救援　红十字“救”在身边——景德镇市红十字会联手赣州市红十字开展水灾救援行动》，江西省红十字会网，2020年7月8日。

② 《水灾救援　红十字“救”在身边——上饶市红十字会开展水灾救援行动》，江西省红十字会网，2020年7月9日。

③ 《萍乡红十字救援队驰援鄱阳　转移百余名被困群众》，江西省红十字会网，2020年7月12日。

④ 《中国红十字会积极开展防汛救灾工作　启动应急响应36次》，中国红十字会网，2020年8月7日。

三、红十字救灾工作简评

开展救援、救灾的相关工作，建立红十字应急救援体系，在战争、武装冲突和自然灾害、事故灾难、公共卫生事件等突发事件中，对伤病人员和其他受害者提供紧急救援和人道救助，是《中华人民共和国红十字会法》赋予红十字会的重要职责，也是中国红十字会的核心业务。在此次洪涝灾害救援的过程中，中国红十字会充分发挥自己的组织优势，主动作为，勇于担当，急群众所急、想群众所需、解群众所忧，出色完成了救援任务，传播了红十字精神。综览红十字会在此次洪涝灾害救援中的工作，可以发现如下3个特点。

第一，应急救援体系建设卓有成效，备灾救灾体系运转高效。在我国，自然灾害种类多、分布广、发生频率高的特点，使得灾情的发生往往“点多面广”。而红十字会作为在全国有系统分支的人道主义救援力量，其组织优势在面对此类灾情时尤为明显。一方面，救灾速度快、运转高效。灾害发生前，各级红十字会通过对自然灾害可能出现的各种情况进行科学分析，精心筹划，早做准备。国家、省级、地市级红十字备灾仓库的建设日常化，则为及时就近组织开展救灾物资运输、发放等工作提供便利。灾害发生后，灾区红十字会24小时值班值守，及时收集、核实、上报灾情数据和需求信息，各应急救援队迅速集合奔赴灾区，进行人员搜救、临时安置点建设、心理疏导与支持等救援任务。这种总会统筹、分会配合、上下联动、各方支援的红十字救灾体系，形成了红十字组织参与救灾的强大合力。另一方面，立足群众需求，救灾物资与救灾形式多样化。一些灾区红十字会除发放中国红十字会总会调拨的毛巾被、帐篷、折叠床、赈济家庭箱外，还采购手电、食用油、大米、牛奶、饼干、矿泉水等生活必需品，并组织红十字志愿者在临时安置点提供理发、健康检查、娱乐表演等服务。

第二，筹资方式多元化，互联网成为主阵地。随着互联网的普及，红十字会在筹资方式上也与时俱进，进入“互联网+”时代。以江西省红十字会为例，在江西各地遭到严重洪涝灾害后，江西省红十字会采取线上、线下募资双渠道。一方面，在腾讯公益、轻松公益、新浪公益、水滴公益等网络平台发起“水灾无情　赣红有情”人道救助项目，截至2020年7月15日14时，参与捐赠达18817人次，募集爱心捐款

60.99余万元；另一方面，接收线下捐赠款物47万余元。[①] 当然，我们也应看到，中国红十字会总会的拨款是灾区红十字会应急救灾活动经费的主要来源，通过自筹手段所获得的红十字基金相对仍然较少。

第三，防汛救灾宣传日常化，红十字品牌建设向好。各级红十字会在做好防汛救灾工作的同时，注意借助中央新闻媒体、地方媒体以及自有新媒体平台的力量，对红十字紧急救援、转移安置、志愿服务等工作进行了多角度全方位报道，不仅宣扬了“人道、博爱、奉献”的红十字精神，也为防汛救灾工作营造了良好舆论氛围。此外，以红十字基金会“赈济家庭箱”“博爱家园”为代表的红十字品牌，在抗灾以及灾后重建活动中持续发光发热，提升了红十字文化的影响力。

总体而言，红十字会作为政府应急救灾工作的重要参与主体，发挥了独特而积极的作用，值得肯定。

（作者系苏州大学社会学院研究生）

① 《江西省红十字会唱响“快字诀”　迅速参与全省防汛救灾工作》，江西省红十字会网，2020年7月15日。

历史研究

林可胜时期的中国红十字会救护总队部运输股

张立人　张亦燕

抗日战争爆发后，爱国华侨林可胜博士投入抗战的战地救护事业，1938年临危受命担任中国红十字会救护总队部总队长。

中国红十字会救护总队部由一室四股构成，运输股就是其中之一。运输股股长为胡会林，毕业于德国史都格航空学校，1937年曾担任中国红十字会交通股主任。从淞沪会战、武汉会战、昆仑关会战，直到1942年中国远征军第一次出国到缅甸作战，都留有他的足迹。为救治伤员，抢运在越南海防、缅甸仰光与腊戍的国际援华战略物资，他呕心沥血，多次往返桂黔，南下海防，经滇缅路，到达腊戍，甚至到达仰光。

运输股下设汽车大队，大队长是章文晋（原名章宏道）；另设有具备汽车大修能力的汽车修理厂，厂长由汽车大队副大队长张世恩兼任。1939年6月，运输股有各类技术人员及司机247人，车辆126辆。在1940年前后，运输股车辆近200辆，其中150辆为国际援助车辆，内有许多为华侨捐赠。运输股成为当时与军医署实力相当的一支战地救护运输力量。

一、抗日救亡之路

1931年，抗日战争爆发。1933年，日军发动长城战役；5月31日，《塘沽协定》签订，日本占领东北三省和热河，并把冀东22县置于日伪势力范围之内，华北门户洞开。“华北之大，再也放不下一张平静的书桌”，当时在清华校内就读的10级、11级学生①，绝大多数都积极参加

① 清华大学1925年成立大学部，开始招收大学部学生，直到1937年全面抗战前共招收了13届学生。10级、11级学生指1934年、1935年考入清华大学的学生。

了1935年的一二·九爱国学生运动，走上抗日救亡之路。

1936年11月3日，大批日军驾驶着坦克，拖着重炮穿过北平城。这一行动大大激怒了每一个中国人，人们从心底感到了耻辱和即将亡国的悲痛。

1937年暑期，北平的大学生在西苑接受军训，清华学子黄诚等与爱国同学一起参加训练。七七事变爆发时，担任学生军训总教官的二十九军何基沣旅长对参加军训的学生发表了慷慨激昂的讲话；并命令所属二一九团吉星文团长，坚守卢沟桥，不准后退一步，表达了中国军队誓死抵抗的决心，打响了全民抗战的第一枪。此时北平各校虽已放暑假，但依然掀起了轰轰烈烈的支援抗日前线和慰劳守军的热潮。在黄诚等人的带领下，发起组织慰问卢沟桥伤兵的活动。

1937年7月底，北平、天津相继沦陷。清华、北大、南开三校南下长沙，组建长沙临时大学。9月，清华10级电机系与机械系学生杨德增、张自清（原名张厚英）等8人，在前往长沙临大报到途中，途经南京，恰逢南京陆军交辎学校招生，他们自愿放弃4年级学业，报考该校，成为临大最早参军的一批同学。

1938年2月，长沙临大西迁昆明。清华11级机械系与电机系章文晋等26人志愿参加位于湖南湘潭的陆军交辎学校，投笔从戎参加抗日。

二、中国红十字会救护总队的召唤

爱国华侨林可胜博士在抗日战争爆发后，投入抗战救护事业。1938年，他临危受命担任中国红十字会救护总队部总队长。当时“中国红十字会只有大约700名工作人员抵达汉口。从沦陷区撤出的救护车，也只剩下17辆”。在3000多公里的战线上有成千上万的伤员需要及时救护，特别是重伤员要在短时间内转运到后方医院治疗。林可胜根据他在法国和中国多次战地实际救援的经验认为：“你手术可能做得十分出色，然而病人却死在你的手里了。问题就在于缺乏机动性。因此，应该有相应的运输系统把你的伤员送回来。”运输股的重要性不言而喻。据贵阳市档案馆整理的抗战时期红十字会救护总队名单，共有约8500人，其中运输股的工作人员有司机711人、机工460人、技师199人，合计1370人，且运输股的员工大都分布在各分队和修理厂。

林可胜此时不仅急需医药设备，也需要大量医护、运输等各种人才。1938年8月，章文晋在湖南湘潭的陆军交辎学校毕业后，成为最早加入救护总队的清华学子，他被林可胜任命为运输股大队长。其后，经胡会林、章文晋介绍加入救护总队运输股的有已被分配在二〇〇师的宋镜瀛、张世恩、李智汉、丁振岐、马廷声、苏哲文等6人，还有留在交缁学校的张自清（清华10级）及后来到长沙的我父亲张式垓，共有9位清华机械系10级、11级学子加入了红十字会救护总队运输股。1938年8月至1940年11月前后，他们和其他一些大学机械专业的学子，如程华明等，构成了救护总队运输股的骨干力量。这些在交缁学校经过半年培训的学子，不仅有扎实的理论基础，而且有极强的汽车维修能力和良好的驾驶技术。清华同学白家祉对此有生动描述："虽然也上了几门课，但主要是真刀真枪的训练。每个小组都分到一部再也不好开动的破卡车。我们几乎把每一枚螺丝钉都拆下来，逐件拆开检查，修理维修极为彻底。以发动机来说，八个气缸都扩了孔，经过研磨，再选择合适的活塞和活塞环，装回去。等车全部经过大修，接着就是长途驾驶汽车的训练。"

从1938年到1942年，他们与运输股的南洋华侨机工及其他司机、工友一起，不辱使命，在极其危险困难的环境下，保障了红十字会救护总队交通运输生命线的畅通。

三、运输股的南洋华侨机工

南洋华侨机工热爱祖国，自1938年起，有不少南洋华侨机工回国，参加了红十字会救护总队运输股的工作，是运输股中人数众多的一支生力军。

南洋华侨机工李月美康复后改当护士

1939年2月，南洋华侨李月美在昆明受军训后被分配到红十字会救护总队运输股当司机。1940年的一天，李月美因在滇缅公路一急转弯处不慎翻车，身负重伤，脑部震荡，被送往医院急救。一个月后康复，此后她改当护士，成为白衣天使。此事经媒体披露后，轰动一时。李月美被誉为"当代花木兰"。廖仲恺夫人、著名社会活动家何香凝女士为表彰其爱国精神，特题"巾帼英雄"四个大字，以赠纪念。但遗憾的是，在近 8500 人的救护总队人员名录中没有找到李月美的名字。

1942 年，林可胜带领的赴缅甸战场的救护车队，就是一支以南洋华侨机工为主的运输队伍，司机韩福禄是目前唯一一位已知姓名的南洋华侨机工。

四、参加武汉会战

1938 年 6 月，规模巨大的武汉会战开始，仅 4 个月时间，据估计，中国军队的伤病人数即达到 20 万以上。为了使伤病人员得到及时的救治，林可胜在最短的时间内组建了约 37 个医疗救护队以及接近前线的后方医院，每个医疗队配备 3 辆运输救护车。救护队的医务人员可以在战线后方约 15 公里的地方开展医护服务，卡车和救护车能够直接开赴前线运送伤病员，1 名重伤员可以在受伤后 8 小时内得到有效治疗。

1938 年 9 月，宋镜瀛、张式垓分别被任命为红十字会救护总队运输股第 3、第 4 汽车队中队长。时逢武汉会战最激烈、最关键时刻，他们带队奔赴武昌—大冶、修水—武宁前线，及时运送汽油、药品及医疗队。一辆救护车按规定只能运送重伤员 20 人，但由于伤员人数太多，往往要拉五六十人。当时，为了避开白天的日机轰炸，他们不顾个人安危，把汽车开到隐蔽地点，日机炸弹常常就在身边爆炸。整个车队昼伏夜行，天黑后开往前线，拂晓前返回后方医院。一天，第 3 汽车队遭遇敌机轰炸，两辆汽车被炸毁，队长宋镜瀛本以为会被批评，但林可胜总队长却为宋镜瀛等人的平安归来设宴，并说“人比东西贵重”。

据 1938 年运输股的报告，当时有各类救护车 34 辆、其他车辆 68 辆；在不到两个月的时间里，运输股一个中队就在前线接运伤员达数千人。仅在武汉地区，1938 年 8 月至 11 月就运送伤员 16001 人；总计运输股运送伤员 21273 名，行程 115047 公里。

五、经历长沙大火

1938 年 10 月 25 日，武汉沦陷。湖南省政府鉴于长沙危急，准备迁离。各军事机关也相继后撤，一时风声鹤唳。救护总队在长沙的救伤工作不得不停止，除干部人员留长沙外，其余人员分批撤往祁阳。战时卫生人员训练班学员，亦经铁路、水路分道撤离长沙。救护总队为转运驻长沙的医务队及器械材料，将在湘鄂边境工作的救护车队，也调集长沙，执行紧急运输任务，但部分运输车辆因机械故障，急需修理。此时长沙汽车零件非常缺乏，救护总队部购买的新车轮胎又被滞留越南，不能及时运到长沙。更为严重的是，运输股仅库存100加仑汽油，油料极度匮乏。在此紧急关头，驻汉口英国大使馆恰好转来苏格兰红十字会捐给救护总队部的750英镑捐款。于是救护总队部请英舰“沙雀号”的舰长代为致电英大使馆，请求将此项捐款作长沙购买汽油之用。但英国方面规定付款地点必须在上海或香港等地，于是该舰长电告中国红十字会总会驻港办事处，说明该项捐款的用途。经过一番周折后，救护总队部终于获得该项捐款，用来购买汽油以供运输，保障了医护人员及卫生器材的安全转移，否则长沙大火时，救护总队部所有的卫生材料，定将付之一炬。

11月6日，日军攻入湘北，并轰炸了长沙和衡阳，救护总队部被迫撤离长沙。当时，救护总队运输股借住在长沙城北郊韭菜园、丝茅冲的长沙广雅中学。11月13日凌晨2时，长沙南门口外的伤兵医院突然起火，不多时，连天心阁也火光四射，大火由南向北蔓延全城。在13日天亮前，李汇川（李智汉）等把大家从睡梦中叫醒，广雅中学外面已是火光冲天。他们驾车刚刚开出校门，校舍就被大火吞没了。这场大火远在长沙50公里外的浏阳都可看见。大家怀着悲愤的心情撤离了长沙，到达祁阳。1939年夏，随救护总队部到达贵阳图云关。

六、黔桂线抢运战略物资、昆仑关前线接运伤员

1938年10月，广州陷落，海外援华物资需先经海路运到越南海防，再由公路运输经广西南宁到达贵阳。红十字会救护总队部迁到贵阳后，贵阳遂成为连接湖南、广西、四川、云南等后方各省的交通枢纽。此时，由越南海防经黔桂线的公路运输，其重要性超过了滇缅公路。1939年9月，中国由海外输入的战略物资有14700吨，其中经由海防—黔桂线运入的达12500吨，占比高达85%。美国记者雷伊斯科特曾随运送物资的车队，经过广西南宁、柳州到达贵阳，并见到了中国红十字会救护总队部总队长林可胜。他用随身携带的摄影机，真实记录了援华物资经海路从中国香港到越南海防，再由卡车队运到内地的过程，同时也拍摄了林可胜的影像，这是我们今天能够见到的林可胜唯一的活动影像。

为切断越南海防—黔桂线的交通运输，1939年11月15日，日军在

北部湾龙门港登陆，攻占钦州、防城，后以一个师团又一个旅团的兵力，于24日沿邕钦公路北犯南宁。原计划到海防接运汽油的中国红十字会救护总队的车队，到南宁时连日遭遇日机的狂轰滥炸，只好隐蔽在南宁公园。之后在返回贵阳途中，听到了南宁已被日军占领的消息。在这种情况下，为了抢运积压在海防的战略物资，救护总队汽车队只能绕道在临时修筑的公路上夜间行驶。这条临时修建的公路，路面狭窄，桥梁众多，坡度大，弯道多，极易发生事故。

1939年11月至1940年2月的昆仑关会战期间，由李汇川带领的第一运伤中队及章文晋带领的第二运伤中队与第五军及军医署协作，从前线接运回大批伤员。1940年1月，第二运伤中队又在桂南接运伤员，受到后方勤务司令部通令嘉奖。据1939年1月至1940年的不完全统计（缺1940年2月数据），李汇川带领的第一运伤中队和章文晋带领的第二运伤中队共从前线接运伤员达10590人。

七、奔驰在滇缅路

1940年5月，日军入侵桂南重镇龙州，继而由镇南关侵入越南，完全切断了中越交通线。国民政府任命救护总队部运输股股长胡会林为军医署特派员，负责帮助抢运在缅甸滇缅公路起点腊戍堆积如山的国际援华战略物资（到1942年5月，留在腊戍未抢运回国而被日军掠夺的物资尚有万余吨）。

1940年时，救护总队运输股拥有各种车辆近200辆，绝大部分都是国际友人和海外华侨华人捐赠的，数量超过卫生署等单位，与军医署不相上下。1940年底，交通部从救护总队部运输股在滇缅公路的77辆车中抽调42辆，抢运战略物资。自1940年9月起，滇缅公路成为中国抗日战场国际援华物资输入的唯一通道，救护总队集中运输力量于这条交通生命线上，往返于贵阳—昆明—腊戍一线，沿途还要多次经过滇黔路著名的24道拐。虽然险象环生，但运输队克服种种困难，全力以赴完成运输任务，为抗战的最终胜利做出了杰出贡献。

八、林可胜带领医疗队及运输车队奔赴缅北前线

为了确保滇缅公路这条抗日战略交通大动脉的安全，1942年，中国军队远征缅北前线。同时，林可胜亲率救护总队的3个医疗队及1个运

输车队，随行进行战地救护工作。其中，张世恩等因汽车维修技术优秀，负责运输队的工作及车辆的维修。

1942 年 3 月 22 日，林可胜一行由贵阳出发，经昆明入缅甸，参加战地救护。4 月 23 日，得知日军已突破中国军队的防线，林可胜便尽力将在缅甸的伤员及 3 个医疗队送到腊戍，设法转运回国。但此时回国路线已被日军切断，4 月 30 日，林可胜接到史迪威和卢致德的命令，转移未能撤回的中国伤员去密支那，他便带领救护队的剩余人员以及 40 名轻伤员乘火车撤退。5 月 6 日，林可胜等人抵达密支那附近的孟拱时，日军逼近密支那的消息传来。林可胜当机立断往西北转移，进入胡康河谷、翻越野人山，途中可听见曼德勒方向的隆隆炮声。过伊洛瓦底江时，救护队一打听，大桥快要炸毁了，火车没法开，公路又不通车，怎么办？有人嚷道："江边不是有条大轮船吗？"一个司机说："请张世恩工程师上船检查一下。"张世恩飞快地从江岸跳上船头，仔细检查后大声报告："总队长，轮机还是热的，大概是船老大怕敌人来抓差，跑掉了。这条船是烧木头发动的，叫大家在岸上多找些木料来就可以啦！"林可胜问："谁来开啊？"张世恩回答："当然是我啦！"众人异常兴奋，一会儿工夫就找来一大堆木料。开船后，船沿江边航行，开始还很顺利，忽然听到远处有飞机声，接着十几架敌机朝江轮方向飞来，林可胜令轮船赶快靠岸，大家下船，隐藏在岸边草丛中。敌机投下数枚燃烧弹后飞走了，救护队及伤员中无人伤亡，轮船也无损，继续行驶。经过 10 多天的艰难行程，林可胜率领救护队九死一生，最终达到印度，堪称战地救护史上的传奇。

九、到昆明西南联大复学

1941 年皖南事变后，国民党加强了对红十字会救护总队部的监控。1941 年 5 月，救护总队部运输股办的进步书社也被国民党查封。1942 年 1 月，特务搜查了运输股，逮捕了汽车修理所所长张世恩，张世恩未暴露中共党员身份，后由林可胜等保释，由李汇川等接出狱。

1942 年 5 月，滇缅公路被日寇切断，清华学子 9 人陆续离开红十字会救护总队运输股。他们在救护总队部工作 4 年，学校仍然为这些参加抗日救亡的学子们保留了学籍。回西南联大复学的清华机械系、电机系的 10 级、11 级学子，受到学校老师们的欢迎。这 9 位学子于 1934 年、1935 年考入清华大学，1943 年、1944 年毕业于西南联大，前后历时达 9 年。

据统计，1939—1945年的6年，清华11级有毕业生172人，其中机械系有28人毕业（1935年9月机械系11级注册新生57人）。在战时十分困难条件下，清华大学仍然坚持严进严出的培养方针，为国家培养了宝贵的人才。不仅涌现出像章文晋、李汇川这样的外交家，更有吴仲华、李敏华、孟少农、宋镜瀛、胡亮、张世恩、丁振岐等人，均为新中国工程热物理、汽车研究制造、电子等领域的领军人物。

2019年是中国红十字会救护总队部进驻贵阳图云关80周年（1939—2019），随着时间的流逝，我们的父辈也淡出了人们的视线，但他们捍卫世界和平，在反法西斯战争中体现出的救死扶伤的人道主义精神是永存的。

（作者系中国红十字会救护总队部运输股后人）

国际舞台上的早期日本红十字会

鲁秋兰

日本红十字会自成立以后，就一步步开始活跃在国际舞台上。从博爱社获批成为国际红十字会的一员，到最后成功举办第十五届东京国际红十字会议，前后不过50余年的时间，在当时欧洲国家占主导地位的国际红十字会，能有如此成就，实属不易。

一、红十字国际大会和日本红十字会

亨利·杜南在其撰写的《索尔费里诺回忆录》中主张大力发展国际公约，从而为在战场上受伤的人以及救护人员和战地医院提供保护并保证他们的中立性。这个倡议后来得到认可，最初红十字国际委员会的前身是1863年2月成立的“伤兵救护国际委员会”。1863年10月，欧洲各国代表36人齐聚日内瓦，订立了《红十字规约》。该规约的第一条就是在各国组织中央委员会，以备战时进行救护活动，这就是各国红十字会的起源。[①] 1863年12月，在符腾堡王国设立红十字会后，欧洲各国纷纷成立红十字会。在这样的潮流中，日本博爱社也在1877年成立。《红十字规约》第九条规定：“不同国家的伤兵救护委员会及各分会可组织召开国际大会，以便交流经验，共同探讨为了公益事业所应采取的措施。”然而红十字国际大会不只是各国红十字会交流的场所，它还是做出必要决议的场所。

（一）日本红十字会出席第四届红十字国际大会

1877年博爱社的成立，并不意味着其自动成为国际红十字会一员，日本政府首先需要签订《日内瓦公约》，并引入白底红十字标志。1887

① 日本赤十字社：《日本赤十字社史稿》，日本赤十字社1911年编印，第2页。

年，日本签订《日内瓦公约》，同年博爱社改称为日本赤十字社（即红十字会）。

日本红十字会正式出席的红十字国际大会是第4届红十字国际大会。之前，博爱社曾派遣陆军军医监桥本纲常参加了3次红十字国际大会，但由于日本还不是国际红十字会成员，所以桥本不是正式代表。在第4届红十字国际大会召开的前20天，即1887年9月2日，红十字国际委员会向日本发出正式承认日本红十字会的通知，同时允许其出席国际会议。[①] 日本红十字会从此成为国际红十字会的一员。

第4届红十字国际大会在德国卡尔斯鲁厄举行，日本派遣政府代表、陆军军医监石黑忠贞以及日本红十字会代表、干事松平乘承出席大会。另外，陆军一等军医谷口谦、森林太郎陪同出席会议。根据石黑的回忆，日本红十字会由于当时正在建设总部大楼而资金不足，不能负担前往欧洲的出国费用，因此“必须有人自费去”[②]，于是松平乘承便自费前往了。这件小事在表明已创立10年的日本红十字会实力的同时，也不失为一件之后日本红十字会迅速发展过程中的“趣闻”。

在日本首次参加的红十字国际大会上，日本代表“显示”出自己的存在感，在大会的13个议题中提出了第10个议题，即“欧洲各红十字会加入世界其他地区的正处于战争之际的伤兵人员救护”。

（二）第9届红十字国际大会和昭宪皇太后基金的设立

1912年5月，第9届红十字国际大会在华盛顿召开，日本红十字会派出以副会长小泽武雄为团长，共计5名委员组成的代表团参会。另外，政府代表包括陆军省参事官秋山雅之介等，共4人。

虽然红十字会产生于战场救护，但在平时救援中的作用渐渐增大，这也反映在历届红十字国际大会的议题上。不管是第7届圣彼得堡大会，还是第8届伦敦大会，平时救援事业被越来越多讨论。在此背景下，1911年，日本红十字会会长松方正义向宫内、陆海军、外务各大臣提议，将皇室的恩赐设立基金，用于国际红十字会的平时救护事业[③]，并向宫内大臣渡边千秋提交了计划书。1912年4月20日，宫内大臣正式向日本红十字会发出通知，同意日本皇后向红十字国际委员会捐赠价

① 日本赤十字社：《日本赤十字社史稿》，日本赤十字社1911年编印，第509—511页。
② ［日］石黑忠贞：《社长德川公の送别会に列して》，《博愛》1930卷，第518页。
③ 日本赤十字社：《日本赤十字社史续稿》上卷，日本赤十字社1929年编印，第517页。

值10万日元的黄金，设立国际救护基金，用以推动“和平时期的救济工作”。此时已经赴美的小泽，是通过电报得知了这一消息。5月8日，在第9届红十字国际大会召开的第一天，小泽做了《关于日本红十字会平时救护事业奖励基金的倡议》，决定将日本皇后捐赠的10万日元作为“红十字会平时救护事业奖励基金”捐赠给红十字国际委员会，并希望红十字国际委员会制定合适的基金章程。会议第二天，对日本皇后的“奉谢文”及创设基金的决定，以全场鼓掌的方式通过。

根据第9届红十字国际大会决议，日本红十字会拟定的基金章程，在各国红十字会的同意下，于1920年确立。章程的要点是：①基金的名称为昭宪皇太后基金；②基金的管理由红十字国际委员会负责；③基金的本金不得动用，只将利息收入和资本收益予以分配；④基金的分配每年一次，用于各国红十字会的平时救护事业；⑤希望分配到基金的红十字会要向红十字国际委员会提出申请，由红十字国际委员会决定分配。①

从1912年到1920年，基金本金10万日元的利息已升至59710.68日元。② 1921年1月，基金开始初次分配，匈牙利、丹麦、希腊、法国以及波兰红十字会等获得资助。以后每年从利息收入中分配资金，用于各国红十字会的平时救援工作，一直延续至今。

（三）召开东京红十字国际大会的尝试

对日本红十字会来说，争取在东京召开红十字国际大会是多年夙愿。在明治时期，第一任会长佐野常民就有了申办东京红十字国际大会的愿望。当时作为日本政府代表的后藤新平，在出席了1892年于罗马召开的第5届红十字国际大会回国后，向佐野询问是否准备在日本召开红十字国际大会，佐野表示正有此愿望，但由于日本红十字会财力困难，在国际上的影响力也有限，所以佐野的愿望没能实现。

1907年，在伦敦召开的第8届红十字国际大会上，日本红十字会提出下次会议在日本召开的提案，引起了“全场喝彩”。但是，这个提案因各种原因最终没有通过。美国代表随后向日本代表通报了下次会议准备在华盛顿召开的提案，日本表示同意。作为交换，美国红十字会支持

① 日本赤十字社：《日本赤十字社史续稿》上卷，日本赤十字社1929年编印，第234页。

② 日本赤十字社：《日本赤十字社史续稿》上卷，日本赤十字社1929年编印，第239-248页。

下一次会议在日本召开。1912年，在华盛顿第9届红十字国际大会上，日本红十字会在美国红十字会的帮助下，正式提出了申办1917年第10届红十字国际大会的提案。但是，由于第一次世界大战爆发，第10届红十字国际大会延至战后的1921年在日内瓦召开。要实现红十字国际大会在日本召开的愿望，还需要进一步努力。

二、第15届红十字国际大会在东京召开

（一）紧张的国际形势下德川会长的欧美访问

1930年，在布鲁塞尔举行的第14届红十字国际大会决定，第15届红十字国际大会在东京召开。然而在1931年日本发动九一八事变后，国际联盟应中国政府的要求，对日本侵占我国东北的行径进行了调查。日本不接受国际联盟提出的调查报告，于1933年3月退出国际联盟。

在国际形势不断变得紧张的情形下，1933年8月—1934年4月，日本红十字会会长德川家达“为了尽可能地邀请尽可能多的有力代表参加国际大会”，对欧美主要国家红十字会进行了访问，就召开东京大会的重要性极力进行游说。德川首先在欧洲各国“尽可能地与各国红十字会会长及主要的相关人员进行了接触，充分地阐述了他的期望”①。随后，“为了充分阐述希望你们能够多多地前来参加国际大会的意愿”②，德川又辗转赴美游说。

（二）第15届红十字国际大会在东京召开

1934年10月，经过日本红十字会的不懈努力，第15届红十字国际大会终于在东京召开。出席会议者包括红十字国际委员会代表8名、红十字协会代表8名、54个国家的红十字会代表199名、45个国家的政府代表81名、国际联盟等团体的代表23名，共计319名。尤其是美国红十字会派出了78名代表，超过了作为东道主的日本红十字会及日本政府共计38名的参会人数。

大会以当时的国际人道问题为议题，经讨论后通过了48个有关议题的决议，其中多数都是与红十字会日常救助活动相关，如《国际救济

① ［日］德川家达：《外遊より帰りて》，《博愛》1934年卷，第564页。
② ［日］德川家达：《外遊より帰りて》，《博愛》1934年卷，第564页。

联合》《红十字会的卫生及福祉事业》《路上救护》等。[1] 与此同时，在东京大会上通过的决议中，战时救护的准备与平时事业一样受到重视，先后通过了《针对化学及空战时对非军人的保护的国际委员会的事业》《有关敌方非军人的命运的条约案》等决议。特别是《有关敌方非军人的命运的条约案》，填补了1929年《日内瓦公约》中没有涉及针对交战区域平民保护的空白，这一点很重要，它明确了“处于在交战方领域或者被其占领地区的敌国国民”受保护，这在当时是一个巨大的进步。该条约案亦是第二次世界大战后有关保护平民的1949年“日内瓦第四公约”的先声。

日本国内对此次大会非常重视，内阁总理大臣冈田启介等政要出席了10月20日的开幕式，日本邮政发行了纪念邮票，铁道省向外国参会者发放了一等座免费乘车券，东京市营电车等也发放了免费乘车券。日本红十字会还安排外国参会者在会议召开期间或结束后到各地旅行，外国参会者每到一地，都受到了当地官民的热烈欢迎。

三、结语

1877年，日本红十字会成立时仅有38名会员。经过半个多世纪的发展，1934年日本红十字会主办了第15届红十字国际大会，日本在国际红十字运动中的地位大幅提升。但二战爆发后，日本红十字会只在某种程度上保持了与红十字国际委员会的交流，其与其他国家红十字会的联系中断。二战后初期，日本处于被占领状态，日本红十字会也不被允许出席红十字国际大会。

（作者系苏州大学社会学院研究生）

① 日本赤十字社：《日本赤十字社史稿》第4卷，日本赤十字社1911编印。第170－172页。

让历史照亮现实

——《红十字运动：穿越历史与回归现实》简评

戴少刚

中国红十字会自1904年诞生以来，筚路蓝缕、风雨兼程，历经清朝、中华民国、中华人民共和国3个历史时期，走过了100多年的光辉岁月，当之无愧地成为国内历史最悠久的人道组织，堪称“百年老店”。100多年来，中国红十字会践行人道主义宗旨，大力弘扬“人道、博爱、奉献”的红十字精神，与时代同行，救死扶伤，无私奉献，受到社会各界的肯定和支持。习近平总书记高度赞扬中国红十字会“为党、为国家、为人民做了很多好事、善事”。但令人遗憾的是，一边是中国红十字运动实践如火如荼、成绩斐然，一边却是对中国红十字运动的理论研究少人问津、成果寥寥。

近年来，在中国红十字会总会、红十字运动研究中心等单位以及池子华教授等一大批专家学者的重视支持和率先倡导下，红十字运动理论研究从无到有，方兴未艾，并引起越来越多学者的关注，结出了累累硕果。进入新时代，红十字运动研究这朵社会史研究的新葩，在学界、业界有识之士的精心呵护和辛勤浇灌下继续茁壮成长、香远益清。近日，池子华教授新著《红十字运动：穿越历史与回归现实》一书由合肥工业大学出版社出版发行，该书是作者继《中国红十字运动史散论》《红十字运动：历史与发展研究》《红十字运动：历史回顾与现实关怀》《红十字运动：历史审视与现实思考》《红十字运动：历史传承与当代发展》之后推出的第6部有关红十字运动研究的专题文集。这本文集30余万字，延续了前几部文集的体例，将论文分为理论探索、文化研究、观察思考、历史纵横、学术评论、杂文随笔等几大类，并新增了人道教育、调研报告栏目，收录了近年来作者研究红十字运动的部分成果，是红十字运动研究的又一力作。

通读全书，感觉立意高远、内容翔实、观点独到、自成条贯，可称道之处甚多，以下几个方面或可谓本书的贡献与特色，笔述一二，以飨读者。

一、史料丰富，论述严密

丰富翔实的史料是进行历史研究的前提和基础，也是历史研究必须攻克的“关口”，以至于近代史学家傅斯年先生提出了“近代史学只是史料学”的论断。池子华教授从事红十字运动研究有着深厚扎实的理论和实践基础，这与他多年来的潜心耕耘和日积月累密不可分。自1999年结束了关于流民问题的课题后，作者不负中国红十字会总会的重托，凭借“为之奋斗终生”的执着精神和“板凳坐得十年冷”的顽强毅力，二十年如一日，与同侪一道，带领学生们一头扎进图书馆、档案馆，开始了在“故纸堆”中寻找“红十字”的“淘金”之旅。功夫不负有心人，如今池子华教授和弟子们不但收集整理了大量第一手有关红十字运动的各类资料，而且不断拓展相关研究的广度和深度，成果层出不穷、影响广泛；更可喜的是，在他的引领下，其门下高足和相关从业者也积极投身红十字运动研究，进而形成了学术团队，开展了“集团式”攻坚，做出了喜人的成绩，这从本书附录“池子华成果汇录”中可见一斑。

在占有大量第一手文献资料的基础上，本书以史学实证为基础，同时借鉴社会学、管理学、教育学、统计学等相关学科的理论方法，既纵横捭阖，贯通古今，从容驾驭各类资料；又目光如炬，廓清历史的迷雾，述论结合，提出自己的真知灼见。纵观本书，既有纵向和“面”上的对中国红十字会百余年历史的回顾总结，也有横向和“点”上对中国红十字会各地分会建设情况以及对孙中山、沈敦和等中国红十字运动先驱者们功绩的挖掘整理；既有“目光向内”，对历史上中国红十字会组织建设、角色转型、青少年运动、内部改革、国际救援等进行的深入研究，又有“眼睛向外”，关注梳理近年来国际红十字与红新月运动发展现状，并开拓性地对中国红卍字会等慈善组织进行分析研究，为红十字运动研究开阔了国际视野，增添了许多新的“第一手资料”，开辟了新的“疆域”。同时，本书作者在辛勤耕耘于“故纸堆”的同时，始终保持着史学家“不唯书、不唯上、只唯实”的实事求是原则和严谨求实作风。比如，作者对中国红十字会常熟分会建会日期的考证和对南京大屠杀中红卍字会两面性的分析，没有人云亦云，而是注重在史料爬梳中辨伪存真，用事实说话，帮助世人拨开历史的迷雾，还原历史真相，这对认清历史本真和加强相关研究大有裨益。

二、关照现实，服务当下

历史是一面镜子，它照亮现实，也照亮未来。长久以来，国内外学界对历史学家任务的认识，是如“近代史学之父”兰克所说的那样“只不过是说明事件的本来面目而已”，还是要勾连古今，以历史研究关照现实、“资治通鉴”，一直争论不休。对于这样一个历久弥新的问题，本书作者显然持后一种主张。诚如作者在本书“后记”中所言：“历史与现实是紧密联系，不能割裂的。几部文集的旨趣，大抵如此，都着眼于历史与现实的结合，尽可能实现历史与现实的对接。”

作者在文集中以高度的社会责任感和历史使命感，坚持从问题出发，求诸历史，回归现实。他提出，要加强红十字运动理论研究，推动红十字文化建设和红十字事业改革，关注红十字运动发展中亟待解决的诸如公信力建设、队伍建设、基层组织建设、志愿服务等重难点问题，并注重在基层一线发现问题、分析问题、解决问题。比如，文集中收录的作者指导学生开展的对苏州、上海等地红十字会业务工作的调研报告，不啻为来自一线的红十字会工作的“大写真”，更为业界和学界提供了改进工作、加强研究的“指南”。特别是作者结合中国红十字会在2020年初新冠肺炎疫情防控救护工作中的得失，从红十字运动研究者和从业者的角度进行了深入思考，秉笔直书，仗义执言，提出了许多中肯而又切实可行的意见建议。从某种意义上来说，历史总是为生活服务的，希望文集的出版能够进一步促进中国红十字运动理论研究和实践探索再攀高峰、再上层楼，更好地服务国家、服务社会、服务人民。

三、展望未来，促进发展

法国大作家雨果曾说，历史是过去传到将来的回声，是将来对过去的反映。回首过往，国际红十字运动自1863年兴起至今，已走过了150多年的峥嵘岁月；中国红十字运动自1904年肇始，至今也走过了100多年波澜壮阔的历程。“雄关漫道真如铁，而今迈步从头越”，面对21世纪世情、国情、民情的新变化和百年未有之大变局，面对新时代党和国家以及人民群众对红十字运动的新要求、新期待，特别是“后疫情时代”一手抓常态化疫情防控，一手抓经济社会发展的迫切要求，中国红十字运动如何行稳致远，助力社会主义现代化强国建设和人类命运共同体建设，开创中国特色红十字事业发展新局面？这是每一个红十字运动的从业者和研究者必须勇敢面对的挑战和妥善解决的问题。

本书作者以敏锐的眼光和深刻的洞察力，着眼未来，想在前面，做在实处，旗帜鲜明地提出“推动红十字事业融入‘十四五’规划”“以史为鉴推进红十字会改革创新”，大声疾呼“推动红十字文化繁荣发展”“人道教育是中国红十字事业的百年大计”，并坚持知行合一，不断加强对中国红十字事业改革史、新冠肺炎疫情下红十字会问题与出路、红十字会公信力建设、人道教育等的研究，形成了诸多可资借鉴的成果，这必将推动新时代中国红十字事业又好又快发展。

此外，该文集在保持理论研究严谨、客观的同时，又体现了作者对“讲好历史故事”的一贯追求和亲和平易的文风。文集读来没有“板起面孔说教”的枯燥乏味之感，反而让人觉得犹如在读故事般明白晓畅、言近旨远，这让红十字运动的从业者、研究者，乃至与红十字运动“第一次接触”的新朋友，都会在津津有味、回味无穷中有所感悟、有所收获。孔子说“质胜文则野，文胜质则史，文质彬彬，然后君子”，历史学家也要学会“讲好历史故事，传播历史声音”，本书作者为我们做出了很好的“示范”。

（作者系苏州大学社会学院博士生）

区域红十字运动研究的新书写

——《延安时期红十字运动研究》简评

郭进萍

由宋双印、池子华主编的《延安时期红十字运动研究》一书，于2019年12月由合肥工业大学出版社出版发行。该书为“红十字文化丛书”再添新葩，值得庆贺。该书对展现延安红十字运动在中国红十字运动史上的地位，拓展红十字运动研究的面相具有重要的价值。兹结合其内容，略做评述，以飨读者。

一

全书近30万字，第一次较为系统地呈现了延安时期红十字运动的发展概貌，彰显了延安时期红十字运动博爱恤兵、人道为怀的风采。全书分为绪论、上篇、中篇、下篇、余论、附录等板块。绪论阐述了该选题的价值、学术史回顾、研究方法与基本框架。余论集中探讨了延安精神与红十字精神二者间的关系。附录则为研究资料集锦，可作为正文的参照和补充。该书核心内容为3篇10章。

上篇（第1章至第3章）系统论述了全面抗战期间中国红十字会救护总队对延安的医疗援助工作。首先，追溯了全面抗战爆发前红十字运动在中国的发展历程，全面抗战爆发初期中国红十字会的战地救护及救护总队部的组建情况。其次，考察了救护总队对延安的医疗援助工作，包括协助延安各医院提高医务水平、参与延安地区的疫病防治工作、参加伤病人员的救治工作等。再次，集中勾勒了救护总队里中共党组织的活动及发展概貌，呈现了其在争取中国红十字会医疗资源援助敌后根据地方面的桥梁与纽带作用。

中篇（第4章至第7章）聚焦活跃在延安的外籍医生和医疗团体，展现了延安红十字运动的国际性特点。抗战时期，一些外籍医生和医疗团体纷纷奔赴延安。他们或是受共产国际、本国政党等团体派遣，或是受法西斯势力迫害而辗转流亡中国，或是受人道主义的感召，又抑或受左翼记者关于延安报道的影响。尽管这些专家和团体前往延安的动因各不相同，但他们都积极投身延安的治病救人事业，为延安医疗卫生事业的改善做出了巨大的贡献。

下篇（第8章至第10章）集中探析延安接受国际援助的路径，系统描述了艾格尼斯·史沫特莱和宋庆龄这两位杰出女性为延安争取人道援助所付出的巨大努力。与之相映生辉的是，延安时期共产党人对人道主义的坚守，如遵循人道的战俘政策、创立日本工农学校等。这些举措使红十字人道理念在延安进一步落地生根，成为延安红十字运动不可分割的一部分。

二

纵览全书，笔者以为该书文笔清新，生动可读，可圈可点之处颇多。

（一）主题突出，特色鲜明

不同于以往的区域红十字运动研究，该书在研究对象上聚焦延安时期延安地区的红十字运动。延安时期是一个历史概念，特指中共中央在陕北的13年时间（1935年10月—1948年3月）。延安地区则是一个空间概念，在中国近代革命史上占据有重要的地位，是中国人民抗日战争的领导中心、解放战争的总后方、万众瞩目的革命圣地。为了将二者有机结合，该书摈弃以往区域红十字研究长时段的叙写法，集中考察全面抗战时期延安地区的红十字运动。

全面抗战时期，陕甘宁边区首府、中共中央所在地延安成为敌后战场的战略总后方和指挥中枢。为了支援敌后战场的抗战工作，一方面中国红十字会救护总队部派出多支救护医疗队积极奔赴延安，另一方面国际援华医疗团体和外籍医生也纷纷来到延安，在陕甘宁边区开展医疗救护工作。这些人道援助活动在延安地区留下了闪光的足迹，使延安时期的红十字运动打上了鲜明的“外源性”特点。为揭示此特点，该书在写作结构上以此为主线谋篇布局。从中国红十字会救护总队、外籍医生和医疗团体对延安的医疗援助及延安获取国际援助的路径等层面加以考察，再现延安红十字运动的人道光辉，凸显延安红十字运动在中国红色革命文化中的一席之地。

（二）宏观研究与微观透视有机结合

该书在考察中国红十字会救护总队对延安的医疗援助时，既宏观概述了各救护队在延安开展的工作，又以第 23 医疗队为个案生动展示了红十字会救死扶伤、博爱恤兵的人道本色。在叙写活跃在延安的外籍医生和医疗团体时，既粗线条地勾勒了外籍医生和医疗团体来华的原因、在延安开展的工作以及对延安医疗卫生事业的贡献，又从微观角度截取了几个典型个案，如沟通"中印友谊的桥梁"印度援华医疗队、"医林乔木"美国医生马海德、"不死鸟"白求恩、边区青霉素的试制者傅莱、"模范医生"阿洛夫等。这些丰富而鲜活的个案生动呈现了延安地区外籍医疗团体和医生人道为本、无私奉献的崇高精神，读来使人动容。在考察延安接受国际援助的路径时，该书重点介绍了两位杰出女性艾格尼斯·史沫特莱和宋庆龄，将她们在延安与中国红十字会之间牵线搭桥的故事娓娓道来，颇有感召力。

概言之，该书注重从细微处发掘历史，凸显人的历史主体地位。在写作手法上，致力于讲好红十字人道故事，传播红十字人道之声；叙述风格清新活泼，人物形象生动鲜活，跃然纸上，红十字人道的光辉流溢于字里行间，使人受到深深的感染。

（三）史料丰富，图文并茂

史料之于史学的重要性，诚如梁启超所言："史料为史之组织细胞，史料不具或不确，则无复史之可言。"[①] 该书不仅充分利用一系列史料汇编、档案资料和相关研究论著，而且广泛征引了包括近代报刊、日记、回忆录、外文资料等在内的大量文献，为研究打下了坚实的基础。如在叙写"史沫特莱为延安争取人道援助"一章内容时，该书既大量采信史沫特莱的文集《中国的战歌》，又征引了日本学者石垣绫子的《一代女杰——史沫特莱传》、美国记者海伦·斯诺的回忆录以及贵阳文史资料和救护总队档案等资料。这些资料相互参证和补充，使史沫特莱的"中国伤兵之母"形象丰富而立体，颇有说服力和可信度。

图文并茂是该书的鲜明特点之一。英国著名史学家彼得·伯克认为，图像和文本、口述证词一样，也是"历史证据的一种重要形式"，

① 梁启超：《中国历史研究法》，上海古籍出版社 1998 年版，第 40 页。

"记载了目击者所看到的行动"[①]。除文献资料外，该书还注重图像资料的发掘和运用。书中俯拾即是的大量图片在很大程度上弥补了文字叙述的平面化，丰富了历史的细节感，"给那些原先在文字书写中'没有历史的'人或物提供鲜活、具体的历史实相"[②]，从而更加生动地还原了延安时期红十字运动的多彩风貌。

值得一提的是，该书附录部分的研究资料集锦，摘取了《新华日报》《新中华报》和《八路军军政杂志》上的相关史料，长达64页，约占该书篇幅的四分之一。这些史料十分珍稀，为再现延安时期红十字运动的历史实况奠定了比较坚实的基础。

此外，该书以丰富的个案聚焦延安时期的人道救助工作，彰显了延安红十字运动的人道光辉，这为当代延安红十字运动的发展提供了宝贵的资源。对红十字人来说，红十字历史是最好的营养剂。无数红十字先烈留下的优良传统是激励和滋养当代红十字人前进的精神源泉。为了纪念这笔不该被遗忘的财富，延安红十字会筹建红十字文化展馆，作为中国红十字会文化传播教育基地，向广大民众传递红十字运动跨越时空的人道力量。因之，该书的出版对丰富延安红十字文化展馆的内涵，加强延安红十字会的文化工程建设也有积极的价值。

三

红十字会脱胎于现代战争，是现代战争的伴生物。只要有战争的地方，就会活跃着红十字会的影子。1937年全面抗战爆发后，中国红十字会积极组织救护队奔赴战场，博爱恤兵，救死扶伤，救护军民达1600万人，为抗战胜利做出了巨大贡献。可以说，博爱恤兵、救死扶伤的独特价值使红十字文化与革命文化紧密相连，休戚与共。革命文化是在革命战争年代凝聚着共产党人和革命群众独特思想和精神风貌的文化。革命圣地延安是革命文化运动的灯塔，身处延安的红十字运动也自然而然成为红色革命文化的有机组成部分。在这个意义上，延安红十字运动可谓大大丰富和拓展了中国革命文化的内涵与外延。

毋庸置疑，该书也有值得商榷之处，比如叙述有余而理论探索不足。余论部分对延安精神与红十字精神的探讨，有待进一步深化。又

① ［英］彼得·伯克：《图像证史》（杨豫译），北京大学出版社2008年版，第14页。

② 复旦大学历史学系、复旦大学中外现代化进程研究中心：《新文化史与中国近代史研究》，上海古籍出版社2009年版，第340页。

如，该书重点呈现了延安时期红十字运动的“外源性”特点，若能对其“内生性”因素予以比较考察，则能更全面地反映延安红十字运动的丰富样态。此外，倘能提炼红十字运动对延安地区革命事业发展的贡献，则有助于凸显延安红十字运动的独特性和典范意义。

他山之石，可以攻玉。《延安时期红十字运动研究》在区域红十字事业的书写方面做出了可贵的探索，对同类课题的研究有着“示范”意义。该书的出版，弥补了中国红十字运动研究在敌后战场这一领域的不足，其学术价值不言而喻，现实价值亦值得关注。如何讲好红十字故事，传播好红十字声音是当代红十字事业发展面临的一项重大课题。该书在这方面做出的探索，对坚定红十字文化自信、推进红十字文化传播不无启迪。

（作者单位：苏州幼儿师范高等专科学校）

珍稀史料

红十字人汤蠡舟与新四军

汤章城

在孩童时，我就听说抗日战争初期父亲汤蠡舟在任中国红十字会总会救护总队部第三大队大队长，驻守江西期间，曾去过新四军在皖南的总部。我还见到过新四军总部首长送父亲的纪念品——缴获的日本旗，旗上有新四军总部首长的诸多签名。

1957 年 10 月，父亲去世，在“安徽各界集会追悼汤蠡舟先生”的会上，安徽省副省长陆学斌在悼词中提及抗日战争时期，汤蠡舟先生担任中国红十字会总会救护总队部第三大队大队长，曾经和新四军有过接触。最后指出他这种追求进步的精神，这种靠拢党、接受党的领导的精神，这种认真进行自我改造、为社会主义建设事业献出更多力量的精神，是值得我们知识分子，特别是高级知识分子学习的。

父亲生前没有时间与我们子女详谈自己的经历，也没有留下日记或自传类的文字记录。随着父亲的过世，他去新四军总部的具体情况就无从知晓了。但非常幸运的是，2019 年上半年，在中国红十字会总会救护总队部迁驻贵阳图云关 80 周年之际，贵州省档案馆工作人员在 3000 余份中国红十字会救护总队部的历史档案中找到了汤蠡舟于 1939 年 9 月写给救护总队部林可胜总队长的一份长达 2400 余字、请“代为密存”的报告，汇报自己所了解的新四军一般状况和卫生勤务。[①] 80 年后的今天，这份报告让我们知道了汤蠡舟这样一位“海归”战地医生 80 年前在新四军中的感受。

这份 2400 余字的报告，大致涉及 3 方面的内容。第一方面的内容包括新四军的建立和结构、作战地区和方式、经费来源和状况、政治工作和效果等，特别突出了军民合作和战俘教育的成果。

① 新四军一般状况和卫生勤务报告原件现存贵州省档案馆，档案馆韩雯处长提供了该报告的复印件，特别予以致谢。

新四军为共产党军之一部分，经二万五千里长征者为八路军，未经长征者为新四军，于二十六年九月间，由中央改编为新四军，至二十七年一月间集中岩寺，由中央点验即行开赴苏浙皖之长江南岸专任游击战，惟（唯）该地带，仍多平原，河流交叉，深入敌后不易隐蔽不易活动，苦战经年相当痛苦，自今春起复划苏皖之长江北岸归该军作战，适在敌人四面包围之中，然已打成相当根基，北与八路军互通声气，南与该军密切联络，随时过江并无阻碍。

该军原分二支队现增为六支队，支队下有团、营、连、排，为正规编制，每支队少者有一团，多者有五团不等，随活动地带而增减，军有军长、副军长，支队有司令，团、营、连、排各有团长、营长等，每月中央拨费拾叁万捌千元，不及正规军一师之经费，人员已由万人增至二万七千余人，故经费非常拮据，然该军有特殊办法，官长士兵均吃军米，菜钱每人每日八分，因有合作社饲养猪鸡鸭及种植蔬菜等，故八分之给养较普遍队伍为好，此外有月饷自一元五角至五元，即叶挺军长、项英副军长亦月饷五元而已，然有正当开支，如经主管长官核准可有公费报销，故未见如何困难，如以士兵而论其待遇实不劣于正规军，盖正规军之士兵饷除伙食外，亦所得无几也。

该军作战以连为单位，每次出击均以优势兵力消灭敌人，故伤亡极少，去年四月以来之统计一与三、五之比，常能攻击一地而毫无伤亡，一连作战之伤亡只多不过十余人，如有卫生员一人、小鬼二人即能应付，担架则用民众担架（实无担架随地应用门板等）输送后方，在此种小规模之游击战时无一定之布置一定之办法就是随时随地应付而已，如遇退却不能将伤兵后送，则寄养民间派卫生员化装后巡治各伤兵，因新四军之政治工作非常巧妙，每到一地无不军民合作，且能利用伪组织不为敌用，各事均能对（应）付裕如。

军部之组织亦有政治部、参谋长、参谋处、副官处、军医处等等，如一般之编制外尚有敌军工作部，专对敌军做政治工作，全部俘虏参加该项工作，对于俘虏并不监视，反而奖励归营返国，惟均不愿回去而随军服务，俘虏常自编小品印发敌阵，并教士兵唤日语口号等，工作相当努力。

第二方面的内容主要反映了新四军内部和谐的官兵关系，军中的政治、军事和文化教育，艰苦环境下的自力更生精神等。

全军之官长士兵如同家人，即名称亦有不同，如通讯（信）兵为通讯（信）员、饲养兵（马夫）为饲养员、炊事兵为炊事员等等，除副官而外，无官一例统称同志，同志原无大小也，据称最初成立时，士兵对官长并无立正举手之敬礼，现在积极正规化已有相当成效。

新四军之口号为一面抗战，一面建军，故于教育特别注意在中村（原在中村镇因被炸已散在附近村落）设有教导队，大队长冯某为黄埔第一期毕业生，攻惠州后升任连长即派赴德法学习步炮兵有十年之久，归国后即在八路军身经数十战，现掌该军教育，该队现在训练下级干部即连排长及班长等课程分三种，即文化、政治、军事，该军文盲甚多，为消灭文盲起见，编有读本六册，共有国字五百个，该军所出之周刊等亦即应用此五百字已有相当成效，文化课中包括自然科学及历史、地理、生理、卫生等，政治课程不限于共产主义，包涵一切社会科学及其它（他）之政治问题，军事则侧重于步兵作战，教育方法为启发式，除授课外有小组讨论会及壁报等，提倡自动的研究。

该军经费如此拮据而尚能设立修械厂一所，不特能修理更能自造步枪，全用手工，每月能制数十枝，外表较粗而能连射八十发，甚耐用，而射击亦正确，不恶于机器制品。印刷所一所能铅印、石印，更能铸字，造纸版所缺者铜板而已，该军宣传品周刊、月刊及各种教本等均自行排印，纸张则将该地所出之宣纸改良，仿造白报纸，亦能两面印字，价廉合用。合作社有家畜、园艺等，更利用难民九十余人，正在垦荒，将来甚有希望。纱布药棉厂之机器尚在装运中，再过数月即能出品，洋烛肥皂厂之洋烛已有出品。总之一方抗战，一方仍致力于生产建设也。

汤蠡舟作为一名医生，他当然更加关注新四军的医疗卫生情况。因而，在报告的第三方面，他用了较多的笔墨描述了新四军的军医结构、医护训练、医疗设备、官兵健康和实际困难等。

军医处处长沈其震（军医均为特种技术人员待遇，月薪约160），医务科科长崔院长（后方医院），材料科科长胡医师（后方医院医师）兼卫生科长，每一支队有医师一人，等于师部军医处处长兼野战医院院长（在新四军称前方医院）。现在前方医院只有一所在云岭，新设一所拟推进至江北，每一医院只有医师一人，女护士数人，其他均为该军训练之卫生员与小鬼（下面说明）而已，军队中以连为单位，连有连卫生员，营有营卫生员，掌理各该单位医务及卫生事宜。

军医处内有卫生员训练班，由军医处之医师护士为教官，学员由各部队选送及招考而来，训练六个月，三个月专授解剖、生理、病理、药物、细菌、内科、外科、护病、环境卫生等，后三个月分发各医院半工半读，毕业后派至各部队为卫生员。

军医院中之看护及卫生员之助手均为小鬼，所谓小鬼者，收养十三四岁之男孩分发各处半工半读，授以文化、卫生、政治三课，其教育方法与教导队同，一二年后均有相当知识，并有特殊之认识，工作非常努力，并且各事均是自动，毫无勉强之处，各人对于小鬼并不以小鬼目之，呼为小鬼，而实以小同志目之，实为共产党军特有之制度。

军医处之设备较任何军部为佳，有显微镜五架，各种色素均有，X光一架，电气冰箱一具（现改用洋油加热），孵卵器一具，手术器械更为精美完备，药品甚充足，为敷料时有青黄不接之时。

新四军之伤兵尤其是肺病已成严重问题，每月遣散者不下数十人，即医院工作人员亦时有染到，如中央医院护士之服务该军只有十人，而染得肺病者已有四人之多，其中二人病情严重已难继续工作，即该军之一般体格而论亦较差，盖该军之一切均是精神重于物质，毫不注意于该军之体质也。

对于游击战之卫生勤务，该军亦无特殊研究特殊办法，不过随时随地之应付而已，某种应付并不适用于一般之军队，总之该军之医师极度缺乏，虽能在如此环境之下自己训练卫生员专为该军所用，已属难能可贵者也。

这份报告通篇留下了对共产党领导下的新四军的真实写照，充满了汤蠡舟的赞许之词，报告内容很是全面。实际上，还有一些史料证明，在此以前，汤蠡舟已经与共产党有所接触。因此，他对新四军的上述种种感受和赞许就不足为奇了。

1936 年 6 月，中国红十字会上海市救护委员会成立，汤蠡舟是执行委员之一。1937 年 7 月，抗战全面爆发，上海成立了各类抗日救亡团体共 40 多个，其中设有共产党地下党支部的煤业救护队人数最多、实力最强、影响最大。为便于开展救护活动，煤业救护队与红十字会取得联系，并改称“上海红十字会煤业救护队”，从红十字会登记领取所需汽油和汽车修理经费。汤蠡舟参加了上海市救护委员会多次会议，讨论煤业救护队的经费问题。当年底，为加速从“孤岛”的上海租界中外运伤兵，红十字会和煤业公会决定将煤业救护队和红十字会的接运站合并，仍沿用“中国红十字会总会交通股”的名称，下设两组，原接运站人员为第一组，也包含了一些煤业救护队队员，队部迁往安徽歙县和岩寺间的“古关”一所大祠堂内。原煤业救护队为二组，队部设在安徽岩寺。救护车辆统一刷印红十字会交通股字样及红十字徽记。此时，汤蠡舟已经从上海带领中国红十字会总会驻松第一重伤医院医护人员西撤至武汉，并担任中国红十字会总会救护委员会中路西线第十四队队长。他作为一名医生直接参加了第一组的活动，1938 年初，先后在宁波龙华寺和翰香小学，参与建立“中国红十字会总会交通股伤兵接收站”。由于上海四周陆路已经被日军封锁，留在上海租界内的数千名伤兵只得通过水路，用外轮全部顺利遣送内地。后来，由共产党员带领的上海煤业救护队 100 多人，带着 20 多辆救护汽车，在南昌集体参加了新四军。交通股第一组组长，共产党员乐时鸣回忆道：“驻南昌的红十字会医疗大队长汤蠡舟（指救护总队第三大队，作者注），原是上海东南医学院医务长，也从上海来，我们的关系处得很好。”

中国红十字会总会救护总队第 15 医疗队、第 61 医务队卫佐赵兴让先生回忆，1938 年下半年，日寇九路围攻晋东南八路军抗日根据地，朱德总司令电告中国红十字会救护总队长林可胜博士，请求派医疗队前去为伤病员做医疗防疫工作。医务人员纷纷报名，共批准 36 人，赵兴让是其中的一员。总队部在启程前，由汤蠡舟教授召集全体成员讲话，他对这支医疗队的组成做了说明，勉励大家不辞劳苦去完成这一光荣使命。他指着一幅中国地图说，此次前往太行山八路军根据地，生活上艰苦，路途上还要闯过“三关”，那就是“夜闯潼关”“偷渡黄河”“翻越中条”，才能胜利地到达目的地——晋东南八路军总部，大家都是中华儿女，是不甘做亡国奴的青年医务工作者，这正是报效祖国的大好机会，愿与诸位共勉之。大家都表示一定完成伟大的使命。

1939 年秋，汤蠡舟从新四军总部回到第三大队部后，继续支持新四军的战地救护工作。1939 年底或 1940 年初，就有三大队第六中队第 67 医疗队医护人员在安徽泾县云岭新四军军部医院工作。2 月，该组又增加人数，并随同该院推进至繁昌。4 月，第 67 队有一部人员随新四军医院进抵铜陵三条冲附近工作，忽于 24 日在何家湾被敌包围，经三日夜苦斗，始得随军冲出重围，复经三日夜急行军，才得以返回繁昌。是役，该队公私物品损失过半，队员和输夫各两人失踪。

后来，汤蠡舟又分别担任过中国红十字会总会医务处长、救护总队部主持日常工作的副总队长及第三任总队长。解放战争爆发后，他辞去了中国红十字会总会副秘书长等职务，后拒绝随迁中国台湾，回到他参与创建的上海私立东南医学院，继续从事医学教育和医务工作。1949 年 5 月，上海解放，8 月 3 日，汤蠡舟代表院方接受了党和政府迁校去农村开展卫生工作的建议，并担任内迁工作主任委员。12 月 28 日，《解放日报》（第一张）的醒目大标题为“走向内地面对农村　东南医学院迁怀远　今晨全体师生员工专车离沪”。文中写道：“本市私立东南医学院响应六大任务号召，在人民政府鼓励和协助下，内迁安徽怀远。全校师生员工教职员眷属及附属医院医师职工五百余人，已在今晨零时四十五分搭乘专车离沪。”还提及“附属医院汤蠡舟院长在暑期中与华东卫生当局负责人谈及今后医学教育及事业的方针，认为面向广大农村去发展是一条新的康庄大道”。

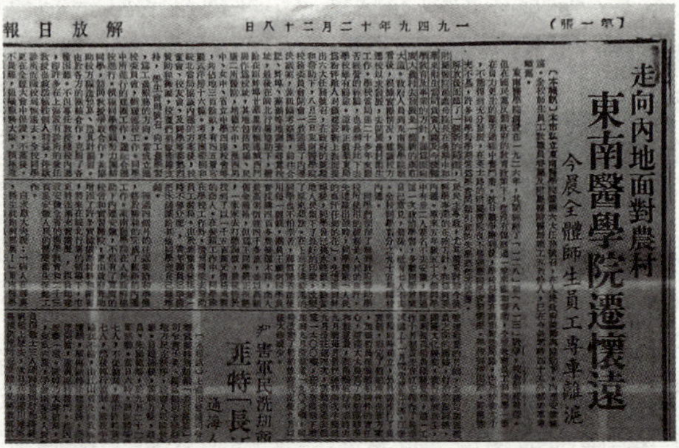
解放日報　一九四九年十二月二十八日　（第一張）

走向內地面對農村
東南醫學院遷懷遠
今晨全體師生員工專車離滬

1949 年 12 月 28 日《解放日报》（第一张）的报道

（作者汤章城系汤蠡舟之子，中国科学院上海分院系统退休职工）

我的父亲陈宗芳生平逸事

陈志利

我父亲陈宗芳（又名陈福生），乳名颖生，是陈璞的亲侄子，生于1915年2月，浙江绍兴人，1922年开始上小学，先后在绍兴、上海完成小学、初中学习。1936年4月，陈宗芳在绍兴稽山中学读书时，按照学制规定，为提高抗日军事技术到杭州南星桥大营盘参加浙江省大中学校第二届学生军事集中训练。总队长由浙江省保安司令宣铁吾担任，各大队长、中队长由军训教官担任。据我父亲回忆，他们的教官是黄埔军校5期的毕业生，军训一共3个月，每天出操，高唱抗日歌曲，提高军事技术，军训结束后，全体军训学生到南京参加全国学生军训大检阅。

陈宗芳

陈璞

1937年，八一三淞沪会战持续几个月后，我军将士伤亡二三十万人，黄梅兴、蔡炳炎、杨杰、庞家贞、吴克仁等10余名将军血洒淞沪，取义成仁。中国军人以血肉之躯再筑长城，英勇悲壮，当名垂青史。英雄们的事迹震撼国人，也震撼父亲。1938年，陈宗芳高中毕业，先到上海法租界家里补习德文，复习功课，并根据其叔父陈璞的意见考入上海同德医学院学习。

1940 年，陈璞写信给陈宗芳，动员他去贵阳图云关加入中国红十字会救护总队参加抗日。当时陈璞在救护总队部任材料股主任兼材料总库库长。材料股是储存、供应战地救护物资的重要机关，设有材料总库。总库下设总务、储备、制造 3 个组，总务组组长许崇德、副组长凌世雄，储备组组长于怀卿，制造组组长陈国信。其中储备组下设药品、器械、敷料 3 个系，药品系主任陈淑贞，器械系主任韩真全，敷料系主任秦美莉。

材料总库又在邻近各战区的适宜地方设立材料分库，配合分派到各战区的医疗大队开展救护工作。材料分库一切服务于救护需要，其下可再设支库，随时随地供应各战区医疗队急需的各种救护药品和器材。依据各战区救护工作情形的变化，材料分库随所属医疗大队迁移。据父亲回忆，当时第一分库在西安，库长苏挺；第二分库在邵阳，库长黄兆纯；第三分库在吉安，库长刘仲民；第四分库在柳州，库长秦修竹；第五分库在独山，库长秦远芳；第六分库在老河口，库长戈利杰；第七分库在弋阳，库长刘筱亭；第八分库在金华，库长曹敦化；第九分库在重庆，库长吴载聪；第十材料分库在衡阳，库长何镇东。

“国家兴亡，匹夫有责。”我父亲收到陈璞信后即申请退学，1940 年 7 月赶赴贵阳，8 月到达图云关。当时因材料总库缺人，我父亲便被分配到材料总库工作，在总务组担任第二、第三仓库保管员，主要保管新到整箱药品和医疗器械。2 个月后，他调任第一仓库保管员，主要保管国内外整箱药品、器械和包装用品材料。1942 年 5 月，他调任总务组副组长、代理组长。总务组下设仓库、卫材出纳、总务 3 个部门。仓库主任黄政仁，负责整件卫生材料的保管；卫材出纳（收发室）负责人贾清远、孙志诚，负责卫生材料的收发和运输；总务负责人吴荣光，负责杂物和人员生活。当时生活物资极其缺乏，粮食、蔬菜、副食品都要派车到安顺、惠水等地去购买。材料总库印鉴由总务组掌管。

那时材料总库药品材料储量很多，药品、器材大部分由欧美国家及海外侨胞捐赠。太平洋战争爆发前有 82% 来自国外捐赠，有 4.4% 在国外购买，9.6% 在国内自购，可见救护总队大部分药材均依靠国外捐助。在外来捐赠部分，有 70% 捐自美国医药助华会。

材料总库在收到药品、器械、卫生材料后，按照《中国红十字会卫生材料标准表》制作标准箱。该《标准表》是救护总队部按照各地不同卫生单位为完成任务所需要的不同规格、数量的药械、敷料而编订的一本卫生器械手册。根据《标准表》，各种药品、器械按其性能、用途的规定统一包装、统一编号标识。

按标准统一包装的目的，一是简便容易，各队需要补充药品、器材时只需将其按某种标准包件替代符号写明即可。二是易于运输，每件重量规定为25斤至45斤，特殊用品以每箱不超过60斤为原则。在交通不便的地方，便于人力运输。三是可以告知各医务队包装箱内为何种器材，何种药品、药材。四是可以提示材料捐助人及总库人员显示战地救务工作所需材料的范围。

统一制作标准箱后，更便利大批药品、器材供应前方需要。据有关资料，1939年1月，材料总库发出材料683件，发给或补充各机关材料有五厘奎宁锭617500粒，二厘奎宁锭662500粒，牛痘苗300打，C1、C5五组，敷料两组，治疗及内服用药各一组。1940年4月，材料总库发出材料692件，发给或补充各机关材料有五厘奎宁锭89000粒，二厘奎宁锭26500粒，济众水2520瓶，霍乱疫苗1万人用量，脑膜炎血清一批，C1、C5、D1五种，灭虫器一组，标准材料一批，药械11种；同年5月，发出材料880件，待运材料2280件，需车29辆；同年6月，发出材料544件，待运材料1558件，需车21辆。不言而喻，材料部门成为维系战地救护体系的物质命脉。

1942年3月22日，林可胜亲率3支医疗队、1支救护车队从贵阳图云关出发直奔缅甸，加强对在缅作战的远征军负伤官兵进行救护的力量。1942年5月，中国红十字会总会利用林总队长在缅甸的机会，找借口强制对救护总队部进行改组。改组后救护总队部材料总库直属红十字会总会。库长由副总队长汤蠡舟兼任，总务组长由特别党部（政治部）派来的陈敏之担任，陈宗芳任副组长（负责药品、器械方面的工作）。约半年后，材料总库仍划归救护总队部管理，陈敏之调回原单位，陈宗芳仍担任总务组组长。

1941年12月25日，日军占领中国香港后，滇缅公路中断，救护总队经费、物资来源没有着落。1943年6月，救护总队部终因经费、物资困难抵押给中国银行，材料总库库长由中国银行派陈麟熙担任。我父亲陈宗芳仍任总务组组长。

1940年冬天和1941年春天，我父亲根据林可胜总队长指示和陈璞的安排，先后发两批药械运往八路军根据地，准备在那里设立第十一卫生材料分库。可惜这两批药械分别在西安、宝鸡被扣留，由此引起了国民党政府对救护总队部的注意。不久，国民党政府派人在救护总队部设立特别党部和政治部。特别党部特派员由政治部主任王洽民兼任。随后就发生了1942年1月，汽车修理厂张世恩和一名同事因“共党嫌疑”被捕，运输股副主任章宏道（章文晋）和一部分员工当夜撤离；4月份，材料总库总务组组长凌世雄和储备组副组长贾清远（陈璞的学生）被特别党部押送贵阳市警备司令部关押，后通过关系都被保释出狱等事件。从此红十字救护事业中不分党派、救死扶伤、发扬人道主义的红十字精神受到了压制。1943年秋，政治部被撤销，王洽民带领陈敏之等人离开贵阳图云关回重庆，特别党部特派员由王晓籁担任，但他从未到过救护总队部。

1942年9月初，根据总队部指示，材料总库总务组下设总收发室，材料总库除分库外对外不收发材料，所有材料进出事宜应由总务组总收发室专理，库员贾清远为总收发室主任。1942年9月16日，移交清册6本共计36页呈清，材料总库与总收发室交接完成。

救护总队部设在贵阳图云关的山岙里，虽有一条通广西、湖南的公路，但路况不好，周围都是山，所有房子，包括总队部、医院、病房、图书室、礼堂、宿舍等全是“干打垒”的泥墙茅草房，或用竹子与泥巴糊成墙的茅草房，用桐油纸代替窗玻璃，病床、工作台、部分医疗器械是就地取材自己制作的，吃的是杂粮，副食品要派车到周边县、市去购买，生活很艰苦。但数千救护总队部工作人员和伤病员的精神生活还是丰富多彩的。总队部组织了文艺组、体育组、学术组，利用业余时间进行征文比赛、学术交流、体育活动以及组织歌唱抗日歌曲、演出话剧等文艺节目，并在节日组织庆祝活动，还可以在图书室借阅资料和图书，供学习和阅读。据我父亲回忆，他在救护总队部期间，总队部组织过两次集体婚礼，如1941年元旦，救护总队部8对新人结婚，林可胜亲自为8对夫妇当证婚人，统一由总队部派人接待，每人只收5角贺仪，结婚宴席有100多桌，总队部派车接送，曾轰动一时。又在1943年举行过一次红十字会的扩大宣传周活动，扩充吸收红十字会会员。

我父亲陈宗芳的前妻陈淑琴（原名钱寿圆），在材料总库器械组任仓库助理员，于1942年10月在图云关因公去世。1943年4月，图云关大火，我父亲的住房被焚，大部分家具行李被焚，损失较重。林可胜总队长辞职后，父亲的叔父陈璞不再兼任材料股主任职务，因救护总队部国外捐赠物资的中断，陈璞兼职时期任用的职员，大多数人认为前途希望不大，便离职另找出路。受他们的影响以及叔父陈璞屡次来信催他去重庆等原因，我父亲多次向库长、总队长提出辞职，但因无人接替工作，直到12月份辞职才被批准。我父亲将工作移交给曾家澍后，离开图云关去了重庆。

我父亲陈宗芳到重庆后，住在陈璞位于新桥的家里，分配在军医署药政司第三科工作，任军委一阶科员（上尉待遇）。1945 年 5 月，军政部改组，军医署划归联合后方勤务总司令部领导。药政司改名供应司，我父亲仍在原部门任职。同年 12 月底，军医署分批迁回南京，我父亲后升任军委二阶科员（少校待遇），仍在第三科工作直到 1949 年。

新中国成立后，我父亲在中国医药总公司工作，先后在业务处任药品组组长、储运处运输组组长等职。1952 年，在干部定级时他被评为干部行政 18 级。1957 年底，调中国医药公司浙江省分公司工作，1973 年到台州地区临海县医药公司工作，1975 年退休。

陈璞与我父亲陈宗芳叔侄二人经历相同，陈璞年幼丧父，我父亲 12 岁丧母。我父亲家有 6 个兄弟、2 个妹妹，他是前母所生 5 个兄弟中的老幺，自小多得叔父照顾。叔侄俩一起参加抗日救国，一生从事救死扶伤的救护事业；新中国成立后，又一起为新中国的医药事业做贡献。我父亲和他叔父两人一生感情深厚。

在我的记忆中，家里大人从不讲以前的事情，所有照片、资料等在历次运动中被焚毁。我们在升学、当兵、招工时都曾因家庭历史问题受影响。直到贵阳图云关救护总队的历史被发掘后，我才渐渐明白我的祖辈、父辈为抗日救国做出的贡献。抗战胜利 70 周年时，图云关中国红十字会救护总队的老兵代表在天安门广场参加了阅兵式；中央拨款整理救护总队的档案资料，并批准在图云关建中国红十字会救护总队纪念馆和纪念园区。对这一切，我深为感动，救护总队的先辈们，你们是人民的功臣、民族的英雄！

作为中国红十字会总会救护总队的后人，我十分感谢贵州省、贵阳市两级政协和贵州省、贵阳市两级红十字会，为中国红十字会救护总队正名所做的工作；也特别感谢同为红十字会救护总队后人的杨永楦大姐，为红十字会救护总队资料的发掘整理所做的努力；借此机会也十分感谢为弘扬中国红十字会救护总队精神的所有人！

（作者陈志利系陈宗芳之子）

从上海红会救护医院到救护总队[①]

张立人

七七事变后不久，淞沪抗战爆发。随着抗战的全面展开，上海聚集的伤兵和难民日渐增多。每天伤兵运沪达数百名，多时近千名，而上海各救护医院床位仅5000余张。上海的救护医院已不堪重负，伤病员向后方转运成为日益艰巨的任务。上海市救护委员会在淞沪抗战前后，共建立了24所临时救护医院。据统计，自1937年8月14日至1938年4月30日止，上海市各救护医院收容伤病兵民达19539人，由上海分发运送伤病兵民7128人，上海前线救护队护送伤病兵民17722人。

八一三淞沪抗战开始后，我母亲梁洁莲、姨妈梁钧铤（梁敏）姐妹俩赖以生存糊口的上海华东烟厂关闭了，她们来到“卿云”难民所栖身。日军侵华战争给国家和人民带来的屈辱和苦难，难民所教唱的救亡歌曲，激发和鼓舞了她们的爱国热忱。难民收容所的孟燕堂介绍她们姐妹到上海第十九救护医院当助理护士。孟燕堂还认识地下党员胡立教，并向各界进步人士募集到一批医药器材，组织了一个医疗小组，准备北上为八路军服务。

1937年梁洁莲的上海市救护委员会第十九救护医院证章

① 谨以此文纪念我的母亲梁洁莲，姨妈梁钧铤，姨父郭步洲——作者。

一、上海红十字会煤业救护队

1931年九一八事变后，上海煤业同业公会积极开展抗日救亡运动。1932年2月，公会成立煤业救护队，奔赴一·二八淞沪抗战前线抢救伤员。2月15日，公会召开紧急会议，决定将南市福佑路煤炭公所改成伤兵医院，从事伤兵救护工作。1937年7月28日，公会在七七事变后发出紧急通告："迩日抗敌风云非常紧急，中国存亡在此一决。本会会员一致奋起为国效劳。兹定即日组织救护队并定期训练。"

我姨父郭步洲1936年参加了上海煤业同业公会第二期公民训练班，接受军事及战地救护训练。1937年淞沪抗战前又参加了煤业公会举办的战地救护训练班。八一三淞沪抗战爆发后，煤业救护队队员经登记愿意上前线担任战地救护工作的多至500多人，救护车约50辆。在为期3个月的淞沪抗战救护工作中，每天在前线参与战地救护的煤业救护队队员始终在100多人，救护汽车则有二三十辆。救护队员冒着日军的炮火，始终奔波在罗店、大场、江湾等战地救护第一线，抢运救护伤兵难民，做出了不可磨灭的贡献。

上海煤业救护队得到了红十字会和煤业公会的大力支持。1937年8月16日，为便于开展救护活动，煤业救护队改称"上海红十字会煤业救护队"，从红十字会登记领取所需汽油和汽车修理经费。11月12日，上海沦陷。煤业救护队100多人，救护车20余辆，随部队沿昆山、苏州、宜兴西撤。11月21日，救护队从宣城启程去歙县，行至宣城火车站时，遭遇日机空袭，徐汇鑫、周惠成等队员受伤，3辆救护运输车被毁。我姨父郭步洲护送周惠成到屯溪医院救治。

二、中国红十字会总会交通股

中国红十字会为救护伤兵难民专门设立了中国红十字会总会交通股，初由胡会林任主任。为加强伤病员向后方转运的力量，1937年10月，红十字会和煤业公会决定将煤业救护队和接运站合并，仍沿用"中国红十字会总会交通股"的名称，金芝轩任交通股主任，田萼芳为副主任。

交通股下设两组，原接收站人员为第一组，由乐时鸣任组长，杨梦雁、孟燕堂为副组长，成员有徐若冰、侯蔚文（侯若隐）、丁公量、杨志华、黄豪、郭步洲、洪德生、张双禧、王富兰、梁钧铤、梁洁莲、毛中玉、毛薇卿（毛维青）、施奇、周中奎（周山）、乐伟成、蒋传源，另外有原童子军团员张文彬、张文焕、赵永声、张渭清、徐松盛、杜柏青、李超群，医生有马仁源（马仁沅）、汤蠡舟、熊某，护士有戴婉芝、谢丽华。煤业救护队多数人员为第二组，由忻元锡任组长，叶进明、陈昌吉为副组长。为便于战时救护，第二组对外仍沿用“上海红十字会煤业救护队”的名号，救护车辆统一刷印红十字会交通股字样及红十字徽记。

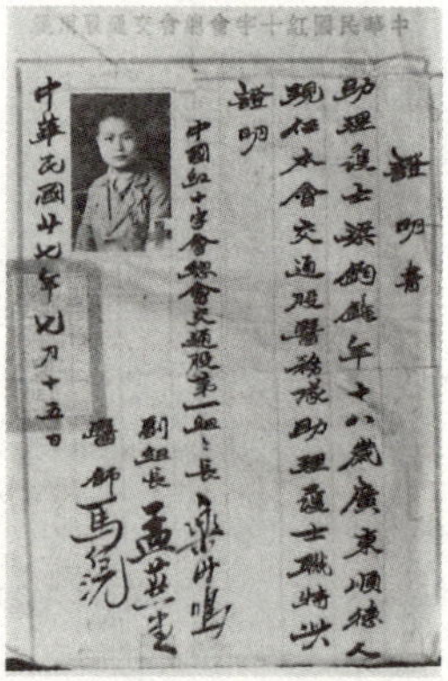
證明書
助理護士梁鈞鋌年十八歲廣東順德人
現任本會交通股醫務隊助理護士職特此
證明
中國紅十字會總會交通股第一組組長 樂時鳴
副組長
醫師 馬仁沅
中華民國廿七年七月十五日

梁钧铤的红十字会交通股
一组助理护士证明

梁洁莲的中国红十字会
总会交通股证章

1937 年 11 月，上海租界成为“孤岛”后，日军加强了对该地区的封锁控制，加大了我方转运伤兵的难度。12 月 6 日，上海市救护委员会举行第 55 次干部会议，决定在“宁波设五百床位，收容沪地伤兵”。同月，宁波和温州伤兵接收站先后设立。受红十字会委托，上海市商会童子军五十团教练蒋传源率 4 名队员奔赴宁波接洽伤兵转运事宜。随后，红十字会又委派煤业救护队的乐时鸣去宁波筹设伤兵接运站，专门接运和医治运至内地的伤兵。

交通股在宁波设立中转站，将滞留在上海租界“孤岛”的淞沪战场的伤兵水运到宁波。在宁波中转站进行简单治疗后，再用卡车转送到后方各医院治疗。一天，一位从上海转移到中转站的 17 岁的小战士，患丹毒已经昏迷不醒，经抢救仍处于危急状态。在我母亲和姨妈以及大家的精心护理下，奇迹般地恢复了知觉，最后康复重新归队。

据乐时鸣回忆：“从上海外运伤兵，原是以遣送难民为名义，才运出几船，就遭到日方阻碍。只得暂停从宁波转运，改道温州。”宁波港口关闭，上海来船改停温州。为向浙西、皖南转送伤员，救护队又在丽水、永康设中转站。男队员长途跋涉，护送伤兵去赣、皖、湘后方医院；女队员清洗被褥，换药消毒，打针护理。在宁波、丽水、永康，经常遇到日机狂轰滥炸。防空警报一解除，救护队员就立刻戴上钢盔到现场救护。在永康，为避免空袭，队员们把车隐蔽到郊外树林中，日夜轮班守护。

1938 年 1 月，孟燕堂带领上海第十九救护医院医疗小组十几人到达宁波，与在宁波的红十字会交通股的乐时鸣、蒋传源等会师。煤业救护队先后住在宁波龙华寺和翰香小学，每天清晨 5 点起床出操，跑步。由黄豪教唱救亡歌曲，郭步洲教步枪射击。在宁波作抗日宣传时，蒋传源书写宣传标语，梁洁莲画彩色漫画，施奇主演街头剧《放下你的鞭子》。

1938 年 1 月交通股宁波伤兵接运站部分人员合影
（前排右 2 梁洁莲，后排右 1 梁钧铤）

煤业救护队并入中国红十字会总会交通股后，加快了转运“孤岛”伤兵至内地的进程，留在上海的伤兵得以及时顺利遣送内地。据统计，经红十字会交通股转运到后方的伤兵，计宁波 5607 名，温州 291 名，总计约近 5900 名。

三、集体参加新四军

1938 年，煤业救护队到达皖南、南昌后，据李一氓回忆：“当时的江西省政府主席熊式辉，也看上了他们的几十辆车，想把他们划归江西省政府管辖。”新四军领导人对救护队进行了积极的争取，后通过叶进明等人的努力，救护队决定集体参加新四军。

在上海沦陷后不久，八路军驻湘通讯处主任（兼新四军驻湘办事处主任）王凌波就约见了煤业救护队中的党员王公道，说：“新四军就在江西、皖南一带，你们煤业救护队就近去那里可方便了。”“你们煤业救护队是从上海出来的，是工人阶级的队伍，又有文化，到新四军可以充分发挥工人阶级的骨干作用。新四军军部会给你们做出妥当安排的，我也会把你们要求参加新四军的情况尽快向中央汇报，向新四军军部通报。你们应尽快到军部报到，不要耽搁了。”他当场就开了党员组织介绍信，把王公道等党员的组织关系转到了新四军，还给新四军袁国平主任和周子昆参谋长写了一封介绍煤业救护队集体参军的信。

新四军驻赣办事处的筹设始于1937年11月，最初设在南昌市于都路东书院街2号，1938年1月6日正式开始办公，新四军少将参谋黄道任办事处主任。救护队地下党成员叶进明和王公道找到新四军办事处主任黄道，表达了参加新四军的愿望。随后，煤业救护队到达岩寺。新四军军部对煤业救护队参军十分重视，安排得也很妥当，还专门在军部为救护队集体参军召开了欢迎大会。叶挺军长、项英副军长、袁国平主任等领导向煤业救护队交代了任务，即承担对新四军南方八省游击队的接运工作，把分布在闽、浙、粤、赣、湘、鄂、豫、皖8省10多个地区的红军游击队集中到皖南岩寺。到1938年4月，煤业救护队冲破各种阻力，完成了接运工作。

由叶进明、乐时鸣等地下党员率领的红十字会上海煤业救护队，共有108人、25辆汽车。这批人员后来多数成为新四军后勤战线的骨干力量。根据军部领导的指示，煤业救护队人员和车辆被分配到各兵站。他们还担负着新四军与大后方的交通联系。这条线自皖南经金华、上饶、南昌、桂林、贵阳到重庆，宋庆龄捐赠的药物，海外华侨和爱国人士购赠的军械药品，国际友人路易·艾黎、卡尔逊、史沫特莱等来访，都是通过这条线接送的。1939年2月到3月，岩寺兵站还负责派车到重庆去迎接周恩来和叶挺到军部。

1938年梁洁莲在红十字会交通股

1938年5月，在皖南岩寺附近古关，开设了中国红十字会总会交通股一组门诊所。叶进明等帮助大家学习《大众哲学》《西行漫记》《共产党宣言》等进步书籍，同时向群众进行抗日宣传。交通股一组全体同志还自觉自愿从每月薪水中拿出一部分，由乐时鸣到香港采购汽车捐献给新四军。

为便于继续争取上海红十字会和煤业界的物质援助，救护队仍然保留上海红十字会煤业救护队的旗号。对于建军初期的新四军来说，煤业救护队集体参军无疑是雪中送炭，为新四军的后勤建设做出了贡献。

四、参加救护总队战时卫生人员训练

1938年6月，中国红十字会救护总队与卫生署在长沙合办战时卫生人员训练所，总队长林可胜兼主任。不久，更名为军政部内政部战时卫生人员训练所。卫训所培养了很多军队及救护总队的医护人员。

卫训所成立之初，为了尽快弥补战地救护和防疫人员缺口，课程学习时间仅为4～6周，总课时200多小时。参照救护总队的战场经验，专门针对医疗、防疫、护理医官和高级看护士这4种人员进行培训，每次各招收200人。4种人员的训练内容基本相同，只是专业各有侧重，主要形式以亲自操作和医院实习为主，核心原则为简单、经济、实用。

1938年7月，原交通股13名救护队队员，奉命由皖南经南昌去湖南长沙参加战时卫生人员训练。梁洁莲、梁钧铤没有上过一天学，要掌握现代医护卫生知识，困难重重。晚自修后，宿舍熄灯，姐妹俩就到室外借助月光复习，不弄懂白天的功课不睡觉。功夫不负有心人，1938年8月在“卫训班”第二期结业时，她们成绩优良，领到了林可胜主任签发的证书。

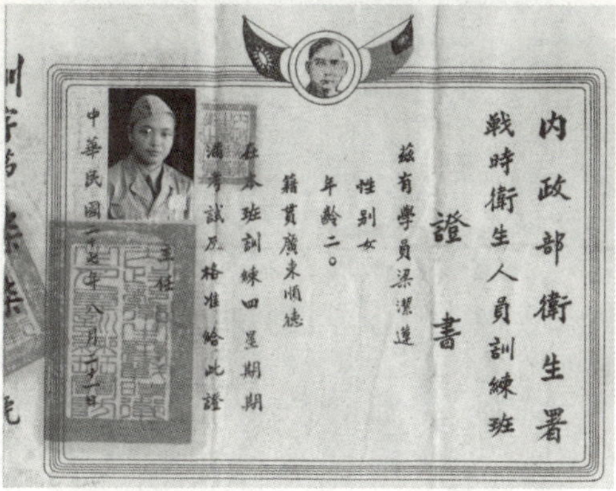
内政部衛生署
戰時衛生人員訓練班
證書
茲有學員梁潔蓮
性別女
年齡二〇
籍貫廣東順德
在本班訓練四星期期
滿考試及格准給此證
主任
中華民國二十七年八月二十一日

梁洁莲的“卫训班”结业证书

1938 年 9 月合影（前排左 2、左 3 为梁钧铤、梁洁莲，后排右 1 为郭步洲）

卫训班结业后，梁钧铤等住在韭菜园红十字运输队（原长沙广雅中学）。11 位原交通股的队员，正式参加了中国红十字会救护总队。

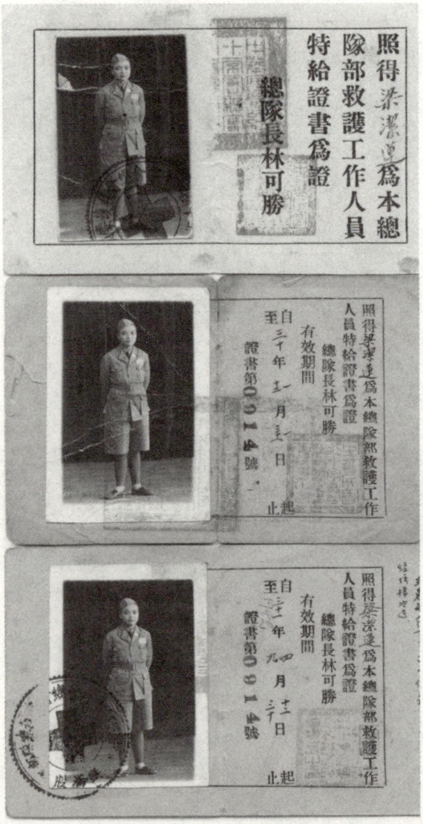

1939—1942 年林可胜总队长为梁洁莲签发的工作人员证

五、战斗在太行山

我母亲及其他交通股的成员坚持初衷，联名写信给救护总队林可胜总队长，坚决要求到敌后游击区，为八路军服务。红十字会救护总队答应了他们的请求，决定筹建红十字会救护总队第 61 医防队到晋东南游击区为八路军服务。后来因为希望去的人太多，又组建了第 13 医疗队，同赴晋东南游击区。第 61 医防队除 11 位原交通股的成员，还增加了队长黄淑筠医师（协和医学院毕业生），护士长余道贞，军医学校毕业护士黄梅恩、龙果花，环卫技师赵兴让，助理护士钱万佩，事务员徐箭云和两个公务员，共 20 人。第 61 医防队及第 13 医疗队共有四五十人。考虑到晋东南游击区生活艰苦，冬季寒冷，救护总队还特别拨经费给每人做棉衣、皮大衣，买了行军床等生活用品。医疗队出发前，总队长林可胜还亲自设宴，为大家送行。

第 61 医防队于 1938 年 10 月 10 日从长沙出发，11 月初到达西安，因游击区不通火车、汽车，经西安红十字会同意，其在西安成立了二三十匹骡马的运输队。“到敌人后方去！”1938 年 12 月中旬，在一个大雪纷飞的晚上，第 61 医防队过潼关，北渡黄河，到达山西垣曲；又沿中条山，翻山越岭，长途跋涉 25 千米，经阳城、潞城，终于到达潞城文王山脚下漳水河畔的北村八路军总部，受到朱德总司令和杨尚昆同志等的接见，被派到沁县南仁村八路军野战医院工作。原煤业救护队年仅 16 岁的周惠成，在 1937 年 10 月随救护队由上海西撤，在安徽宣城火车站，被日机击中，重伤，左腿截肢。他到达西安后，大量吐血，只得留在西安红十字医院治疗。其后，他独自一人，通过敌人封锁线，翻越中条山、太行山，赶到八路军野战医院。1941 年，周惠成在陕西褒城伤病复发牺牲，我姨妈梁钧铤为他安葬。

1939 年 6 月至 7 月，按约定第 61 医防队完成任务，返回西安。1939 年冬，郭步洲、梁钧铤第二次参加第 40 医疗队奔赴山西，但因中途遇阻，未能到达目的地五台山白求恩医院。

（作者张立人为梁洁莲之子）

樊哲松：一位英勇的抗战老兵

樊开淑

我父亲樊哲松（曾用名苏哲松），1917 年腊月二十二日子时出生于重庆城内。我祖父是位金融商人，于父亲 10 岁时病故，父亲由其继父苏乾桢抚养。父亲 8 岁时开始上学，1937 年于重庆市私立文成职业学校会计系毕业，由父亲的姐夫介绍进入重庆市曹家巷杨记钱庄工作。1937 年 7 月 7 日卢沟桥的枪声，揭开了中国人民反击日本法西斯侵略战争的序幕。战争中，国土沦丧，满目疮痍，血流成河。在中华民族生死存亡的非常时刻，多少热血儿女毅然奔赴抗日前线，加入救亡图存的行列，他们为赶走日本侵略者，求得民族的解放，不惜抛头颅、洒热血，在枪林弹雨中写就了惊天地、泣鬼神的壮丽人生篇章。我的父亲便是那个年代的热血爱国青年之一，他放弃舒适的工作和上大学深造的机遇，毅然决然地加入抗日救亡的队伍中。

一、1939 年 5 月至 1940 年 8 月

1939 年 5 月初，我父亲在重庆考入林可胜创建的中国红十字会救护总队参加救伤工作，被录取后到贵阳图云关救护总队部报到，随即被送入军政部内政部联合卫生人员训练所（以下简称“卫训所”）第 5 期外伤急救班学习。学习内容为基础生理解剖学、基础病理学、战时外伤急救包扎、内外科普通常见病基础、化学毒气基础知识与防治等。

结业后，我父亲樊哲松被留任救护总队部教导队担任外伤急救救护专业助理教员、预备医助。教导队队长为汪凯熙博士兼任。其间我父亲每日除工作时间外，坚持自修学习，待机深造。队长汪凯熙升父亲为初级见习助理医师。在各位专家教授直接指导下，父亲能做普通腹部外科手术，如切除阑尾、取腹部子弹与弹片以及肠创部缝合与吻合等，内科常见病、多发病也能诊断处理。

樊哲松（左）与胞弟樊林同时考入红会救护总队部

二、1940 年 8 月至 1943 年 12 月

1940 年 9 月，父亲由红十字会救护总队部调往本处军政部 167 后方医院，该院兼卫训所实习医院，这时父亲成了一名军人，任二等佐住院军医，同时红十字会将内科指导员吴硕佐硕士调任为该院院长。此时医院给予我父亲带职带薪调送入卫训所 13 届乙级军医班学习，结业后又继续深造留所，并升入第 14 届前期甲级军医班学习，教材系红十字会主编的内科、外科、骨科、生理解剖、X 光、检验、军政卫生等科目教材，而甲级军医班的学习内容较深而丰富，又重在医院实习为主，并作为毕业考试的重点。结业后我父亲回到医院并升为一等佐主治军医，主管第一外科病室，并在该实习医院辅导实习生和进修生的学习。

樊哲松的受训证书

1942 年 7 月，军政部第 167 后方医院又改组为军政部第 107 陆军医院，调卫训所五官科（眼科）专家李泰钧任院长。

1943 年初，因抗战重心转移至缅甸，第 107 陆军医院奉令开赴贵州盘县，承担滇缅救护医疗、输送伤员的任务，院长升我父亲为三等正军医，后又调他赴滇属平彝县（今云南省富源县）设置分院并任院长。父亲的胞弟（三弟、四弟）在父亲开赴前线时曾来图云关相聚，并与我父亲合影一张。

樊哲松（前右）与胞弟合影

三、1944 年元月至 1945 年 10 月

1944 年元月，父亲调往位于战时陪都重庆的军政部直属特务团团部任医务主任。当时特务团新兵营回归热流行，父亲全面负责临床医疗，制定预防措施，全体新兵得以治愈，并及时控制了该病的流行。另该团又小范围流行疟疾、伤寒、霍乱、天花等传染病，父亲组织治疗，及时扑灭了传染源与媒介。

抗战期间，父亲在战火中由一名银行职员成长为一名优秀的军医（全科医生，包括护理），多次上前线出生入死抢救伤病员，成功控制传染病，为抗战胜利做出了贡献。他是一位爱国青年，也是一位英勇的抗战老兵。

新中国成立后，父亲终生从事医疗卫生工作，先后任川东人民行政公署工业厅、四川省工业厅医务所所长，四川省机械工业厅、煤炭工业厅、冶金工业厅、化学工业厅四厅联合医务所所长，四川省冶金工业厅、四川省农业机械局、四川省机械工业厅医务负责人。先后任九级、八级主治医师，七级、六级（工资改革前）副主任医师，并主管厅级领导的医疗保健工作。

（作者樊开淑系樊哲松之女）

图书在版编目（CIP）数据

红十字运动研究．2021 年卷/红十字运动研究中心等编．—合肥：合肥工业大学出版社，2021. 8

（红十字文化丛书）

ISBN 978 - 7 - 5650 - 5365 - 8

Ⅰ. ①红…　Ⅱ. ①红…　Ⅲ. ①红十字会—研究　Ⅳ. ①C913. 7

中国版本图书馆 CIP 数据核字（2021）第 140188 号

《红十字运动研究》2021 年卷

红十字运动研究中心　上海嘉定区红十字会
陕西延安市红十字会　江苏盐都区红十字会　编

池子华　王正春　宋双印　陈海高　主编

责任编辑　孙南洋
出版发行　合肥工业大学出版社
地　　址　（230009）合肥市屯溪路 193 号
网　　址　www. hfutpress. com. cn
电　　话　总　编　室：0551 - 62903038
　　　　　市场营销中心：0551 - 62903198
开　　本　710 毫米×1010 毫米　1/16
印　　张　22. 25
字　　数　388 千字
版　　次　2021 年 8 月第 1 版
印　　次　2021 年 8 月第 1 次印刷
印　　刷　安徽联众印刷有限公司
书　　号　ISBN 978 - 7 - 5650 - 5365 - 8
定　　价　58. 00 元